中国家庭教育研究文库

# 家校合育论

洪　明◎著

教育科学出版社
·北京·

出 版 人 李　东
责任编辑　何　威
版式设计　沈晓萌
责任校对　翁婷婷
责任印制　叶小峰

**图书在版编目（CIP）数据**

家校合育论／洪明著. —北京：教育科学出版社，
2021. 2
　　（中国家庭教育研究文库）
　　ISBN 978-7-5191-2484-7

　　Ⅰ. ①家…　　Ⅱ. ①洪…　　Ⅲ. ①学校教育—合作—家庭
教育—研究　　Ⅳ. ①G459

中国版本图书馆 CIP 数据核字（2021）第 014875 号

中国家庭教育研究文库
**家校合育论**
JIAXIAO HEYU LUN

| | | | | |
|---|---|---|---|---|
| 出版发行 | 教育科学出版社 | | | |
| 社　　址 | 北京·朝阳区安慧北里安园甲 9 号 | 邮　　编 | 100101 | |
| 总编室电话 | 010-64981290 | 编辑部电话 | 010-64981157 | |
| 出版部电话 | 010-64989487 | 市场部电话 | 010-64989009 | |
| 传　　真 | 010-64891796 | 网　　址 | http://www.esph.com.cn | |
| 经　　销 | 各地新华书店 | | | |
| 制　　作 | 北京金奥都图文制作中心 | | | |
| 印　　刷 | 保定市中画美凯印刷有限公司 | | | |
| 开　　本 | 720 毫米×1020 毫米　1/16 | 版　　次 | 2021 年 2 月第 1 版 | |
| 印　　张 | 13.75 | 印　　次 | 2021 年 2 月第 1 次印刷 | |
| 字　　数 | 204 千 | 定　　价 | 46.00 元 | |

图书出现印装质量问题，本社负责调换。

# 序

就国民教育体系而言，各级各类教育机构中的儿童青少年都有双重身份：一个是"学生"，这是他们在学校中的正式身份；另一个是"孩子"，这是就他们身心发展的阶段性特征而言的，同时也是父母对他们的称谓。有的时候，学校的教师也会称自己班上的学生为"孩子"，这是教师基于中国传统教育文化把自己面前的"学生"当成了自己的"孩子"。教育机构中的"学生"和家庭生活中的"孩子"，这种身份的双重性说明，儿童青少年的健康成长是在两个重要场域进行的，即学校和家庭，他们的健康成长离不开学校教师和家里父母及其他亲属的辛勤劳动与紧密合作。成功的教育总是由学校和家庭联合完成的，儿童青少年健康成长的"军功章"上既有教师的功劳，也有父母的功劳。如果学校对"学生"的教育与家庭对"孩子"的教育存在方向上的冲突，那么对于儿童青少年的健康成长来说是非常危险的。在此意义上，倡导家校合作共育反映了教育的基本规律，也是促进儿童青少年健康成长的客观要求。

中国青少年研究中心洪明研究员有着丰富的教育一线工作经验，长期关注家庭教育以及家校合育问题，近些年更是在这方面开展了比较丰富的调查研究、历史研究和理论研究，也针对当前家校合育中存在的突出问题发表过一些鲜明的观点和意见，在社会上和教育界产生比较大的影响。在此基础上，他完成了《家校合育论》这样一本兼具学术性和普及性的教育专著，是一件值得祝贺的事情。说该书具有学术性，是因为该书对问题的讨论是系统的，对学术材料的选择和分析是严谨的，涉及家校合育的背景、内涵、功能、模式等一些基本问题以及家校沟通、家长教育、家长胜任力、家长参与等重要的专题，既有广泛的学术视野，也有一定的学术深度；说该书具有普及性，是因为该书的论述分析通俗易懂，具有对话性，方便中小学教师和广大家长阅读。

如前所述，洪明研究员的这本《家校合育论》既有对家校合育基本问题的分析论述，也有一些专题性的讨论，展现了他对该问题的丰富思考。在谈到家校合育的背景时，该书既介绍了中外家校合育的历史传统，也说明了当前加强家校合育的时代要求，鉴古知今，继往开来，体现了历史逻辑和现实逻辑的一致性、贯通性。在谈到家校合育内涵时，该书从分析家庭教育和学校教育各自的特征入手，说明家校合作育人的必要性。其中，作者划分了家校之间可能存在的五种冲突——价值观念冲突、教育观念冲突、利益冲突、责任冲突、权利冲突，并且列举了具体的案例，读来令人印象深刻。在接下来的一章中，作者精心建构了家校合育的基本模式，并对模式要素进行了系统的分析，为各种具体的家校合育活动提供了初步的"范式"指导。该书的后几章主要讨论了家校沟通、家长胜任力以及家长参与问题，既有理论性，又有实践性，对于家校双方都极具指导意义。需要肯定的是，作者对于一些传统的家校沟通机制，如家访，以及近些年中小学校普遍建立的家长委员会等，都有近距离的观察和实事求是的分析，有助于进一步完善这些家校沟通或合作育人机制。作者提出家长教育的主要目的在于提升家长的教育胜任力，回应了当前社会上讨论比较热烈的家庭教育立法中的一个关键问题，相信对有关法律政策的制定会有积极意义。

当前，中国特色社会主义建设进入新时代，教育现代化和教育强国建设也进入快车道。习近平总书记多次就加强家庭文明建设和促进教育领域的家校社合作发表重要讲话，相关的立法实践和政策制定也在紧锣密鼓地推进中。我相信洪明研究员《家校合育论》的出版，将有助于相关问题的深入讨论和相关工作的顺利开展，对中小学校和幼儿园进一步完善家校合育体系、推动家校合育进入新时代产生积极影响。我也衷心祝愿洪明研究员在家庭教育和家校合育研究领域不断努力，取得新的更突出的学术成果。

石中英

**2020 年 12 月**

# 目　　录

# 第一章 家校合育：历史的 必然与现实的必要

夸美纽斯说过，人是可教的动物，也只有接受了教育，人才能真正成为人。现今的教育形态多样，一个人最初接受的是家庭教育，到了入学年龄就开始接受学校教育，除此之外还会受到来自家庭和学校之外的社会影响与教育。但起主导作用的是家庭和学校。学校和家庭才是法律意义上儿童受教育的责任主体。学校与家庭对人的成长极其重要，这就意味着一方要研究并学会处理好与另一方的关系。研究家校关系既要研究历史的规律，也要寻找现实的逻辑。

## 第一节 家校关系的历史演进

家校关系是当下教育中的一个重要而热门的话题。厘清家校关系首先要有历史的眼光，将其纳入教育历史之中来分析；同时需要回到现实，从育人功能的角度思考二者发展的方向。从教育发展史来看，家校之间一开始是一种"合"的状态，家庭教育"主打天下"；学校崛起后，家校之间过渡到"分"的格局，学校逐步成为教育的主渠道。随着教育的深化发展与人们家庭教育意识的再度觉醒，家校关系再度呈现"合"的趋向。家校关系的历史演进，暗含着"否定之否定"的辩证规律。

### 一、教育始于家庭

教育是人类特有的现象，尽管动物界也存在"教育"现象，甚至还有人认为教育起源于动物界，但这种观点不能被认同，因为发生在动物界的

"教育"与人类社会的教育有着根本区别。* 人类教育行为是有目的、有意识的实践活动，而动物界的"教育"活动或者"学习"行为只是适应自然的遗传性活动。

孩子诞生于家庭，教育活动也就最早发生在家庭之中的亲子之间，并与日常生活混杂在一起。所以说，最早的教育就是家庭教育。教育始于家庭，这句耳熟能详的话意味着家长（父母）天然地拥有对子女的教育权。教育权是亲权的一部分，指的是"父母对子女教育的决定权和支配权。从法学意义上讲，它既是一种自然权利，又是一种私权利（民事法律关系）"①。教育始于家庭，不仅在强调家庭教育的重要性，更是在揭示教育发展的历史脉络，有以下两层含义：第一，无论哪个时代，一个人所受的教育最先是从家庭开始的，然后才可能接触其他教育形式——学校教育和社会教育，家庭教育是学校教育和社会教育的基础；一个人可以不接受学校教育和社会教育，但一定不能不接受家庭教育。第二，从教育发展史看，人类早期的教育其实就是家庭教育，学校教育出现之前，家庭教育涵盖了所有的教育内容，教育完全融于生活之中；到了奴隶社会学校教育才真正诞生，工业革命之后学校教育才得以普及。

当然，准确理解"教育始于家庭"这句话的关键是正确理解"家庭"这个概念。原始社会的家庭与我们今天的"一夫一妻"制家庭是不一样的。原始社会的家庭是以因血缘关系组成的氏族等形式存在的大家庭，氏族是原始社会的基本细胞。原始社会的家庭大致经历了血缘家庭、普纳路耶家庭、对偶家庭、一夫一妻制家庭四个阶段，氏族这个大家庭包含了一个人所受的全部教育。原始社会的教育者一般是氏族大家庭中的年长者，教育的内容一般是一个部族成员所应该具备的"核心知识"——生产劳动和群体社会生活的必备技能。原始社会的教育与社会的其他活动混为一体，人们在生产与生活中接受教育。随着生产力的发展和生产关系的不断进步，一夫一妻制的小家庭在政治、经济、文化上越来越脱离于氏族大家

---

\* 法国社会学家、哲学家利托尔诺（C. Letourneau，1831—1902）认为，教育活动不仅存在于人类社会之中，而且存在于人类社会之外，甚至存在于动物界……人类社会的教育是对动物界教育的继承与发展。英国教育家沛西·能（T. P. Nunn，1870—1944）认为，"教育从它的起源来说，是一个生物学的过程"，"生物的冲动是教育的主要动力"。参见：全国十二所重点师范大学联合编写. 教育学基础 [M]. 北京：教育科学出版社，2002：10.

① 郑新蓉. 试析父母教育权的起源、演变和特征 [J]. 教育研究与实验，2000（5）：15.

庭，教育也随之越来越脱离于氏族大家庭教育，父母逐步成为最重要的教育者，按照自己的意图教育孩子。当然，单个家庭不可能一下子彻底脱离于大家族，大家族势力依然影响着每个小家庭，直到今天在某些地方家族依然发挥着巨大的作用，对家庭成员产生着重要的教育影响。可见，在人类漫长的岁月中，家庭教育始终处于最重要的地位，家庭是经济组织、生产组织，当然也是文化与教育组织。早期家庭教育的主要目的是培养"家中人"，使其能够应对家庭的生产与氏族成员的共同生活。

到了原始社会末期，在生产力发展的基础上，社会真正分化了，出现了私有财产和有产阶级，有产阶级逐步演变为统治者和特权阶级。同时，人类的教育活动也真正地从社会其他实践活动中独立出来，出现了专门的教育活动，也萌生了专门的学校教育机构①。这样，原来单一的家庭教育便分化为家庭教育和学校教育，教育形态从"合"走向了"分"。

## 二、学校的诞生与教育的分野

私有制的出现，国家政权的诞生，瓦解了传统的氏族、部落组织，平等的氏族成员演变为奴隶主和奴隶两个对立的阶级，奴隶社会到来了。在奴隶社会里，社会管理日趋复杂，国家不仅需要完成物质再生产和社会再生产的人，还需要专门的人才，尤其是国家和社会治理人才，传统的融合式的家庭教育以及寓教育于生产劳动和生活实践之中的形式显然不能满足社会的需要，教育实践需要从日常生活中剥离出来成为独立系统，教育活动需要更加精细化、专门化和系统化的组织形式。与此同时，文字的产生和知识的系统化为正规的学校教育创造了条件。

"奴隶社会是教育作为独立的社会活动的形成时期"②，学校教育成为独立的教育形态，日益发挥重要作用。学校教育的独立也意味着教育分化的形成。家庭长期保留着强大的教育功能，对于大多数人来说是教育的主渠道。统治阶级为了治理国家，通过宣传、表彰、规范、典章、选拔官吏、建立乡规民约等方式大力推行社会教化，社会教育演变为各种形式的

---

① 孙培青. 中国教育史（修订版）[M]. 2版. 上海：华东师范大学出版社，2000：10.
② 叶澜. 教育概论 [M]. 北京：人民教育出版社，1991：44.

社会教化①。于是，社会开始出现家庭教育、学校教育和社会教育并存的局面。但是，因为受经济条件等限制，在工业化之前的漫长农业社会里，对于绝大多数人而言家庭教育依然是最重要的教育形式，正规的学校教育只有特权阶级才能真正享有。教育普及化之前，虽然学校系统已经建立起来，在官办学校之外还发展了私学教育系统，但无论是官学还是私学，都发展缓慢，学校的类型、数量很少，内容单一，教育普及率极低，大多数人是以家庭为核心，接受农业、手工业、习俗、道德以及意识形态等生产、生活方面的教育。正如有人总结的那样：处于前工业革命时代的家庭的重要特点是主要作为一个经济单位发挥作用。这个阶段的孩子主要通过参与家庭劳动来学习一般生活技能，孩子们获得的教育主要来源于他们对于家庭生活的参与，间或由学徒制与教堂进行辅助补充，这个时候西方早期的一些初等学校其实更像是家庭教育的延续。② 虽然与原始社会一样，前工业革命时代的教育与生产生活紧密结合，人们所接受的教育大部分来源于他们对于家庭生活的参与，但教育的内容与形式变得越来越复杂：通过在家中做学徒学到一些技能，在工作中和茶余饭后听老人聊天而了解一些信仰和态度。父母，更准确地说是家庭里的首领，就这样在引导孩子进入口授文化过程中起着至关重要的作用。孩子也从他们的社会生活经历中学到一些东西。另外，西方的教会和东方的寺庙也常常提供某种宗教教导，作为学习的补充。③

现代教育系统的形成在于工业革命，教育进步的根本动力在于科技进步导致的生产力迅猛发展以及由此产生的社会对人才的需要。虽然早在西欧封建社会末期，手工业和商业领域就兴起了由市民阶层兴办的"城市学校"④，但普通民众能够真正接受教育以及学校成为教育的主渠道还是在工业革命之后。工业革命促使生产方式从过去的以农业、手工业为主逐步转向以工业和机器化大生产为主，现代化的工厂代替了手工作坊和家庭劳

---

① 车如山. 社会教育的历史考察 [J]. 继续教育研究，2009（1）：67-69.

② 杨启光，陈明选. 家庭与学校教育改革的关系：西方的经验与中国的问题 [J]. 华东师范大学学报（教育科学版），2011，29（4）：31.

③ 克里滕登. 父母、国家与教育权 [M]. 秦惠民，张东辉，张卫国，译. 北京：教育科学出版社，2009：30.

④ 吴式颖. 外国教育史教程 [M]. 北京：人民教育出版社，1999：129.

动，商品经济促进了新型市场和新型城市的出现，整个世界因为市场和商品而联系起来。工业革命中机器大生产诞生，机器大生产推进了世界市场的形成，世界市场改变了世界格局，这些巨变都需要教育提供各类新型人才。这种强大需求促使现代意义上的学校系统诞生了，"双轨制"学校*设计使得普通劳动人民的子女接受教育成为可能，为工业化源源不断地输送适应标准化和流水线作业的合格人才。

工业革命推动公立学校的普遍兴起，加快了教育普及的步伐；教育普及又推进了社会变革，极大地提升了人力资源，成为现代国家竞争的重要保证。1717 年，普鲁士国王威廉一世颁布了《义务教育规定》，规定"所有未成年人，不分男女和贵贱，都必须接受教育"。1763 年，威廉一世的儿子弗里德里希继位后，继续贯彻义务教育的基本国策，签署了世界上第一部《普通义务教育法》。就这样，教育普及运动逐步在西方推行并形成强大的力量，打破了传统教育格局。在 19 世纪前后的西欧，现代学校教育逐步代替了家庭教育和传统学校教育成为教育的主渠道，因为现代教育所教授的内容与最先进的生产力和代表时代方向的文化价值观相联系。与此同时，在家庭和学校之外，那些能够满足国家和个人的教育需求的机构逐步出现并完善，社会教育也日趋发展，真正形成了学校、家庭、社会并存的教育格局。我国的教育普及比较缓慢，主要是由于现代化的起步较晚，虽然受"西学东渐"的影响，现代教育的普及思想在新中国成立之前就已经提出，但在新中国成立后尤其是 20 世纪末教育普及才得以真正实现。

在教育普及之前，家庭教育是多数人最重要的教育形式，教育普及时代到来，家庭教育的许多内容转至学校与社会，地位开始降低。一方面，受工业化影响，家庭作为生产单位地位逐步下降，家庭中的重要成员必须离开家才能生存，家庭对人的控制减少了，家庭成员之间的联系减少了，共同的经济活动、文化活动减少了，过去那种在田间地头、手工作坊之中的亲子共同劳动、传授技艺、耳濡目染变得越来越少了。家长在生产活动中教育孩子的机会变少了，家长白天要外出上班，不得不将子女送到公办

---

* 从资本主义社会开始的学校教育的双轨制是指在自由资本主义社会学校教育系统中并存着两个子系统：一个系统为资产阶级和其他有产阶级服务，另一个系统是专供劳动人民的子女就学的。参见：叶澜. 教育概论 [M]. 北京：人民教育出版社，1991：65.

的教育机构接受教育。另一方面，随着现代国家制度的诞生，国家需要越来越多的具备公共意识、参与公共生活的公民，由此也导致教育目的的重大转变。过去家庭教育的直接目的是培养"家中人"，子承父业、血脉传承、共同维系，现在家庭教育越来越关注"社会人"和"国家人"的培养了。

学校的出现和发展，标志着教育走上了制度化、规范化、科学化、系统化之路，极大地拓展了家庭教育的功能。工业革命、现代科学技术的巨大进步、民族国家的兴起以及资产阶级革命，极大地推动了现代学校教育体制的建立，学校教育逐步从精英走向大众，出现了"野蛮生长"之势。但学校的"过度"发展以及对学校教育的"过度"迷信，在一定程度上抑制和掩盖了家庭教育和社会教育的功能，甚至在很长的时期内，人们形成了这样一种观念，即把教育等同于学校教育。①

### 三、走向合作：教育发展趋向

学校代替家庭成为教育的主渠道，这在很大程度上推进了教育的进步和人的发展。但任何事物都要用历史和辩证的观点来看待，学校的"野蛮生长"并不能掩盖自身的弊端。学校教育的根本问题就是科层化模式使得教育越来越偏离根本方向，学校变得越来越缺乏组织活力，推进教育的有效性和民主化成为全社会共同关注的问题。为了消除传统学校教育的弊端，使教育变得高效并且符合其自身目标，人们又想起了家庭教育。

让教育适度回归家庭的努力在教育比较发达的美国早已显现，其突出表现形式是发生在100多年前的"在家上学"运动，也被称为"家庭学校教育"（Homeschooling）运动，其含义是："学龄儿童不通过公立的或私立的学校，而以家庭为基础与地点（home-based education），通过家庭的管理与实施而接受教育。"② 这种教育形式目前已经由美国推及加拿大、英国、泰国等国家以及我国的台湾、香港等地区。早在1893年，美国马

---

① 黄河清. 失重的家教：试论家庭教育相关因素的嬗变及家庭教育的困境 [J]. 当代青年研究，2002（3）：32.

② 杨启光. 当代美国家庭学校教育运动的学术研究与政策分析 [J]. 比较教育研究，2003（8）：81.

萨诸塞州的最高法院就在联邦诉罗伯特案（Commonwealth v. Robert）中强调，所有儿童都应该受教育，但不是说他们都应按照一种方式受教育，教育的方式可以多样化。这就肯定了家长的教育选择权，在一定程度上默认了在家上学的合法性。从此，美国兴起在家上学合法化运动。到 1993 年，在家上学取得了两方面的进展。一是规模上的扩展。美国已经有 50 个州将在家上学合法化。二是模式上的定型。经过反复探索，美国在家上学呈现出四种类型①：第一种是"建立家庭学校无需通告"，即家长无需提交报告，如得克萨斯州；第二种是"较低程度的控制"，即州政府仅要求家长提交报告，如加利福尼亚州；第三种是"中等程度的控制"，即州政府要求家长提交报告、测试分数或学生学业成绩的专业评估，如华盛顿州；第四种是"较高程度的控制"，即州政府要求家长提交报告、测试分数或专业评估，另外还提出课程设置须经州政府批准、家长具备教师资格或者州政府官员亲临家庭视察，如宾夕法尼亚州。

很显然，美国的在家上学运动折射出对父母教育权的尊重，也反映了社会对高度完备的现代教育体制下家校关系的重新认识。但这场运动是谨慎的，并不是要否定学校，让教育简单地回到家庭，而是实现以家庭为核心的家校合作共育，因为没有学校和社会的支持，单纯依靠父母的力量，学生基本上是无法完成学业的。以加利福尼亚州为例，社区家庭教育项目是沟通地方学区和在家上学家庭的桥梁。该项目给每个在家上学的学生提供书本，教师帮助家长备课、设计课程、批改作业，如果这些在家上学的学生在公立学校注册，那么他们就不再被看作在家上学了，不再接受在家上学协会的保护。从资源利用上看，在家上学，其实需要家长更好地利用学校和社会的资源。在家上学的儿童可以广泛参与学校课外活动，每个在家上学儿童平均可以参加 8 种社会活动，主要包括：下午和周末参与公立学校活动项目，如体育运动、童子军、教会组织、芭蕾、小团体、邻里互动、部分时间兼职、义务劳动；和其他在家上学的儿童团体组织合作进行野外旅行。② 当然，在家上学还有组织上的一系列规定，以确保教育质量，保护儿童的受教育权利。

---

① 陈颖 . 美国各州家庭学校立法情况比较［J］. 世界教育信息，2008（1）：61-62.

② 彭虹斌 . 美国儿童在家上学合法化演变历程与现状［J］. 外国中小学教育，2009（1）：51-52.

伴随着在家上学运动，美国还兴起了以思想家伊里奇（Ivan Illich）为代表的"非学校化"思想。1971 年，在多文化文献交流中心举办的"教育中的抉择"专题研讨会上，伊里奇提出了著名的"非学校化社会"观点。伊里奇认为，当代学校教育过于组织化和趋同化，而这种高度制度化、组织化、赋予无限价值观的学校已经成为教育发展的羁绊。他号召人们废除现代学校，代之以"学习网络"为基础的非学校化社会。所谓的学习网络，就是未来理想的教育机构，能够为教育对象提供参考服务，促进教育对象进行技艺交流、与同伴切磋，为广大教育工作者提供参考服务等。在这里，人与人可以平等、自由、自律、愉快地交往。在这样的学习网络里，学习者可利用的学习资源除了传统的学具、教具外，还有图书馆、实验室、博物馆、剧院，以及工厂、农场或机关等社会教育资源。[①]尽管伊里奇"非学校化"思想存在着对学校认识的片面性以及对学习网络设想的理想化问题[②]，但教育网络的提出意味着对传统学校教育的否定与超越，意味着新的学习方式的建立，为学生提供了与世界联系的新方式，而非仅仅通过教师、课程和计划的准备而进入世界[③]。

中国自古就有尊师重教的传统，但在家本位和家文化的影响下，中国的家庭教育比西方更为发达，形成以家风家训为核心的家学传承。但由于工业化起步较晚，我国现代学校教育明显落后于西方。清末学制改革成为中国近现代教育变革之滥觞，经过民国时期的缓慢发展，在新中国成立之前现代学校教育系统已初步形成，但教育发展水平以及教育普及程度很低。新中国成立之后，国家确立了教育为生产劳动服务、为工农兵服务，教育与生产劳动相结合的方针，大大加快了教育普及化的步伐。改革开放以来，我国教育事业迎来了新的春天。在决胜全面建成小康社会，夺取新时代中国特色社会主义伟大胜利的征程中，国家优先发展教育，把立德树人作为教育的根本任务，将办人民满意的教育作为办学的根本方向，这势必推动我国从教育大国走向教育强国。

与西方国家一样，在我国教育普及化过程中，民间对学校教育的质疑

---

① 漆玲玲. 伊里奇"非学校化"思想述评 [J]. 外国教育研究，2004（10）：9-12.

② 张家军，杨洁. 伊里奇"非学校化"思想论析 [J]. 教育理论与实践，2014，34（25）：10.

③ 赵祥麟. 外国教育家评传（4）[M]. 上海：上海教育出版社，2002：621.

也不断出现，见诸主流媒体的"在家上学"案例越来越多。有统计显示，2013 年国内密切关注并有意尝试在家上学的群体规模约为 1.8 万人，真正实践者约为 2000 人；而到了 2017 年国内密切关注并有意尝试在家上学的达到 5 万人，真正实践者达到 6000 人。在家上学的群体中，80% 的家长接受过高等教育并且是城市居民，20% 的家长有半年以上的出国经历，近一半的家长有一定的教学经验。① 我国在家上学的方式目前大致有两种：第一种是在家直接接受教育，这是真正意义上的在家上学，有的是直接由自己的父母进行教育，有的是若干家庭组成互助联盟共同教育。第二种是间接购买教育服务，这是一种最具有中国特色的方式，在家上学其实是上各种课外班或者进行一对一辅导。②

尽管《中华人民共和国义务教育法》第十四条规定"自行实施义务教育的，应当经县级人民政府教育行政部门批准"，而且在家上学已经成为一种事实，但在家上学背后的争议始终非常大，其中以 2004 年"孟母堂"* 之争最具代表性。2013 年 8 月，来自全国各地和国外在家上学的实践者与研究者在北京举行"学在民间：在家上学与多元教育国际研讨会"，就在家上学的性质、缘由、法理基础、事实依据等达成了《中国在家上学北京共识》。这是在家上学运动的自我辩护。无论是在家上学行动者的自我发声，还是学界的理论研究，现在越来越形成这样一种共同的认识：父母实施在家上学的权利是合法的、应当得到保障的，儿童可以在家完成教育，但是必须纳入国家监管之中，必须借助学校和社会资源才能真正完成；应当加强立法予以规范，只不过教育立法的重心应放在对在家上学行为的具体规制上。③

梳理中外家庭教育与学校演变历史不难发现，尽管当今学校教育依旧

---

① 王佳佳. 中国"在家上学"调查研究报告（2017 年）[R/OL]. (2017-06-23) [2019-12-16]. http://www.sohu.com/a/151439184_100974.

② 贺武华. 我国"在家上学"现象深度分析：中美比较视角 [J]. 浙江社会科学，2012 (11)：84-85.

* 孟母堂是全国第一家全日制私塾，于 2002 年在上海市松江区创建，其教育方式以读经为主，有多个孩子参加。2006 年孟母堂因没有国家认可的办学资质，违规教育收费，家长违反《义务教育法》规定未把适龄儿童送入国家批准的教育机构接受义务教育被叫停。

③ 申素平，段斌斌. 在家上学的法律关系分析：以霍菲尔德的法律关系理论为分析视角 [J]. 教育发展研究，2017 (12)：59.

是教育的主导形式，但是对学校教育的质疑与在家上学的探索促使我们更加深入地思考家校关系或者未来教育形态。可以肯定的是，过度迷恋学校教育的功能是不足取的，学校教育再怎么"野蛮生长"都不能掩盖其自身的问题。在一定程度上，注重家庭教育以及加强学校与家庭合作共育已经成为教育发展的基本趋向，这种趋向符合辩证唯物主义之"否定之否定"规律。当然，重视家庭教育，注重家校合作共育，不是让教育退回原始状态，而是对人类教育发展史中各种合理因素的充分肯定。重视家庭教育和家校合育，不仅是教育在逻辑上的回归，更是历史发展的趋势，是终身学习和学习化社会思潮的要求，是构建基于全民学习、终身学习理念下的"学习型社区"的内在要求。重视家庭教育和家校合育，本质上是要打破学校与家庭相互隔离的现状，更加方便儿童学习，使得教育更加贴近儿童的真实生活，更加贴近儿童生活的本真场景。

## 第二节　加强家校合育是教育变革的必然选择

加强家校合育不仅是教育历史发展的逻辑使然，更是回应现实挑战的需要，是立德树人、办人民满意学校的必然选择，是学校应对外部挑战的能动表现。

### 一、加强家校合育是学校应对社会变化的能动反映

教育变革的根本动力来自社会大变革，教育变革也是引领社会朝着更好方向发展的力量源泉。改革开放以来，我国社会主义市场经济体制逐步确立，极大地解放了生产力，释放了社会发展的巨大能量，物质条件发生了翻天覆地的改变，人与社会的思想观念也随之发生巨大变革。一方面，自由、民主、平等、个性、时尚、自我等积极的思想观念大行其道；另一方面，极端个人主义、消费主义、实用主义、金钱至上、唯我独尊等消极观念也潜滋暗长。"我们还处在一个旧的价值体系已陷困境而新的价值体

系尚未产生的断裂时期。"① 意义失落的感受、非人性的倾向、戕天役物的措施、普遍商业化的风气和集团人主宰的趋势②，近三十年前的这些论断在今天依然存在。市场经济的根本法则是将市场作为资源配置的根本手段以实现效益最大化，市场规律是根本规律，经济效益是市场的最终追求，财富是市场经济中衡量一个人成功与否的决定性条件。功利是市场机制的内生动力，但当市场力量无节制地被放大之后，"经济人"的人性假设也随之蔓延到精神领域，人性的价值之维难免被经济利益所侵蚀，金钱的强大功能迫使人的主体意志退让，"有钱能使鬼推磨"之类的简单逻辑在许多人心中慢慢扎下根来。这样，人的主体精神慢慢地被金钱、利益所吞噬。为了名利，人们已不愿意将自己的"自由意志"与崇高精神相挂钩，时常感觉自己的精神自由被高冷的道德给"绑架"了，纷纷希望社会给自己进行道德"松绑"，力求将精神从"高大上"的世界挣脱出来，以使自己在"利欲"面前变得轻松起来。为此，"人各有志"为这种思想带来合理的解释，多元为异化找到了理想的借口，"我的地盘我做主"成为很多人的行为准则。市场经济与全球化浪潮往往结伴而来，但在许多人的眼中，全球化基本上等同于西方化，西方化又催生了极端自由主义、功利主义、虚无主义，真正的自由民主精神却被抛诸脑后。

青少年是社会的晴雨表，时代对青少年的影响是双重的。青少年本身思维就非常活跃，对新生事物十分敏感，具有批判意识，但他们缺乏批判精神与能力，很容易走极端、"任性"。他们崇尚独立，欣赏自我，反对束缚，但很容易陷入个人主义。他们富有理想，渴望实现自我，注重务实，反对虚伪，但容易忽视他人与社会，容易陷入物质主义和功利主义，从而成为"精致的利己主义者"。他们对这个世界充满幻想，喜欢批判社会的某些现象，喜欢用个人的眼光看待世界，反对传统和正统，但是很容易理想化，思维偏激，缺乏理性精神和辩证看问题的能力。他们喜欢时尚，表现个性，标新立异，容易受同辈影响，但也容易我行我素，与主流价值、世俗世界形成对立，陷入虚无主义。他们渴望精神自由，表达自己的观点，希望得到成人世界的认同，但是他们实际认知能力、社会经验都明显

---

① 马斯洛. 人类价值新论 [M]. 胡万福，等译. 石家庄：河北人民出版社，1988：前言 1-2.

② 刘述先. 儒家思想与现代化：刘述先新儒学论著辑要 [M]. 北京：中国广播电视出版社，1992：188.

不足，缺乏历练，心智不成熟，自我约束能力较差，经济上还需要依赖他人，因此容易受挫，从而陷入自我否定之中。

立德树人是教育的根本任务，引领青少年发展需要合育思想。教育界一直流行"5+2＝0"这样一句话，其大意是 5 天学校教育（常常指德育）抵不上学生离开学校之后的 2 天家庭和社会教育。这句话潜藏着两个十分尖锐的问题：一是眼下的学校德育是低效的，难以经得起走出校门后的实践检验；二是过去学校德育是孤立的，没有注意改善德育环境，忽视协同家庭和社会开展德育工作。因此，加强家校协同育人是学校应对外部挑战、提升教育品质的必然选择。

## 二、加强家校合育是适应现代家庭变迁的需要

现代社会的变迁也直接影响家庭本身，家庭自身正发生着深刻变化，这些变化会影响学校教育。首先是家庭形态发生了变化。男大当婚、女大当嫁，这些约定俗成、习以为常的事开始遭到怀疑，成家问题不是必然而是一个选项。成家不一定幸福，幸福不一定要成家，这种观点被不少年轻人所认可。即便是成家，一言不合就分手的情况也越来越多。国家统计局和民政部发布的数据显示，2018 年全国结婚人数为 1010.8 万对，结婚率创 2013 年以来新低；而离婚人数为 380 万对，离婚率连续 15 年上升。[①]很显然，包括离婚家庭在内的问题家庭不断增多，这会给教育工作者带来很大的挑战，现实中许多所谓的孩子问题其实是家庭问题的折射。其次是家庭功能发生了变化。家庭从过去注重经济功能转向越来越注重休闲、娱乐、情感、文化等功能，本来占主导地位的教育功能变得越来越依赖于学校和其他教育组织。许多父母与孩子奔波于学校和各种课外班之间，认为这就是重视教育。有的家长为了让孩子在竞争中处于优势地位，肆意给孩子报班，打乱了学校的教学秩序。再次是家庭结构发生了变化。家庭越来越朝着少子化、独子化方向发展，核心家庭成为家庭的主要形态。家庭成员中，孩子越来越成为中心，父母与长辈的权威逐渐被消解，平等、自

---

① 统计局，民政部，《中国经济周刊》采制中心.2018 年全国结婚率创 6 年来新低，离婚率连续 15 年上升［J］.中国经济周刊，2019（6）：7.

由、民主等意识逐步代替孝敬、尊重、责任、义务等传统。这种观念迁移到学校，会使学生之间矛盾增加，教师权威性降低，不利于学校的管理，不利于学生之间的交往。

现代家庭变迁对教育影响最大的方面应该是家长教育意识的变化：其一，家长对教育的重视程度越来越高。尊师重教是中国的传统，其最直接的表现是教育投入的增长。中国青少年研究中心 2012 年的调查显示，改革开放以来，我国家庭教育支出越来越高，2012 年城市家庭义务教育阶段教育消费总支出占儿童养育总支出的 76.1%，占家庭总收入的 30.1%，家庭教育支出主要是学校教育之外的发展性和选择性教育支出。[1] 教育支出的增长意味着教育期待的提高，家长希望通过加大教育投入使子女获得更多更好的教育服务，以便在竞争中处于优势。其二，家长的教育主体意识、权利意识不断增强。当今家长的文化程度不断提高，他们主动参与教育的意识不断增强。一方面，家长们通过各种方式学习教育观念，增长教育知识，提高教育能力；另一方面，他们对学校教育有着越来越强烈的参与意识，在积极协助学校教育的过程中，可能会因为教育观念和方法的不同与学校教育发生抵触，尤其是一些学业成功或具有海外教育背景的家长，经常用自己的教育经历"教育"孩子的教师。可以说，相当一部分家长对学校的信任度开始降低。

北京市一所小学的校长遇到了这样一件事。一天，一位家长半路拦住他，表达了这样的不满："学校开展礼仪教育，注重文明礼仪习惯的培养，作为家长非常赞同，我觉得孩子身上发生了很大变化。但是我觉得学校在很多方面做得不够好，最主要的是每次孩子遇到老师时都向老师主动问好，但是老师们不太主动，似乎都在敷衍。其实，老师与学生是平等的，孩子给老师鞠躬的时候，老师也应该给孩子鞠躬，不能仅仅一笑而过，或者点点头就过去了。"校长说，他觉得家长的不满似乎有道理，但心中又拿不准，不知道该怎样应对。

---

① 洪明. 我国城市儿童家庭教育支出研究报告 [M]. 天津：天津社会科学院出版社，2012：18.

这个案例中的情况在若干年前几乎是不可能发生的，过去强调的是师道尊严，学生给老师鞠躬行礼是天经地义的，但是在今天的不少家长看来，师道尊严已经变得不可接受。如果学校和教师没有清晰地看到这些变化，不注重家长在学校办学中的地位和作用，依然按照传统的方式与家长交往，关门办学，那么家校关系可能会变得无法想象，甚至会破坏社会和谐。正如有的学者所指出的那样："中国社会的变革对于家庭的影响急需要国家政府全面审视家庭及其孩子的学校教育对于和谐社会发展的意义，中国学校教育改革必须将家庭纳入到改革的中心范畴来。"①

## 三、加强家校合育是学校实现自我变革的需要

一方面，学校克服自身固有的矛盾和问题需要家长的广泛参与。目前的学校管理仍然存在一些弊端。诸如，一些学校仍持"闭门办学"的态度，以学校围墙为界，将学校与外界社会隔离开来，使学校成为"教育孤岛"；学校管理主体单一，学校只看重校长和领导班子的力量，无视教师、学生、家长等的主体作用，将他们排斥在学校管理的框架之外；校长仅重视自上而下的命令式的层级管理，使学校教师和其他工作人员处于听命状态，缺乏创新的热情、动力、思路；学校管理效能低下，只注重硬件的高投入，忽视"软实力"建设和内涵发展，教育资源浪费现象严重。面对如此顽苛痼疾，开放办学，"让教师、家长和社区成员广泛参与学校管理与决策，是建设现代学校的关键"②，也"成为世界教育发展的重要趋势"③。石中英教授认为，现代学校发展都将参与原则视为民主化的重要原则，主张"在教育实践的各个环节——决策、咨询、制定目标、课程改革、教学组织、发展评价、学校管理等方面，最大限度地调动各个社会机构、组织、家庭以及个人的积极性，使更多的人成为教育改革、发展和评价的主体"④。

① 杨启光，陈明选. 家庭与学校教育改革的关系：西方的经验与中国的问题 [J]. 华东师范大学学报（教育科学版），2011，29（4）：37.

② 陈如平. 现代学校管理创新的五大基本命题 [J]. 中小学管理，2012（8）：20.

③ 缪建东. 家庭教育 [M]. 北京：北京师范大学出版社，2015：250.

④ 石中英. 教育哲学 [M]. 北京：北京师范大学出版社，2007：244.

近些年，越来越多的学校开始注重家长参与，开创了许多形式，取得可喜成效。江苏省昆山市培本小学是当地一所优质学校，学校为了密切家校关系成立了家校"议议吧"，这是一个以民主理念为主导开展家校合作的平台。家委会每月征集各方意见以确定讨论内容，召集大家参与"议议吧"。大家以沙龙形式进行探讨，发表对这些问题的看法，增进家校、师生、父母与子女、个体与社会之间的交流和了解。这种民主平等的氛围感染了家长和孩子，进而潜移默化地影响社会风尚。该学校的努力不仅密切了家校关系，更促进了学校各项变革的实现，成为昆山市家校合作的典范。薛海平教授研究发现，学校与家庭教育存在联合生产机制，单独来看，家庭对儿童成长影响更大，其次才是教师；但是，联合生产机制发挥的作用又大于单独发生机制。①

另一方面，没有家长的同步配合，学校变革也不可能成功。改革开放以来，我国教育事业的变化是巨大的，全球化、本土化、民主化、现代化、信息化等是教育变革背后的深层原因。在世界性教育变革浪潮的影响下，在改革创新宏观社会环境的推进下，自下而上的区域性教育改革与自上而下的全国性教育改革不断推出。但是，有些改革并没有取得理想的效果，甚至不了了之，原因很复杂，其中得不到支持配合是问题的关键。下面这个案例能够说明这一点。

2016 年，河北省涿鹿县教育界发生了一件令人遗憾的事情——教科局局长郝金伦宣布辞职，起因是他从 2015 年开始推行的"三疑三探"课堂教学模式改革。所谓"三疑三探"课堂教学模式包括四个环节，即设疑自探、解疑合探、质疑再探、运用拓展。该模式紧扣"疑"和"探"两字，通过疑问与探究结合等相对固定的教学环节，促使学生学会主动提出问题，独立思考问题，合作探究问题，同时养成敢于质疑、善于表达、认真倾听、勇于评价和不断反思的良好品质和习惯。尽管"三疑三探"符合素质教育要求，改革得到了教育部门部分领导和业内人士的

---

① 薛海平. 义务教育学校和家庭联合生产机制实证研究 [J]. 教育与经济, 2013 (6): 16-23.

认可，但在实施过程中遇到了巨大的阻力。因为在许多家长看来，课改后课堂上教师讲课不足，不给学生布置作业，这样做是不利于学生升学以及提高考试成绩的，希望恢复传统的教学模式。近百名学生家长到县信访局反映该问题，并要求罢免县教科局局长郝金伦，最终全县全面停止了"三疑三探"教学改革。①

上述案例中教育主管部门的改革勇气是值得肯定的，但改革最终还是无法推行下去，阻力主要来自家长和社会，问题的关键在于教育改革没有得到家长的充分理解与认可。在没有得到充分认同的情况下，采取较为激进的措施强制推行并最终导致失败的例子在教育历史上并不少见。这样的案例提醒我们，在教育自主意识日益觉醒的家长面前，教育改革要想取得真正的成功，必须唤醒家长和社会，形成合力，仅有良好的愿望与看似科学的举措未必能够成功。正像有人所指出的："家庭教育的参与对学校来说具有特殊的意义，它直接决定着学校改进的成效。"② 这个结论在另一个更为宏观的减负改革中更能充分体现。我们都知道中国儿童学业负担非常重，可以说这是新中国成立以来一直在努力解决的教育顽疾。为了减负，相关部门下了很大功夫，对学校的课程、教学、评价、招生等环节进行了非常详细的规定，对校外教育机构进行了规范管理。但是，仅从学校和社会角度进行减负，显然没有找到问题的源头。现在虽然学校课业减少了，但是学生的实际负担情况依旧不容乐观，在某种程度上还有加重的迹象。其实，问题的根源在家长。如果家长的教育理念没有发生根本转变，没有真正理解减负的意义，他们是不会支持和配合减负的。家长不理解、不认同、不配合，任何减负行动都将化为乌有。因此，学校的自我变革不仅仅是学校的事情，还涉及家庭，需要家长与社会的配合。美国教育社会学者珍妮·H. 巴兰坦指出，儿童的成功很大程度上取决于家庭背景以及家长在教育中所采取的行动。父母的教养方式与期望对确立儿童的教育日

---

① 河北涿鹿课改被叫停，教育局长辞职"抗议"，我们究竟需要怎样的教改？［EB/OL］.（2016-07-22）［2019-12-16］. http：//www. sohu. com/a/107002491_120074.
② 徐建华. 从家校合作的视角关注学校改进［J］. 教育科学研究，2010（2）：33.

程至关重要。①

　　综上所述，加强家校合育工作，深入开展合育研究，既是时代发展的需要，也是教育自身变革、提高公共服务水平的需要。学校、家庭各自为政的时代已经过去了，加强和改进合育工作，形成学校、家庭、社会三位一体的育人格局，是现代学校的责任，也是教育发展的基本方向。

_____

　　① 巴兰坦．教育社会学：一种系统分析法［M］．朱志勇，范晓慧，译．南京：江苏教育出版社，2005：186.

# 第二章 家校合育的基本内涵

学校与家庭合作共育是历史发展的必然，也是现实的迫切需要。研究家校合育，首先需要厘清学校教育与家庭教育各自的目标、属性、特征及二者的差异。在此基础上，才能进一步揭示家校之间为什么要合作，合作起来干什么，合作过程中两者的责任边界在哪里以及合作的类型、方式等。

## 第一节 家庭教育与学校教育的基本特征

研究家校合作共育，需要分析家庭教育、学校教育的基本特征，只有厘清合作者之间的关系才能更好地开展合作。

### 一、家庭教育的基本特征

研究家庭教育，首先要理解家庭。家庭是人类社会最早的社会组织形式，是因一定的婚姻关系、血缘关系或收养关系组合起来的初级社会群体，是人类自然关系与社会关系的统一。[①] 家庭是"社会最微小的细胞"[②]，家是最小国，国是千万家。既然是社会的细胞、社会的缩影，那么社会的许多功能在家庭中都能找到，家庭承担了经济、性、人口再生产、文化教育、休闲娱乐、情感依恋等诸多功能。教育是家庭的基本功能，在实现人的再生产和物质资料再生产过程中起着重要作用。"家庭对

---

[①] 关颖. 家庭教育社会学 [M]. 北京：教育科学出版社，2014：27.

[②] 赵忠心. 家庭教育学 [M]. 北京：人民教育出版社，2001：2.

孩子从婴儿到青春期的养育和保护负有主要的责任。向孩子们介绍其社会的文化、价值观和行为准则的工作始于家庭。"① 家庭是一个人最早接受教育的地方，对一个人的影响最持久、最深远，因为家庭教育对人的情感发展和品德形成至关重要，一个人一生都会打上家庭的烙印。在社会各种系统（如教堂、学校、社区、政府机构、俱乐部等）中，家庭对儿童的影响是最大的。② 当然，随着社会的发展以及少子化趋势的加快，家庭对子女的教育期待越来越高，学校和社会教育越来越发展，家庭的教育功能越来越朝着综合化方向发展。

学界普遍认为，家庭教育有广义和狭义之分。《中国大百科全书·教育》中家庭教育的定义是：家庭教育是指"父母或其他年长者在家庭内自觉地、有意识地对子女进行的教育"③。邓佐君教授认为："家庭教育是在家庭生活中发生的，以亲子关系为中心，以培养社会需用的人为目标的教育活动，是在人的社会化过程中，家庭（主要指父母）对个体（一般指儿童青少年）产生的影响作用。"④ 这是从狭义角度进行界定的。从广义上看，有人将家庭教育定义为"家庭成员之间的相互教育"⑤，教育对象不仅仅是未成年人，还包括父母等成年人。李天燕教授认为，家庭教育是家庭成员之间的双向沟通、相互影响的互动教育⑥。广义上的家庭教育不仅是前喻文化下的"三娘教子"，还包括并喻和后喻文化下的"子教三娘"。但我们一般所说的家庭教育还是狭义的。因为，尽管父母可以从孩子身上学习很多东西，父母也应该善于向孩子学习，但这都是从父母"应然"的角度说的，是父母育儿过程中主动性、自觉性的体现。同时，判断一个行为是否属于教育行为，关键要看行为主体是否有教育意图和社会责任，未成年子女显然没有教育父母的责任，也没有这种意识。总而言之，

---

① 赵中建．教育的使命：面向二十一世纪的教育宣言和行动纲领［M］．北京：教育科学出版社，1996：68.

② 中央教育科学研究所比较教育研究室．简明国际教育百科全书：人的发展［M］．北京：教育科学出版社，1989：361.

③ 中国大百科全书总编辑委员会《教育》编辑委员会．中国大百科全书：教育［M］．北京：中国大百科全书出版社，1985：140.

④ 邓佐君．家庭教育学［M］．福州：福建教育出版社，1995：7.

⑤ 教育大辞典编纂委员会．教育大辞典：第1卷［M］．上海：上海教育出版社，1990：11.

⑥ 李天燕．家庭教育学［M］．上海：复旦大学出版社，2007：15.

家庭教育是指家庭中的长辈（主要指父母或其他监护人）对子女（或其他被监护人）施加影响，使其知识、技能、道德习惯、行为方式、价值观念等身心素质朝着长辈期待的方向发展的过程。

比起其他教育形态，家庭教育的特征是明显的。与学校教育和社会教育相比，家庭教育呈现出以下特征。一是非正规性。这是与学校教育比较而言的，学校教育属于正规教育，有专门机构、人员按照应有的规范开展教育，而家庭教育是非正规化的。尽管许多人呼吁和期待家长"持证上岗"，但我们无法像规范学校教师那样要求家长必须具备什么样的文化程度、教育设施、教育水平才能生儿育女，一个文盲也有当家长、开展家庭教育的权利。同样，我们也无法约束家长在什么时间对子女施加什么样的教育、用什么样的方式进行教育（只要家长不违法）。二是天然性，或者是血缘性。家长与孩子天然地形成教育和被教育关系，这是由父母的亲权所决定的。教育孩子是父母的天职，父母不可能放弃，也是父母的基本权利，不可被剥夺。一个孩子不能像选择学校和教师那样选择家庭和父母，父母同样无法放弃教育孩子的权利，否则将担负法律责任。三是私密性。这主要是从教育内容和活动方式而言的。家庭是一个天然的利益共同体，是一个私人领域，许多教育内容带有家庭自身的特征，外部不宜干预。当然，私人领域并不意味着不受法律约束，家庭教育内容和方式应该符合法律和公序良俗。四是多样性。家庭类型不同，家庭对子女的教育期待、教育内容以及教养方式不尽相同，不像学校那样被许多制度约束，呈现出多样化的特征。五是生活性。家庭是生活的组织，家庭教育是生活教育。家庭教育不是发生在生活之外，而是生活之中，家长在过日子中逐步规范孩子的言谈举止，教给孩子生活常识和文化常识，使孩子在不知不觉中受到教育。所以说，家庭教育是基于真实生活的教育，也是为了改进家庭生活的教育，这当属家庭教育区别于其他教育的最显著特征之一。六是文化性。中国有"家国同构"的社会传统，自古高度重视家风、家训、家教，家庭教育高度发达，家庭教育无论是内容还是形式都具有鲜明的东方文化特征，与西方和其他文化类型有着很大差异。

## 二、学校教育的基本特征

学校是一种社会组织，学校教育是一项社会事业，现代学校的形成是工业革命、民主化运动和民族国家诞生的结果。学校教育是指教育者按照一定的社会或阶级要求，有目的、有计划、有组织地对受教育者在知识、技能、情感、态度、价值观等方面施加影响，使其身心等素质朝着教育者期待的方向发展的过程。简言之，就是"有意识的以影响人的身心发展为直接目标的社会活动"[①]。相对于其他形式的教育，学校教育是教育的正规形态和主导形态，是制度化教育。石中英教授认为学校具有如下属性[②]：首先，学校是一种社会组织，具有社会属性，反映社会关系；其次，学校是专门的教育机构，目的明确、工作专业、方法科学、时间固定；再次，学校具有民族性或者文化性；最后，学校具有变动性，随着社会经济、政治、文化的发展和要求而处于不断变革之中。

事物的属性决定其特征，上述的学校教育属性决定其具有以下主要特征：第一，正规性。学校是制度化产物，有明确的目的，有规范的教育方法和形式，有严格的学习制度和升学制度，有专门的师资队伍。第二，强制性。正规的形式需要法律制度作为保障，不可能完全按照每个受教育者的意图开展教育，也不可能针对每个教育者开展教育，否则无法保障学生学业的完成；强制性还体现为义务教育法对未成年人父母的强制要求，让子女接受九年制义务教育是未成年人父母的义务。第三，阶段性。根据学制安排，学校教育一般将学生的学习分为若干阶段，每个阶段有一定的学习内容和考核标准，而家庭教育和社会教育没有学制之说。第四，主导性。这是从学校、家庭和社会教育关系角度而言的。虽然说家庭从某种程度上对孩子的实际影响要大于学校，但学校教育所确立的培养目标和教育内容代表国家和社会共同利益，学校教育所主张的教育理念代表教育的主流方向，为家庭教育和社会教育确立了基本方向。学校既要代表国家意志，也要代表家庭意愿；既要保证为国育人，也要保证为家育人。现代学

---

① 叶澜. 教育概论［M］. 北京：人民教育出版社，1991：8.
② 石中英. 公共教育学［M］. 北京：北京师范大学出版社，2008：8—11.

校功能不仅体现在教书育人上，还体现在引领家庭和社区教育上，在合育中发挥着关键作用。第五，基础性。尽管家庭教育与社会教育也教授儿童青少年基本的社会习俗、语言文化、社会技能、价值观念，但基础教育阶段学校所传授的知识是以学科化为基础精心加工而成的，是最基本、最重要、对人的发展起着奠基性作用的人文与科学知识，其他阶段的教育内容同样是对人类文化成果的精选，有着很强的迁移价值。第六，专门性。学校是正规的教育机构，又是专门的教育机构。正规，说明有教育法律和制度做保证，有比较严格的教育行为标准和行业规范；专门，说明它只做教育不做其他，社会依据人才培养规律，按照一定的标准建立学校，选拔和考核教师，设置课程标准，实施课程，颁发文凭，这样，学校所培养的人才才能得到社会的认可。

## 第二节  家庭教育与学校教育的内在关系

一个人不可能只接受一种教育，理想的教育格局一定是学校教育、家庭教育、社会教育三位一体的。但由于学校教育、家庭教育、社会教育在教育主体、立场、追求、资源、方式等方面有所不同，三大教育形态之间的内在张力也非常明显。这里着重探讨承担儿童青少年法定教育责任的家庭与学校的内在关系。

### 一、家庭教育与学校教育的差异

（一）教育主体

教育主体是有意识、有目的地对教育客体施加影响的人或者组织。在现代公立学校，教育的主体是教师，教师是具有教育专业资质的知识分子，是从事教育职业的专门人才。公立学校的教师受聘于国家，必然要代表国家利益，体现着国家的意志。尽管私立学校和教育机构不由公共财政支撑，没有正规的编制，但在育人目标、内容和方式上同样受国家相关法律、法规、制度的制约，依旧以国家意志为圭臬。但家庭教育的主体是家长，是社会中各行各业的普通人，不是专门的教育者，虽然有人希望家长

"持证上岗"，但这只是一种理想。家长教育孩子代表的是家长个人的意志，体现家庭的自身利益和需要。尽管家庭教育也受到法律法规的监管，但是国家没有也不可能对家庭教育的目标、内容、方式进行强制规约。社会教育是一个庞大的系统，教育主体多元复杂甚至异质，不同主体代表着不同社会集团的意志，有的代表国家利益，有的只能代表部分社会群体的利益。学校代表着国家利益，自然从儿童整体角度和全社会的需要出发教育儿童。当国家利益与儿童利益符合（或大致符合）时，教育就会极大地推动儿童的发展；当国家利益与儿童利益不太符合时，教育可能就会阻碍儿童的发展。此外，教师（包括社会教育系统内的部分教师）属于专业人员，有固定的专业领域、工作标准、入职规定、考核标准；而家长和社会教育系统的大多数工作者虽然承担着教育的职责，但是属于非专业教育者，不能简单地以教育专业标准来评价其教育行为。

家庭教育的主体当然是家长，但家长与子女之间不只是教育者与受教育者的关系，亲子之间在生物意义上是血缘关系（收养家庭构成收养关系），是共同生活的一家人。不仅如此，亲子之间在法律上还是监护与被监护、抚养与被抚养关系，孩子长大后还有赡养与被赡养关系。当然，家长具有教育孩子的天然义务，因此亲子之间构成了教育与被教育关系，是另一种意义上的"师生"关系。而学校中教师与学生就是单纯意义上的师生关系，尽管可以把教师比喻为"父母""亲人"，但那只是比喻，而且师生关系是临时性的，可以随时更换或自然解除。正因为如此，家庭教育中教育责任属于盟约性的，亲子之间的语言是私人语言；而学校教育和社会教育中教育责任属于契约性的，师生之间的语言属于公共语言。[①] 许多家长感觉到，孩子日常在学校非常听话，但一回到家里就变成另一个样子，就是因为与学校教师相比，父母与儿童之间的关系是盟约性的。师生关系是制度规定下的契约性关系，是临时性的、可以解除的，而父母与孩子的关系是天然的、永恒的，不能轻易解除。

（二）教育目标

教育目标是教育活动要达到的预期结果，体现在人才的规格和标准

---

① 黄河清，马恒懿. 家校合作价值论新探［J］. 华东师范大学学报（教育科学版），2011，29（4）：23-29.

上，目标的差异是立场差异的体现。教育最终要促进人的全面发展，但是这只是一种抽象的表述，国家、家长、学校教师、其他教育者等不同的教育主体自然会对儿童发展产生不同的看法，因为他们对教育行为的具体诉求不同。一般而言，家长作为儿童利益的直接相关者，更加关注在现在和未来社会中儿童是否处于有利的竞争位置。在他们看来，儿童发展得好与不好，除了身心健康等基本要求外，关键看孩子能否在未来社会获得更大的发展空间。家庭与儿童利益关系最紧密，对教育结果最为关切，为了让孩子在未来社会竞争中获得最大利益和发展空间，家长在关注儿童身心健康的同时很容易将教育引向竞争的道路，这就是说家长才是应试教育真正的始作俑者的原因。社会教育机构属性复杂，主体多元，目的自然多样，有的是依附于家庭，旨在满足家长的需求，有的则依附于学校，旨在满足学校的育人需求，也有的有其自身的需求和目标。在社会教育系统中，有的教育主体的目的是明确的，但有的教育目的比较含糊，因为它们并不是纯粹意义上的教育机构。

学校教育与家庭教育在目标上经常会有所差异。有调查显示：教师和家长对学生发展的关注程度在性别和年级上均存在显著差异，不存在显著交互作用。教师最关注学生的品德发展，而家长最关注学生的身体健康。家长对学生身体健康的关注程度显著高于教师，而教师对学生考试成绩、品德、个性品质的关注程度显著高于家长。[①] 虽然说学校教育与家庭教育的目标常常不一致，但现实中学校与家庭有时候又会形成利益共同体，尤其会在应试教育方面成为同盟军。究其原因，虽然说学校和教师代表国家利益，以促进全体儿童的全面发展为目标，但是也有自己的"私利"，学校在执行国家教育方针政策过程中可能会因为自己的利益而发生扭曲。每个地区的学校为了在区域内的教育竞争中处于优势，往往会背离国家教育方针政策的要求，按照"市场"的规律教育孩子。为什么很多学校会与家长一起绑在应试教育的战车上？主要原因是应试教育会给他们带来回报。

（三）教育观念

教育观念反映教育者对培养什么人、如何培养人等问题的系统认识，

---

① 姚计海．教师与家长对学生发展的关注点比较研究［J］．中国教育学刊，2014（2）：48-52.

主要包括儿童观、师生观、内容观、亲子观、人才观、评价观、过程观等。教育观念的不同从根本上反映出教育主体立场和认识上的差异。对儿童的认识与态度所形成的儿童观是衡量教育观念的基础，将儿童培养成什么样的人是教育观念的关键。从宏观上说，社会教育观念深受国家教育方针政策的影响；从中观上说，教育观念直接受校长的办学经验和思想以及学校办学传统的影响；从微观上说，教育观念体现在教师的教育实践活动中。上述这些教育观念与教育科学研究有很密切的关系：一方面，教育研究受教育实践活动的影响，教育实践是教育研究的基础；另一方面，教育研究所形成的教育成果又深刻地影响各个层面的教育实践者。当然，影响教育观念形成的还有一个重要因素，那就是家长和社会，尤其是家长。家长对学校教育的认可、选择、评价强烈地反作用于学校。受传统观念的影响，我国家长习惯将孩子看成自己的财产，甚至强行将自己的意志施加在孩子身上，忽视孩子的独立性和人格尊严，在爱的名义下代替孩子成长。当然，有的家长则恰恰相反，过度而简单地强调儿童的自由、权利、个性，时时处处以孩子为中心，极容易将孩子带入自我中心、自私自利之中。教养方式是教育观念的综合反映，权威型教养方式体现了父母对子女的严格要求，专制型教养方式体现了父母对子女的控制，民主型教养方式体现了父母对子女人格的尊重，放任型教养方式体现了父母对子女成长的忽视。人们对于学习过程的认识往往也有很大的分歧，譬如现今存在的苦学观和乐学观，有的人认为学习是快乐的过程，也有人认为学习是痛苦的过程，即所谓先苦后甜，苦尽甘来。虽然我们反对将学习简单地等同于快乐，但更应该反对这种带有强烈功利性、非人性化色彩的学习观。[①] 关于对学业的认识，在功利主义思想下许多人会简单地将学业等同于成绩，成绩等同于排名，排名等同于升学，不能从全面发展的角度认识儿童的学习。不仅在家长中普遍存在着这种观念，在学校教师和其他教育工作者中持有这种观点的也大有其人。

（四）教育内容与形态

学校是正规的教育机构，学校教育是制度化教育。尽管学校教育方式

---

① 陈祖鹏．"教育即痛苦"：内涵、批判与超越 [J]．当代教育科学，2019（3）：3-7．

在不断变革，但其基本教育形态仍然以班级授课制和集体活动为主，教育内容以经得起实践检验的人类基本知识、技能和社会共同遵守的基本价值准则为主，学科课程是其最主要的表现形式，评价方式以考试、考查、档案记录等形式为主，比较注重科学的教育方法和评价方法。学校教育中有正式的师生关系，国家对教师和学生的角色与行为有明确的规范。教师在教学上主要采取讲授式、启发式、合作式、探究式等方法，强调教学的针对性、艺术性、情境化、个性化。学校教育在空间上有教室、实验室、操场、图书馆等正式的教育场所。而家庭教育主要是非正规教育，没有固定的场所，在哪都可以教育孩子。家庭教育没有固定的形态，主要围绕生活而展开，家庭日常生活是主要形式，看场电影是教育，吃顿饭是教育，出门旅游也是教育。家庭教育属于个别化教育，主要在亲子之间展开，在独生子女家庭里，教育往往是"多对一""一对一"的。家庭教育尽管也传递文化知识，但主要扮演学校的辅助者角色。归根结底，家庭教育是孩子做人的教育，最主要的内容是日常生活知识、经验与常识，家长所持有的个人知识、经验、道德、价值观等。家庭教育方法很多，包括显性的方法和隐性的方法。显性的方法主要包括家长的言传、身教、合理的期望、日常沟通、生活指导等，隐性的方法主要包括家庭生活方式、家庭关系、邻里关系、沟通方式、问题处理方式、人格影响等。

## 二、家校之间的可能冲突

学校与家庭这两个教育主体在立场、观念、目标、方法等方面存在着固有的差异，这些差异在一定程度上可能会发展为矛盾和冲突。因此，家校在开展合作共育之前需要充分认识这些差异和冲突，通过沟通合作化解潜在的矛盾，积极解决冲突。当前家校矛盾冲突集中表现在以下方面。

（一）价值观念冲突

人是价值的存在，任何人都是价值的主体，价值观是一个人对价值问题的根本看法，在人格系统中起着统领作用。价值观包括政治价值观、品德价值观、人生价值观、生活价值观、职业价值观、婚恋价值观等。立德树人，培养社会主义建设者和接班人是教育的根本任务。家庭和学校的价值观念总体上是一致的，但是由于处于不同的价值立场，二者在价值观教育方面可能存在不一致的地方。一般而言，学校代表国家将社会主流价值观传递给学生。当前我国的主流价值观是社会主义核心价值观，学校应该注重培养学生的理想信念，帮助学生树立"四个自信"，继承与弘扬优秀传统文化，培育法治意识和生态文明观念等。而广大家长在价值观方面可能会有自己的理解，对传递主流价值观会有各种各样的想法，甚至会对主流价值观的某些方面产生抵触心理。比如，学校主张培养爱国、诚信、节俭、文明、友善、包容等价值品质，但家长在私下里可能会传递个人主义、享乐主义、虚无主义、利己主义的思想观念，钱理群教授所提出的"精致的利己主义者"在高校里并不少见。

以学习英雄为例。每个民族都有英雄，中华民族在长期的历史发展中涌现出许多民族英雄，他们是中华民族根本利益的集中代表者，是民族的脊梁，每个中华儿女都要记住并学习他们的光辉品质。但有的家长对于是否要学习英雄、如何学习英雄有着不同的理解。有所学校开展学习刘胡兰的教育活动，有个家长知道这个消息之后便强烈抵制。他给学校写了一封信，信中写道："我想任何一个理智的家长都不想让自己的孩子像刘胡兰一样在上小学和初中这个年龄就参与这些残酷的政治斗争，更不想让自己的孩子那么小就学着大人去杀人，而后又被别人残酷地杀害。所以想到我的孩子去学刘胡兰，我心如刀绞。出于一个父亲的责任，我本能地想为孩子抵挡可能对她心灵带来的伤害。望老师理解。以后这个活动请允许我们放弃。"很显然，这位家长严重地误解了英雄，严重地误解了学习英雄的意义，也错误地理解了学习英雄的方式，站在了学校的对立面。这样的家长在今天不是个例，反映了家校之间的价值冲突。

（二）教育观念冲突

教育观念说到底是人们对谁教、如何教、教什么等问题的认识，人们的立场不同、需要不同、认识水平不同，在这些问题的认识上就会有差异。从根本上来说，今天家校之间在素质教育的看法上未必能够达成一致。一般来说，学校和教师贯彻执行国家素质教育的方针，在学习正规的、科学的教育知识基础上形成自己的教育观念。但现实中，许多家长从自己的成长经验或者受教育经验出发，对培养什么样的孩子以及如何培养孩子有着自己的看法。今天家校之间围绕教育观念的冲突越来越多，一是因为家长对教育的重视程度提高了，二是因为家长的学习意识增强了。在互联网时代，家长们会通过各种方式学习相关教育知识，而有些知识未必能够站住脚。一名小学生上课总是爱动，时不时地推搡其他同学，引起了同学及其家长的不满。当老师找到这位同学的家长，请他配合学校约束孩子时，这位家长竟然说："小男孩爱动是他的特点，不是什么缺点，请你不要大惊小怪的。许多名人在小时候都非常调皮，反而那些循规蹈矩的孩子长大之后没有什么出息……"老师听罢竟不知道说什么好。减轻学业负担是今天教育界的共识，而有位父亲给孩子报了很多课外班，老师问孩子平时累不累，孩子说："不仅累，而且生活没意思。"当老师将孩子的这番话告诉家长时，家长若无其事地说："今天你看看谁不累，这么小连学习的苦都吃不了，长大怎么能适应社会？有了幸福的童年，等着他的是不幸的成年……"这两位家长很有代表性，他们对"个性""学习体验"等的理解产生了严重的偏差。

当然，家校在教育观念上产生冲突也未必都是家长的错误，有时候学校的做法也有欠妥之处。2012年《中国青年报》登载了题为《6年后我将收获怎样一个孩子》①的文章，反映了一位母亲与学校在教育观念上的分歧，很有代表性。

我用6年学会了等待，明白了孩子的成长是"三分教七分等"，但是这一个月，我不得不加快自己的脚步。因为明白学龄前的孩子应该以游戏为主，所以，一直坚持没让孩子上能学更多知识的学前班。孩子的小手主要用来使用剪刀等各种工具，她手中的笔也更多是用来画画的，很少写字。上学了，写字成了必需的一课。知道孩子缺少这方面的训练，所以，孩子写字的时候我会格外用心，认真地观察，她写每一个字的时候都很努力，一笔一画地、很用力。虽然每一个笔道都歪歪斜斜的，页面看起来也不干净，但看着她这么认真，我知道她一定能渡过这一关。但

---

① 林芰. 6年后我将收获怎样一个孩子：开学一月摧垮家长坚持6年的教育观［N］. 中国青年报，2012-10-10（3）.

·28·

是，没过两天我就收到老师发来的信息："孩子的书写很不好，家长监督孩子把每个字写好。"书法是需要长期练习的，刚上小学不到一周就要求孩子把字写得横平竖直、像模像样，可能吗？孩子不是神童，就得从幼儿园抓起。

这个案例表面上看是家长与学校老师在小学一年级学生把字写到什么程度算是合格的问题上出现了分歧，其实背后是他们的教育观念发生了冲突。学校重视孩子写字没有问题，要求孩子认真写字也没有问题，但不能指望孩子在小学一年级就达到理想的程度。家长认为孩子写字只要认真就行了，未必要横平竖直，教育就是静待花开，这一点也可以理解，但不能以此否定学校在写字方面的统一要求。

(三) 利益冲突

教育过程也是教育资源分配的过程，教师是教育资源的拥有者，家长与学生是教育消费一方，二者形成一种利益（教育资源）的供给关系。学校教育资源有很多种，有的是有形的，如座位分配、表扬奖励、学习机会、活动机会；有的是无形的，如师生关系，教师对学生的关注度、情感投入（偏爱），教学过程中的隐形机会等。学生在学校受教育时应该受到公正合理的对待，应该平等享受各种教育资源。但是，学校教师在教育利益分配过程中很可能会出现这样或那样让家长和学生不满的地方。虽然表面上家长在学校教育中拥有知情权、监督权和参与权，但由于家校之间信息不对称，家长权益得不到保障的现象时常出现。

教师在学习资源分配中可能存在着偏好，主要表现在：一是照顾地位较高的优势家庭子女。基于可能存在的回报意识，有些教师可能会对处于优势地位家庭的子女较为关注，这对于那些自身在社会经济、政治、文化中处于不利地位的家长来说，往往产生一种剥夺感，从而引发对学校和教师的不满。正如有人指出的那样："掌握了更多资源与制度化权力的学校控制了家校合作的动向，也使合作难以达成理想的状态。对于一些由于社会经济、文化因素而处境不利的家长而言，家校合作更是不可能实现的迷思。依据当前的合作模式，他们不仅在与学校的互动中非常被动，而且与精英层家长的互动也非常艰难。"① 二是偏爱学业表现比较优秀的学生。学业表现不好往往会拉低班级的整体学业水平，拖学校和班级的后腿，给学校和教师带来麻烦，使其声誉受损；相反，学业表现好的孩子教育起来非常轻松，能给学校和班级增光，在班级里还能够起到正向的带动作用，因此教师更倾向将学习资源投向他们。另外，教师很容易产生这样一种朴素的认知：同在一个班级里，为什么有的孩子能给班级增光，而有的会拖后腿？那一定是家长的原因。因此，教师也很容易对这些"拖后腿"学生的家长产生不良印象，言行之中可能存在歧视、责备、另眼相看、惩罚等情况。现实中经常会发生"儿童得病，家长吃药"的现象，学生在校表现不好，教师动辄将家长"请"到学校，与孩子一起接受教育，让家长难以接受又无可奈何。三是忽视中等生。现实中，教师平时最喜欢的可能是优等生，最关注的可能是后进生，最容易忽视的可能是中等生，这就是所谓的"中等生现象"。造成这种现象的主要原因还是教师在管理中遵循效益最大化的原则，因为抓优等生会带来荣誉，抓后进生会减少麻烦，中等生两者都不是，所以容易被忽视。但教师和班主任的这一"偏好"自然也很容易导致一些中等生家长的不满，造成家校矛盾。

当然，教育中的公正问题是复杂的，除了从教学与管理收益角度思考外，以下两种情况可能会导致教育资源分配上的问题，从而引发家校矛盾冲突。其一，家长和教师由于立场不同导致对公正问题的认识不同，进而造成矛盾。比如，一个成绩不好的孩子的家长可能希望自己孩子与一个成绩好的孩子坐在一起，而成绩好的孩子的家长则希望自己孩子能够与一个成绩差不多甚至更好的孩子在一起。如何安排座位会导致一些矛盾，家长都会认为自己有权利要求学校满足自己的愿望，而实际上是不可能的。一般而言，教师关注的是所有学生，安排座位时以优先考虑集体利益为原则。其二，教师对公正问题的认知存在偏差，进而导致冲突。有这样一位班主任，为了调动学生的学习积极性，将教室内的座位分为若干等次（中间靠前的无疑是最好的）。他告诉学生，每个人都有可能获得这些"C位"，只要学习和日常表现优秀就可以赢得这些机会。这个办法看似公正透明，但其实剥夺了弱势孩子的利益（机会），这种做法是不公正的。

---

① 林玲. 家校合作关系的检视：一种批判的视角 [J]. 教育科学研究，2013（6）：47.

（四）责任冲突

教育孩子是家校双方共同的事业，但到底怎么分配任务呢？《中华人民共和国教育法》第五十条规定，未成年人的父母或者其他监护人应当配合学校及其他教育机构，对其未成年人子女或者其他被监护人进行教育。根据这一条，许多学校教师鼓励家长参与学校教育教学活动，从理论上说，家长参与学校教育对融洽家校关系、提高家长素质、减轻学校和教师负担、提高教学效果会有很大帮助。但是，如果教师出于利己的动机或者进行简单化操作，极可能将本来应该自己完成的任务推给家长，引起许多家长的反感。2015年《中国青年报》刊登了一篇名为《教改不能预设孩子背后是全职妈妈》的文章，列举了学校推卸责任的现象，尽管这种现象在这篇文章里是个案，但是事实上这种现象还是比较普遍的。[1] 中国青少年研究中心2015年调查发现：4.8%的家长认为普遍存在着教师将本不该家长承担的教育责任推卸给家长的现象，35.4%的家长反映这种现象部分存在，二者合计为40.2%。其中，高学历家长感觉最为明显，大学及大学以上学历的家长分别为38.9%和45.5%。[2]

教师转移责任突出表现在两个方面：一是转移教育教学责任。比如，让家长免费教学、给孩子作业签字、听写、带孩子参加社会实践、帮助孩子做PPT等。二是转移学校常规管理责任，让家长参与学校的管理活动。比如，让家长值日、执勤、监考、批改作业、当教学助手、收集资料。三是让家长无偿为学校活动提供条件。比如，让家长联系实践单位，提供教学工具、实验材料、学生演出场地等。教师转移教学与管理责任有时是直截了当的，有时是间接的。比如，通过评比孩子制作的PPT、手工作品等，倒逼家长参与；通过评比家长促使家长参与学校活动，被动承担任务。

当然，推卸责任的情况在家长身上也有所表现，而且也很严重。中国青少年研究中心对教师的调查显示，家庭教育中存在的问题的确很多，有四大问题比较突出：一是错误的教育观念（64.8%）；二是不当的教育方法（80.7%）；三是推卸教育责任，或者说教育责任不明确（60.1%）；四

① 林爻. 教改不能预设孩子背后是全职妈妈 [N]. 中国青年报，2015-04-01（5）.

② 洪明. 家校合育的基本现状及改进研究：基于9省市4000份问卷的调查分析 [J]. 教育科学研究，2015（9）：30-35.

是自身问题突出，如家长的品德存在问题（51.2%）。① 也就是说，在教师眼里大约有六成家长存在推卸责任的问题，他们养而不教，认为教育是学校的事情。

（五）权利冲突

家校权利冲突集中在家长是否有权干预学校办学和教师教学上。《国家中长期教育改革和发展规划纲要（2010—2020 年）》提出，"建设依法办学、自主管理、民主监督、社会参与的现代学校制度"。许多家长根据民主监督和社会参与的要求，对学校办学予以干预，集中体现在三个方面：一是干预教师的配置。教师是学校最重要的资源，教师配置是家长最敏感的事情，家长当然希望最好的教师能够教自己的孩子。有个班级班主任老师因为怀孕休假了，学校配置的新老师一直不被家长接受，他们要求学校配置一个与休假老师水平一样、名气一样的老师，否则绝不答应。很显然，尽管家长的心情可以理解，但家长的要求明显越权了。二是干预教育管理方式。采取什么样的教育与管理方式属于教师的专业自主范畴，但有时候家长会干预。比如，有位教师上课批评了一个爱说话的孩子，家长得知后找到学校领导，要求教师在班级里当众消除批评对孩子产生的不利影响，因为他认为："批评孩子可以，但是当众批评，有损孩子的自尊，不利于孩子的心理健康。"三是干预课程设置。课程是学校教育的核心制度安排，是学校教育的根本。过去家长对课程并不太在意，现在许多家长开始干预课程。比如，有些学校注重传统文化教育，开设国学课程。但此举引起了部分家长的不满，有的不赞同孩子学习国学，有的反对背诵的学习方式。有一个很典型的冲突案例，冲突是由学校打算开设性教育课程而引发的。2015 年 3 月，一则题为 "《中学性教育教案库》遭网上'泼粪'事件拨雾" 的报道被广泛传播。事情是这样的：2015 年 1 月 30 日至 2 月 1 日，由性与性别研究专家、北京林业大学性与性别研究所所长方刚主讲的《中学性教育教案库》使用培训会在济南举办，为来自全省的四百余名中学教师进行了中学性教育理念与操作的培训。培训结束后，网上便陆续

---

① 洪明. 家校合育的基本现状及改进研究：基于 9 省市 4000 份问卷的调查分析 [J]. 教育科学研究，2015（9）：33.

出现"反对《中学性教育教案库》在山东省中学大规模推广"的抵制声音……。不久，一则"《中学性教育教案库》要在山东中学大规模推广"的消息在网上流传，短期内，大量言辞激烈的反对声音在论坛、微博等处涌现，其中包括号召山东省的中学生父母向作者"泼粪"的言论。不仅在中国，就连在性观念比较开放的西方，类似的冲突也会经常发生。[①]

不难理解，教师虽然是教育产品的供给者，但其自身权益也应得到有力保障。近些年教师权益受到家长侵害的现象不断见诸媒体，甚至出现暴力侵害。虽然这些案例还属于少数情况，但是整体上呈现出上升趋势，部分家长可能会因为个人利益而挑战教师的教学自主权，甚至人身权利等。这种现象亟须引起全社会的关注。李镇西老师在他的一篇文章中引用了一位年轻教师的抱怨，这反映了不少教师的心声。

> 我那么真诚地爱着孩子们，可就因为年轻，一些家长总是不信任我，无论是学科教学，还是班级管理，我怎么做他们都不满意！我对孩子们宽松一些，他们说我不严格要求；可我课堂上严厉批评了一个违纪的孩子，他的爸爸居然给教育局写举报信，说我伤了他儿子的自尊心！三年前我刚刚参加教育工作时的热情现在已经减了一大半，因为一想起有些家长，我就提不起劲儿了。有时候我也有宏图大志，想在班级管理和课堂教学方面有一些改革与创新，可一想到有些家长横挑鼻子竖挑眼，就什么都不想做了。每次面对家长的无端指责，我都在心里大声喊："家长，我最大的教育阻力来自你的不信任！"[②]

## 第三节　家校合育的基本含义

家校合育就是学校与家庭为促进学生全面发展而开展的各种合作教育实践活动，是迎接时代挑战、深化教育改革、提升教育质量的协同行为。

---

① 鱼落. 纽约性教育被指太露骨 学生家长宣布抵制新大纲 [N]. 北京晚报，2011-10-27 (27).

② 李镇西. 我最大的阻力来自家长的不信任 [N]. 中国教育报，2018-05-24 (11).

学校、家庭对青少年健康成长都极其重要并各有优势，但二者在教育立场、教育动机、教育目标、教育理念与方法、教育责任等方面又存在一定的差异和矛盾。因此，以学校为主导，协调目标、做好分工、相互支持，最终达成合力育人的局面，已经成为当今家校工作的重要使命。

## 一、家校合育的内涵

合育的基础是合作。理解家校合育，首先要理解合作。合作与分工相对，在社会化大生产过程中二者发挥着重要的作用，"分工条件下的合作与合作基础上的分工，推动着人类文明一步步走到今天"[①]。著名心理学家多伊奇认为："合作是个体为了实现共同的目标而表现出来的协同行为。"[②]《心理学大词典》将合作定义为："合作是为了共同的目标而由两个以上的个体共同完成某一行为，是个体间协调作用的最高水平的行为。"[③] 显然，这是从个体心理角度出发定义的。《辞海》的定义更加全面："社会互动的一种方式。指个人或群体之间为达到某一确定目标，彼此通过协调作用而形成的联合行动。"其特征为："行动的共同性，目的的一致性，甚至合作本身也可能变为一种目的。"[④] M. 阿吉勒（M. Argyle）提出了合作的两个基本假设和六个意涵。假设方面：（1）合作会导致正面性的影响；（2）合作会导致参与者之间的人际互动。意涵方面：（1）人类具有合作的本性；（2）在正确的条件下，让冲突双方全然直接接触（sheer contact）；（3）合作中的友谊关系，需要透过社会技能训练才能有效能；（4）合作可以带来短期、长期及多元化的利益；（5）对合作团体提供支持力量；（6）合作本来就具有道德的影响力。[⑤] 美国学者弗里恩德和库克（Friend & Cook）对合作的定义是："人际间的合作是至少两个相互平等的当事方之间的直接互动方式，他们因为有一个共同的工作目标而自愿地参与共同决策。"合作具有如下特征：（1）合作是出于自愿的

---

① 郭梓林. 图解"合作"[M]. 北京：朝华出版社，2005：7.
② 靳玉乐. 合作学习 [M]. 成都：四川教育出版社，2005：3.
③ 朱智贤. 心理学大词典 [M]. 北京：北京师范大学出版社，1989：265.
④ 辞海编辑委员会. 辞海：1999年版缩印本 [M]. 上海：上海辞书出版社，2000：389.
⑤ 黄河清. 家校合作导论 [M]. 上海：华东师范大学出版社，2008：35.

（voluntary）；（2）合作是建立在平等（parity）基础上的；（3）合作者之间有一个共同的目标（a shared goal）；（4）合作者共同参与重大问题的决策（shared responsibility for key decisions）；（5）合作者共同为决策后果承担责任（shared accountability for outcomes）；（6）合作者共享资源（shared resources）；（7）有突出的特性（emergent properties），即合作者之间必须相互信任与尊重。①

基于分析，笔者认为，所谓合作，是指个人与个人、群体与群体、个人与群体之间为达到共同目的，彼此相互配合的一种联合、协同行动。目标的一致性和合作双方的互惠性是合作得以开展的根本。家校合作共育也就是通过各种合作、协同行动而开展教育之意，其中合作是手段，共育是目的。合作是为了达到教育的目的，为了达成更好的教育。合作双方相互规定，相互制约。

## 二、家校合育的基本特征

第一，以育人为根本目的。家校合育是教育活动的一部分，是为了更好地开展教育而进行的协同活动。教育的根本使命是立德树人，培养德智体美劳全面发展的建设者和接班人，离开这个目的的协同活动不算是合育。比如，有些家长与学校为了提高孩子的考试成绩，暗中达成一致：家长出头露面找地点、请老师、安排课程，在休息日给孩子补课，学校暗中支持，有的老师甚至亲自出马。这种家校联合起来采取的违背教育规律、违背学生身心发展规律的做法，不是我们所主张的合育。合育的初心是育人，有的活动虽然看似不以教育为直接目的，但是也会对学生产生教育影响，应该归于合育范畴。比如，学校组织家长培训以提高家长的育人意识和能力，学校举办家长开放日以增进家长对学校的了解，学校组织开展亲子义工服务社会和学校活动，学校就办学问题征求家长和社区的意见等，这些都属于家校合育活动。所以，判断家校合育首先要看合育双方合作的真实意图以及效果，而不是看其形式。

---

① FRIEND M, COOK L. Interactions: collaboration skills for school professionals [M]. White Plains, NY: Longman, 1992: 5.

第二，以资源共享、优势互补为基本工作原则。所谓的家校合育，不是创造出一种新的教育途径，而是通过各种合作方式和手段，促使学校教育、家庭教育得以优化和改进。育人的目的是在家校自功能不断完善的基础上实现的。其一，通过合作，家长的教育观念更新了，教育方法改进了，参与学校教育的意识和能力提高了。其二，学校课程安排更加合理了，教师能力提高了，管理水平优化了，指导家长的能力增强了。通过合育，家庭更像家庭，能充分做好家庭应该做的事情；学校更像学校，能充分做好学校应该做的事情。为了使家庭变得更好，学校应该发挥两方面作用，一是对家庭进行有效指导，二是为家庭教育提供某些条件。为了让学校变得更好，家庭也应该做好两方面工作，一是积极配合学校开展教育，二是力所能及地为学校开展教育提供条件。当然，家校在合育过程中要注意彼此的界限和职责范围，在借用彼此教育资源的过程中，既不要越界，也不能消极应对。家校双方都要意识到，借对方之力可以优化自身，服务对方最终也是服务自身，有时候看似工作增加了，其实最终是效益提高了。

第三，学校在家校合育中起主导作用。学校是专门的教育机构，教师是专职的教育人员，学校代表国家意志开展教育，有专业化、组织化、制度化的优势。家庭是一个个单独的个体，虽然肩负着孩子的教育责任，但不是专门的教育机构，还有许多其他功能；家长虽然是孩子的第一任老师，但不是专门的教育者。家校就专业性和影响力来说，学校是具有优势的一方。开展家校合作共育，学校和教师的责任更大，任务更多。学校通过合育活动，以专业优势指导、服务于家庭教育和社会教育，并利用家庭和社会教育资源优化学校教育。正如范梅南教授所说的："学校是联系家庭和大千世界的一座桥梁。"① 当然，学校和教师在合育中的主导性，主要是从承担的责任和专业优势角度而言的，并不意味着学校和教师可以随便使唤家长，让家长变成教师的助手，更不意味着二者的关系是主从关系，无论从哪个方面说，家校之间都是平等的、相互尊重的。

第四，家校合育应该"目中有人"。家校合育，就是家校双方合作起来共同育人，因此要把人当成目的，做到"目中有人"。所谓"目中有

---

① 范梅南．教育的情调［M］．李树英，译．北京：教育科学出版社，2019：109.

人"，就是要把儿童放在核心地位，充分考虑儿童的权益。其一，要将儿童的发展利益放在合育工作最重要的位置，本着促进儿童终身发展、全面发展、和谐发展的目的开展活动。家校合作不是为了家长的面子或者学校的利益，不是为了看起来很美，要杜绝合作中的一切形式主义。有的学校为了"欢度"六一儿童节，把上级领导、媒体、家长请来，不顾孩子的真实愿望，开展各种活动，搞得孩子苦不堪言。家长为了让自己的孩子能够出头露面，就积极配合。这种合育活动有悖于以儿童为中心的初衷。其二，要关注儿童在家校合育中的话语权、参与权，要多听听儿童的声音。有的孩子形象地说："天不怕、地不怕，就怕老师到我家。"在有的孩子心中，一旦老师到家，必定问题严重；一旦问题严重，必然找家长；一旦找家长，必然没有好结果。因此，搞家校合育活动，既要让孩子受益，也要让孩子喜欢。教师在家访之前多听听孩子的意见，开家长会时可以让孩子表达自己的声音，甚至可以邀请高年级的孩子参加家校的某些会议。

第五，家校合育具有历史性、文化性。加强家校合育，是适应终身学习和学习化社会而出现的教育潮流，东西方都是如此。西方发达国家教育普及比中国早，家校关系比中国复杂，在应对家校问题、开展家校合育方面总体上的确走在中国的前面，主要表现在家长参与学校的组织建设、学校服务家庭的机制建设等方面。比如，美国 1994 年通过的《美国 2000 年教育目标法》明确将家长参与列为国家的教育目标之一，通过全国家长教育协会、全国家长和教师大会、美国儿童研究协会等组织，推动家校合作和学校、家庭、社会的合作共育。同时，美国又在全国各学区设立"21世纪社区学习中心"（21st Century Community Learning Centres），以协助学校和社区建立合作伙伴关系。① 西方的家校关系，非常注重家长的选择权、参与权和学生的主体地位，这一点在家校合作的概念中就可见一斑。在英语词汇中，除了用"home-school cooperation""family-school cooperation""parent-teacher collaboration"表达"家校合作"之外，更喜欢用"parent involvement""parent participation""parent involving""education intervention"来表达"家长参与"和"教育介入"等，有时候还会用"school-

---

① 田文华，亓秀梅.家长参与学校教育：英美等国的经验与启示［J］.全球教育展望，2004（8）：78.

family partnerships"来表达"亲师伙伴关系"等。在中国，自古就有尊师重教的传统，过去不太强调家长与学校的权利关系，但近些年开始认识到家长参与学校的权利以及家长与学校的平等地位。不过中国家校合作更加注重对家长的指导培训，更加注重学校和社会的家庭教育指导与服务，更加注重通过家校合作共育提升家庭教育水平。

## 三、家校合育的基本类型

第一，从合作的层面来看，有个体层面的家校合育，也有组织层面的家校合育。个体层面的家校合育，就是教师与家长个人层面的合作行为，这是最常见的家校合育形式。这种合作往往是即时性的，根据教育的需要随时都有可能发生。比如，孩子在校期间出现问题，教师可能根据需要叫上家长一同解决，或者教师通过家访、电话、微信、家校联系册等，随时与家长沟通。组织层面的家校合作，往往是班级、年级、学校组织开展的，被纳入学校相关计划之中，合作的形式一般不是一对一的，而是一对多或多对多的，一般解决的不是个别学生或家庭的问题，而是具有整体性、普遍性的问题，比如组织家长培训、家长委员会会议或活动、家长义工活动、学校开放日、家长议事会等。

第二，从结果和内容角度看，合育大致分为补偿型、沟通型和合力型三种①。所谓补偿型合育，即学校、家庭相互间实现功能补偿。比如，家长配合学校督促学生完成课后课业，学校为亲子活动提供场地设施等。所谓沟通型合育，即一方通过沟通了解另外一方，从而实现自己的功能，同时沟通也是实现教育资源共享的渠道。比如，家长了解孩子的在校表现，以便有的放矢地开展家庭教育。所谓合力型合育，即学校与家庭消融相互之间的不一致性，实现方向、内容和方法上的一致。比如，学校开展节约教育，这就需要家长充分理解并大力支持配合，增强自身的节约意识，在家做出相应的节约行为，否则节约教育无法成功。补偿是合育的起点、沟通是合育的条件、合力是合育的方向，整合三者的功能，才能取得合育

---

① 曾文婕. 功能型整合观：对家庭、学校和社区教育整合的新认识［J］. 现代教育论丛，2006（6）：63-65.

效果。

第三，从合育双方互动状况来看，合育有静态合育与动态合育两类。所谓静态合育，主要指教育主体都能够按照教育运行逻辑行事，虽然没有形式上的互动合作，但是他们在方向上是一致的，在方法上是科学的，在分工上是默契的，正所谓"心有灵犀一点通"。所谓动态合育，是指教育主体之间为优化各自功能而经常进行协调配合，比如家长志愿者参与学校的各种活动、家长值日制度等。其实，家校合育中默契最为关键，只要心往一处想、劲往一处使，没有教不好的孩子。合作共育应该更加注重实效，内容要大于形式，未必动不动就"深度合作"，其实家长和教师都喜欢即时性沟通、家访等形式。有时候合育活动看上去热热闹闹，但效果未必那么好。

第四，从双方的主动性角度来看，合育有主动合育和被动合育。主动合育是指一个教育主体能够根据儿童教育需要，主动就教育理念、方法、分工、效果等问题与另外一个教育主体进行沟通，双方达成一致，共同行动。被动合育则是指在合作过程中一方积极，而另一方处于被动状态，甚至是消极应对。一般来说，家校合育中学校教师是主动方，家庭是被动方，这种现象与家校沟通渠道是否通畅有关，也与双方的意愿有关。有的家长之所以不愿意和学校沟通，是因为不知道怎么沟通，也有家长认为老师很忙，怕沟通起来耽误老师的时间，从而放弃沟通。

第五，按照合育的具体意图，合育可分为资源整合式合育和功能整合式合育。资源整合式合育主要是指家校双方为实现教育资源共享而进行的合育。比如，有的学校开展家长课堂，利用家长资源开设学生喜闻乐见的各种课程，以丰富学校课程体系。功能整合式合育是指教育主体通过沟通、协调、合理分工而实现组织功能的一致。比如，有的学校引导家庭设立"家庭实验室"，利用阳台等空间开展各种科学小实验，以协助学校开展科学教育活动。

第六，按照合育的重心，合育可以分为"以校为本"和"以家为本"两种。[①]"以校为本"的家校合育是指，在家校合作中，各种活动都围绕学校展开，包括建立家庭中心、学校家庭教育辅导、招募家长志愿者、家

---

① 马忠虎.家校合作［M］.北京：教育科学出版社，2001：102-142.

长参与学校事务管理、召开家庭学校研讨会等。"以家为本"的家校合育是指，在家校合作中，各种活动是围绕家庭展开的，主要包括家庭和社区家长教育、建立社区家长与儿童发展中心、开展家庭学习活动、家访等。两种合育类型的基本流程大致是：内外环境分析—策划和组织—分工和指导—执行—评估，从内外环境分析到评估始终是一个不断循环的过程。

## 四、家校合育的主要功能

首先，家校合育能进一步弥合家校之间可能存在的分歧和矛盾，增强家校的相互信任。苏联教育家苏霍姆林斯基说过："（儿童）只有在这样的条件下才能实现和谐的全面的发展，就是两个'教育者'——学校和家庭，不仅要一致行动，要向儿童提出同样的要求，而且要志同道合，抱着一致的信念，始终从同样的原则出发，无论在教育的目的上、过程上还是手段上，都不要发生分歧。"① 通过前面的分析可知，家庭、学校和社会是三大教育形态，有着各自独特的属性，蕴含着可能的矛盾。家校合作的首要任务是减少、化解家校之间在育人目标、价值观念、教育理念等方面的矛盾冲突，增加互信，和谐共处，为儿童健康成长营造良好的外部环境。

其次，家校合育能够提高家长的教育意识和能力，为学校教育打下良好的基础，提高学校教育的效果。学校教育效果不仅取决于学校本身，还需要家庭的配合与合作。事实证明，家长愿意和学校交往、家校关系良好，孩子的学业发展就非常理想。一些优质学校，不仅注重学校自身的变革，还注重推动家庭的变革，引导家长确立正确的教育目标，树立正确的教育理念，掌握科学的教育方法。要让家长树立素质教育理念，学会爱孩子，用正确的价值观念和人格魅力影响孩子，积极配合学校的教育行为，巩固教育成果。

再次，家校合育能促进学校决策的科学性，不断优化和改进学校教育。家校合育的过程也是引导家长积极参与学校的过程，通过家长的民主

---

① 苏霍姆林斯基. 给教师的建议（修订版 全一册）[M]. 2版. 杜殿坤，编译. 北京：教育科学出版社，1984：397.

监督、积极参与，学校能够不断吸收各种信息，使得决策更加科学化、民主化、规范化。从微观层面看，通过家长参与，教师能够获得更加详细的教育反馈，进一步了解教育行为中存在的问题，不断改进工作方式和方法，提高教育水平，提高家长和孩子的满意度和信任度。

最后，家校合育能够优化学校教育和家庭教育的资源环境。尽管现在学校教育资源不断优化，但现有的资源对于学生的教育需求来说依旧有限，因此需要不断开发家庭和社会资源。家校合育不仅能够促进家庭教育资源和学校教育资源的整合，还能够通过家长将社会教育资源吸纳进来，构建一个有利于学生成长的学习社区。通过家校合育，学校还可以促进社区教育资源不断优化，从而有利于家庭教育的发展，真正实现学校、家庭和社会教育的"三位一体"。

## 第四节　我国家校合育制度的发展

改革开放以来，我国的教育事业取得了巨大的进步，家校合育工作和家庭教育事业逐步受到重视，出台了一系列制度，家校合育工作日益成为学校教育工作的重要组成部分。

### 一、我国家校合育制度建设加快

经济大发展、文化大变迁、社会大流动、信息"大爆炸"对传统的办学方式提出了新的要求和挑战，不树立合作共育的理念，单靠学校教育孤军奋战或者家庭与学校各自为战，已经难以应对现代教育的挑战了。家校合育既是教育发展的大方向，也是破解教育难题的根本途径。

（一）改革开放初期我国家校合育的制度基础

1. 将家校合作共育思想纳入党和国家的教育方针

教育方针是国家为了发展教育事业，在一定阶段，根据社会和个人两方面的发展需要与可能而制定的具有战略意义的总政策或总的指导思想，其内容包括教育的性质、地位、目的和基本途径等。1999 年，中共中央、国务院颁布《关于深化教育改革，全面推进素质教育的决定》（以下简称《决定》），将素质教育确立为新时期党的教育基本方针，并将家校合育纳入其中。《决定》指出："实施素质教育应当贯穿于幼儿教育、中小学教育、职业教育、成人教育、高等教育等各级各类教育，应当贯穿于学校教育、家庭教育和社会教育等各个方面。"（第 2 条）"各级各类学校必须更加重视德育工作……形成学校、家庭和社会共同参与德育工作的新格局。"（第 3 条）"全面推进素质教育……学校、家庭和社会要互相沟通、积极配合，共同开创素质教育工作的新局面。"（第 26 条）

2. 从思想道德建设角度对家校合作提出了具体要求

立德树人是教育的根本任务，也是家校合作的重点。国家教委 1988 年颁布的《中学德育大纲（试行）》和 1993 年颁布的《小学德育大纲》都将学校主导下的学校、家庭、社会合作列为重要的思想。2001 年中共中央印发的《公民道德建设实施纲要》是新时期公民道德教育的纲领性文件。《公民道德建设实施纲要》明确提出："家庭是人们接受道德教育最早的地方""学校是进行系统道德教育的重要阵地""社会是进行公民道德教育的大课堂"，为此，"必须把家庭教育、学校教育、单位教育和社会教育紧密结合起来，相互配合，相互促进。要突出加强社会教育，巩固家庭教育、学校教育、单位教育的成果，促进公民道德教育的深化。"

2004 年中共中央、国务院《关于进一步加强和改进未成年人思想道德建设的若干意见》提出："要把家庭教育与社会教育、学校教育紧密结合起来。"（第十三条）"要建立健全学校、家庭、社会相结合的未成年人思想道德教育体系，使学校教育、家庭教育和社会教育相互配合，相互促进。"（第二十八条）

3. 用法律的形式固化家校合作思想

1995 年颁布、2015 年修订的《中华人民共和国教育法》是教育工作的根本大法，其第五十条规定家长要为未成年子女或其他被监护人提供教育条件，配合学校教育，同时也规定学校、教师可以对学生家长提供家庭教育指导。1986 年颁布、2018 年修正的《中华人民共和国义务教育法》第三十六条重申了《中华人民共和国教育法》的精神，并指出："学校应当把德育放在首位，寓德育于教育教学之中，开展与学生年龄相适应的社会实践活动，形成学校、家庭、社会相互配合的思想道德教育体系，促进学生养成良好的思想品德和行为习惯。"

1991 年颁布、2006 年修订的《中华人民共和国未成年人保护法》第十二条规定："父母或者其他监护人应当学习家庭教育知识，正确履行监护职责，抚养教育未成年人。有关国家机关和社会组织应当为未成年人的父母或者其他监护人提供家庭教育指导。"这是从未成年人有效保护的角度提出学校和社会应该对家庭提供教育支持。

4. 提出了家长学校和家长委员会制度

落实家校合作共育，必须注重制度化建设，家长学校和家长委员会是家校合作的正式组织形式。关于家长学校，国家早有提倡，一直延续，成为具有中国特色的重要的家校合育制度形式。1998 年，全国妇联和国家教委联合颁发了《全国家长学校工作指导意见（试行）》，这是家校合育制度化建设的开始。2004 年，在对上述文件进行一定补充完善之后，全国妇联和教育部联合发布《关于全国家长学校工作的指导意见》。两部文件指出了家长学校的性质、管理体制、具体任务和组建方法等。在管理体制上，全国妇联是家长学校的指导与管理者，教育行政部门是中小学、幼儿园的具体指导者；在日常管理方面，家长学校由以校长为责任者的校务委员会（领导小组）管理运行。

家长委员会是家校合育的另一项重要制度安排。1988 年颁布的《中学德育大纲（试行）》提出："学校要通过家访、家长会、家长接待日、举办家长学校、开展家庭教育咨询、建立家长委员会等多种方式，密切与家长的联系，指导家长提高家庭教育水平。"这是改革开放以后首次明确提出有关家校合作具体形式——家长委员会的建设问题，并将其与家访等其他合育形式并列。

2003 年颁布的《教育部关于加强依法治校工作的若干意见》指出："中小学要积极推动社区参与学校管理与监督，推进家长委员会的建立，明确家长委员会的职责，学校决策涉及学生权益的重要事项，要充分听取家长委员会的意见，接受家长委员会的监督，为家长、社区支持、参与学校管理提供制度保障。"该文件最早系统地提出建立家长委员会，但没有就如何落实家长委员会提供具体的政策支持。

总体而言，2010年之前的家校合作工作逐步得到了党和国家的重视，在不同层级的文件和制度中得以体现，虽然专门针对学校和家庭合作共育问题的文件没有出台，但其重要意义不容忽视：一方面为家校合育工作提出了方向，创造了条件；另一方面逐步奠定了家校合育工作的政策基础，为进一步出台更具体的家校合育政策创造了条件。

### （二）改革开放新时期家校合育政策的新发展

#### 1. 将家校合育纳入国家教育改革和发展规划之中

2010年，中共中央、国务院印发了《国家中长期教育改革和发展规划纲要（2010—2020年）》（以下简称《纲要》），从德育、减负、评价、完善中小学管理等方面以不同形式提出学校、家庭、社会合育问题。在"战略主题"中，《纲要》强调"德育为先"，"把德育渗透于教育教学的各个环节，贯穿于学校教育、家庭教育和社会教育的各个方面"。在义务教育阶段的"发展任务"中，《纲要》认为："减轻学生课业负担是全社会的共同责任，政府、学校、家庭、社会必须共同努力，标本兼治，综合治理。把减负落实到中小学教育全过程，促进学生生动活泼学习、健康快乐成长。率先实现小学生减负。"在"人才培养体制改革"部分，《纲要》提出："树立系统培养观念，推进小学、中学、大学有机衔接，教学、科研、实践紧密结合，学校、家庭、社会密切配合，加强学校之间、校企之间、学校与科研机构之间合作以及中外合作等多种联合培养方式，形成体系开放、机制灵活、渠道互通、选择多样的人才培养体制。"《纲要》在"建设现代学校制度"部分，明确提出了"建立中小学家长委员会"的要求。

#### 2. 家长委员会制度正式确立

在《纲要》的引导下，2012年2月教育部颁布了《关于建立中小学幼儿园家长委员会的指导意见》，进一步明确了家长委员会的基本职责，"把家长委员会作为建设依法办学、自主管理、民主监督、社会参与的现代学校制度的重要内容，作为发挥家长在教育改革发展中积极作用的有效途径，作为构建学校、家庭、社会密切配合的育人体系的重大举措"。具体职责包括"参与学校管理""参与教育工作""沟通学校与家庭","家长委员会要针对学校教育和家庭教育的突出问题,重点做好德育、保障学生安全健康、推动减轻中小学生课业负担、化解家校矛盾等工作"。这是第一部专门针对家校合育制度化建设的文件,指出了家长委员会的功能、组建方法、职责、重点工作、保障措施等,是对《纲要》所提出的建立家长委员会目标的具体化。

### 3. 家长学校制度进一步完善

2011 年全国妇联、教育部、中央文明办颁布《关于进一步加强家长学校工作的指导意见》,这是改革开放以来有关部门颁布的第三个关于家长学校的指导性文件。该指导意见高度肯定了家庭教育的重要性,明确了家长学校的性质,指出了家长学校的主要任务,对规范办好家长学校提出了具体要求:"努力达到有挂牌标识、有师资队伍、有固定场所、有教学计划、有活动开展、有教学效果的规范化建设目标"。为保证教师参与家长学校和指导家庭教育的专业性和积极性,该指导意见规定"要把家长学校工作纳入幼儿园、学校工作的总体部署,把家庭教育指导纳入教师岗前培训、在岗培训和骨干培训中,纳入农村中小学现代远程教育中,纳入形式多样的教育教学活动中,纳入研究与督导评估中"。

### 4. 将家校合育纳入校长(园长)专业化建设之中

2013 年和 2015 年,教育部分别颁布了《义务教育学校校长专业标准》和《幼儿园园长专业标准》,明确了"合育"意识和能力在校长(园长)专业素质结构中的地位。以校长标准为例,《义务教育学校校长专业标准》在"调适外部环境"职责中明确了以下内容:在"专业理解与认识"上,校长要"坚信学校与家庭、社会(社区)的良性互动是办学水平的重要体现";在"专业知识与方法"上,校长要"掌握学校公共关系及家校合作的理论与方法";在"专业能力与行为"上,校长要"充分发挥家长委员会支持学校工作的积极作用","建立健全家校合作育人机制,建立教师家访制度,通过家长学校、家长会、家长开放日等形式,指导和帮助家长了解学校工作情况和学生身心发展特点,掌握科学育人方法"。这一标准的价值在于,明确将家校合育纳入校长的工作标准之中,并进行了细化,既便于校长实际执行,也便于校长专业培训的开展。

**5. 教育部门出台了家校合育工作的指导文件**

2015 年 10 月，教育部颁布了《关于加强家庭教育工作的指导意见》（以下简称《意见》）。《意见》高度重视家庭教育在人的发展中的重要性，进一步明确了家庭教育的地位以及学校在家庭教育中的重要作用，明确提出家长要"依法履行家庭教育职责""严格遵循孩子成长规律""不断提升家庭教育水平"。《意见》对学校提出了以下四项工作要求：一是"强化学校家庭教育工作指导"，"推动形成政府主导、部门协作、家长参与、学校组织、社会支持的家庭教育工作格局"；二是"丰富学校指导服务内容"，"要举办家长培训讲座和咨询服务""举办经验交流会""组织社会实践活动"；三是"发挥好家长委员会作用"，通过各种方式"宣传党的教育方针、相关法律法规和政策，传播科学的家庭教育理念、知识和方法，组织开展形式多样的家庭教育指导服务和实践活动"；四是"共同办好家长学校"，学校要"设计较为具体的家庭教育纲目和课程，开发家庭教育教材和活动指导手册"。

《意见》明确了学校在家庭教育工作中的作用、职责，明确了家校合育的主要方式和渠道，明确了家校合育工作的责任主体、保障措施，是学校开展家校合育工作的纲领性文件，极大地推动了家校合育工作的发展。

**6. 部分区域在家校合育制度建设方面取得了突破性进展**

一是创新家长委员会制度。2009 年，山东省教育厅制定了《山东省普通中小学家长委员会设置与管理办法（试行）》。2011 年，山东省教育厅出台了《关于进一步加强中小学家长委员会工作的意见》，进一步明确了家长委员会的性质，提出完善家长委员会工作制度和机制。2012 年，江西省教育厅制定了《江西省中小学幼儿园家长委员会设置与管理办法（试行）》，该文件的亮点是在家长委员会下设置"专业工作组"。2013 年，北京市教育委员会出台了《关于进一步建好家长教师协会的意见》，将家长委员会调整为家长教师协会，这是对家长委员会制度的发展。

二是地方法制化建设加快。法制化建设是家庭教育指导及家校合育工作的根本，目前虽然国家层面没有出台相应的法律，但地方法制化建设不断加快。2016 年，重庆市第四届人民代表大会常务委员会第二十五次会议通过了《重庆市家庭教育促进条例》，这是第一部有关家庭教育的地方法规，其中大量篇幅涉及家校合育。继重庆之后，贵州省、山西省、江西省、江苏省、浙江省、福建省、安徽省先后出台了类似的法规，有力地推动了家校合作共育工作，也进一步推进了国家层面的立法。

近年来，我国家校合育政策发生了根本性变化：从过去笼统的、原则性的要求变成了具体的、具有可操作性的文件；从过去主要从德育角度转变为从全面实施素质教育、现代学校改进等角度理解家庭教育与家校合作工作；从过去全面撒网，转变为聚焦家长学校和家长委员会的制度建设。在2018年全国教育大会上，习近平总书记就家庭教育工作做了重要指示，为家校合育事业指明了方向，也带来科学化、专业化、社会化和网络化发展的新契机。

## 二、家校合育政策发展方向

### （一）加强政府在家庭教育中的主导作用

首先，要完善家庭教育的管理体制。将家庭教育纳入国民教育体系之中，确立政府的主导责任，将家庭教育工作纳入教育综合考核范围，进一步明确家庭教育工作的中央和地方管理体制。比如，充分发挥国务院妇女儿童工作委员会的作用，将其改名为国务院妇女儿童与家庭教育工作委员会，强化其管理职能。也可以成立国务院家庭教育工作指导委员会，将办公地点设在教育部，统管全国的家庭教育指导工作。在政府主导家庭教育工作的过程中，教育部门和妇联系统是最为重要的主导力量，特别是教育部门，应该承担更为重要的职责，因为教育系统是国家保障最有力、覆盖面最广、专业能力最强的系统。不论哪一种模式，都要充分体现政府的主导作用。对于省、市、区（县）三级家庭教育工作管理，可以参照中央政府的管理体制执行，确保有效对接、落实工作。

其次，加强法制建设。除了继续加强家庭教育立法工作之外，还要将家庭教育发展纳入国民经济和社会发展规划之中，纳入教育主管部门发展规划之中；明确教育机构特别是中小学、幼儿园在家庭教育指导方面的主体责任；加强经费支持，在教育经费中单独列出家庭教育指导与服务的专项经费，为专业化人才培养创造更好的条件。

（二）推进家庭教育指导专业化发展

中国家庭教育学会、中国教育学会家庭教育专业委员会是中国两个最为重要的家庭教育学术团体，在专业化引领方面已经发挥了积极的作用。近几年，高等院校和科研机构相继设立了家庭教育研究中心及相关学科。比如，北京师范大学、东北师范大学、首都师范大学、中国青少年研究中心、中国儿童中心、上海市教育科学研究院都成立了家庭教育研究中心或研究院所，不断推出研究成果。此外，一些大学也开设了家庭教育课程。这意味着进一步规范家庭教育指导服务的实践模式，加快家庭教育指导专业化建设，培养家庭教育指导服务专门人才的工作已经初具规模。

家庭教育工作的专业化体现在两个方面：一是家庭教育专业人才的培养。目前一些大学已经开设了家庭教育课程，虽然很多高校在本科阶段仅把这门课程设定为选修课，但越来越多的高校已经在研究生阶段（如北京师范大学、东北师范大学、华东师范大学、华南师范大学、西南大学、中华女子学院等）设立了家庭教育研究方向。二是将家庭教育指导与服务能力作为教师专业化的基本内容纳入培训与工作考核范畴。例如，广东省中山市已经出台了《中山市镇区家庭教育工作实绩考核标准》《中山市社区（村）家长学校考核评估标准》《中山市学校家长学校评估标准》等家庭教育工作考核标准。教育机构（主要是中小学及幼儿园）以孩子为纽带联系着千家万户，自身具有完备的教育体系和专业的教育能力，在家庭教育指导和服务方面具有得天独厚的优势。专业化比职业化更为重要，也更为必需。例如，河南省教育厅关工委，通过近十年的不懈努力，为全省每个中小学和幼儿园培养几名在职教师，使他们成为家庭教育指导师，收到了良好的效果。苏州市教育局在市政府每年上千万元专项经费的支持下更是运筹帷幄，既抓家庭教育课题研究，又组织家庭教育教材编写，在家庭教育理论与实践的结合中进行专业化人才培养。

（三）进一步明确家长委员会的性质与权限

家长委员会是中国目前开展家校合作的一项重要制度安排，但是关于家长委员会性质的界定始终莫衷一是，甚至相互矛盾。比如，山东省和江西省出台的文件对于家长委员会性质的表述基本一致，将其界定为"群众性自治组织"。虽然教育部在 2012 年 2 月颁布的《关于建立中小学幼儿园家长委员会的指导意见》对家长委员会的性质没有明确规定，只是提及其职责、组建、活动、保障等问题，但是从某些条款可以看出家长委员会与学校的关系，如："家长委员会应在学校的指导下履行职责"，"建立家长委员会，要发挥学校主导作用，落实学校组织责任，纳入学校日常管理工作"。由此可见，家长委员会是在学校指导下工作，在学校主导下组建，属于学校日常管理的一部分，这与"群众性自治组织"相矛盾。因此，建议今后在相关文件中要明确界定家长委员会的性质，不能含糊其词。

（四）进一步加强家长学校的制度化、科学化建设

家长教育往往是由家长学校开展的，家长学校是家校合育的重要制度安排。但是，目前家长教育的体制还不太完善，家长教育的水平和效力更有待提高。首先，需要完善管理体制。家长学校由妇联系统牵头领导，依托中小学学校、社区和其他社会组织举办。但从实际情况看，学校之外的其他机构所举办的家长学校对家长的影响力很小，因此毫无疑问的是，应该加强教育行政部门和学校在家长学校管理中的核心地位。其次，对于学校而言，需要整合家长教育力量。目前学校开展家长教育主要依靠家长学校和家长委员会，家长学校主要由学校负责组织实施，而家长委员会开展的家长教育主要通过家长委员会自组织力量实施。两股力量开展同一工作显然存在问题，应该统筹起来。再次，需要提高家长教育的科学化水平。家长教育是以提升家长教育胜任力为根本任务的成人教育，要尊重成人学习的基本规律，明确家长教育的属性、目标、任务和方式，明确阶段性目标和具体的任务，打造合适的专业化队伍，将家长教育纳入教师的专业素养之中，根据家长需要和统一要求开设课程，开展灵活多样的教育活动。

# 第三章　家校合育的基本模式

家庭与学校在教育立场、需求、目标、观念、方法上既有一致性和互补性，也有对立性和矛盾性。开展家校合育工作，就是要尽可能地扩大一致性与互补性，化解可能存在的矛盾和冲突，形成同心、同向、同力的关系格局。家校合育是学校工作的重要组成部分，为有效开展家校合育工作，学校需要明确目标、创建制度、掌握方法、借助平台、构建符合本校实际的工作模式。

## 第一节　模式及教育模式

家校合育是一项实践性极强的工作，家校合育理论需要有很强的指导性和实用性。模式之于合育有两个重要意义：一是以模式为研究视角和方法，旨在突破过去合育研究的固有格式；二是期待总结出能够打通理论与实践的理论模型和实践操作范式。以模式作为合育的研究视角，首先需要厘清模式这个概念，从模式的内在规定性中寻找合育模式的基本内涵与特征，为梳理、总结合育模式奠定基础。

### 一、模式

（一）模式的概念

模式是人们在日常生产、生活中经常用到的词，也是现代科学技术中普遍使用的一个术语，英文中类似的词有 pattern、model、type 等，在不同的语境中模式具有不同的含义。第一，当用于表述装饰、外观、服装时，模式大致等同于图案、款式、样式、花样等词语，比如"这件衣服款式很时尚"，表明这件衣服的设计模式比较符合现代流行的审美观念。第二，当用于描述建筑、工业品、工艺品时，模式大致等同于模型、样品、样式等词汇，比如"这件工艺品样式很别致"，意味着该工艺品的设计模式很特别。第三，当用于描述模仿和学习的榜样时，模式大致等同于模范、标杆、样板、示范等词汇，比如"深圳市探索出中国特色社会主义现代化道路的新模式"，意味着深圳市探索走出的发展道路值得其他地区学习、模仿、借鉴。第四，当用于表示事物运动变化发展时，模式大致等同于规范、方式、形式，如"马云创造了互联网营销新模式"，意味着阿里巴巴在销售渠道、销售方式、结算方式等方面与传统销售相比发生了根本性的变化。综上所述，模式既可用来表示静态事物、人物的风格、样式、特征，也可以用来表示某一事物运动、变化、发展的内在规律、规则、规程，还可以用来表示人类某一实践活动的操作目标、特点、方法、过程、要求等。家校合育是一项有目的、有意识、有组织的规范化实践活动，家校合育的模式很显然是指向最后一种。

模式是对问题的本质性把握，因此模式是理论。但与纯粹的抽象理论不同的是，模式对实践有切实的指导性，它介于实践与理论之间，是连通理论与实践的桥梁。模式是人们在实践探索中总结出来的，没有实践就没有模式，但没有理论的梳理、总结、归纳，也不会出现模式。当然，根据一定的理论，也可能演绎出某种行为模式，但是这种演绎的过程一定是经过实践检验的，一定不是该理论本身。所以，总体而言，模式来自实践，但又不是实践本身；模式在形式上是理论，但又具有鲜明的实践性。

此外，模式还是一种科学研究的方法，尤其在诸如教育学这种应用性比较强的学科内，人们总结出既基于实践又高于实践，最终还要运用于实践的方法，这就是模式研究法。我国著名学者查有梁教授认为，模式就是一种科学的方法，它的要点是"分析主要矛盾，认识基本特征，进行合理分类"，其主要程序是："按照研究的目的，将客观事物的原型抽象为认识论上的模式；通过模式的研究，获得对客观事物原型的更本质、更深刻的认识。"① 这个过程就是将人类丰富的、局部的、具体的、孤立的、感性的实践经验上升到普遍的、抽象的、理性的、具有必然联系的规律的认知

---

① 查有梁．教育模式［M］．北京：教育科学出版社，1999：7-8．

过程，是去伪存真、去粗存精，由此及彼、由表及里地认识事物的过程。模式研究是理论研究的重要形式和途径，原型是认识的基础，模式（型）是认识的结果，再回到原型（实践）是最终的目的。

综上所述，所谓的模式是指人们在社会实践（生产活动、生活经验、科学实验等）中，通过抽象、概括、归纳等方式提炼出来的用以解决实际问题的普遍规律，它是解决某一类问题的核心知识体系，是指导实践的方法论体系，也是获知该类知识体系的研究方法。也可以这样认为，把解决某类问题的具体方法、规则、程序总结归纳为一个体系，那就是模式。

（二）模式的特征

受查有梁教授观点的启示，要想准确把握模式的含义，必须厘清模式与过程、结构、方法之间的关系。就模式与过程的关系而言，模式包含若干过程，模式的展开就是事物发展的进程；过程中也包含若干模式，事物发展的过程是某些模式运演的结果。就模式与结构的关系而言，结构体现事物的内部系统与要素，以及要素与要素的关系，一个模式就是一个结构，反过来，一个结构也就是若干模式甚至是一个模式。但是，模式也区别于结构，结构表明整体与要素的关系，以及要素之间的关系，而模式重点表明一个动态过程及操作程序。就模式与方法之间的关系而言，模式的操作性表明它是由若干方法构成的，但模式又不是方法本身，可以说模式等同于解决该类问题的方法论。因此，模式涵盖方法，需要具体方法支撑。因此，当我们表述模式的时候，可能会以结构为代替进行表述，也可能会以方法为代替进行表述，还可能直接以过程为代替进行表述。

模式有很多种，如政治模式、经济模式、文化模式、教育模式、军事模式、商业模式、外交模式等。比如，国际上有人将中国改革开放以来的发展经验概括为"中国模式"或"北京模式"，其实就是对改革开放以来中国走出的一条既不同于苏联式的社会主义道路、又不同于西方的资本主义道路的新路径的高度概括和总结。家校合育模式属于教育模式的下位概念。

（三）模式的功能

研究事物的模式对于理论和实践者来说都具有重要的意义。其一，可以通过对具体事物或实践活动的理性认识，认清事物的本质，总结出事物运动、变化、发展的规律，知晓实践活动的运行规则、程序、方法。其二，可以帮助人们从纷繁芜杂的经验中概括出实践的关键环节、重点要求和重要方法，有助于高效地完成任务，或者做出类似的设计方案，推动实践进步。比如，当马云设计出互联网时代的营销模式之后，引起了商业运行模式革命性的变化，大量类似的商业行为应声而起。"中国模式"的提出也极大地改变了世界对发展问题的看法，对许多国家产生了积极的影响。已故著名教育家李吉林老师所创设的"情境教育"模式，深化了人们对教育情境的理解，丰富了已有的教学模式，提升了教学效果。

## 二、教育模式

教育模式是一种简化的、理论化的教育实践范式，是教育过程结构化的结果，通过若干方法实现并体现在整个教育过程之中。教育模式是对丰富的教育现象和实践经验进行总结提升的结果，需要接受理论的检验。同时，它又要回到实践中去，接受实践的考验。逻辑的自洽和实践的验证是评判一个教育模式科学性的关键。所以，查有梁说，"教育模式，推上，有理论基础；推下，有操作程序。模式处于理论与应用的中介。在理论与实践之间，模式能够承上启下"①。能够在理论与实践中承上启下的教育模式，才是正确的、有用的和确证的。比如《中庸》将"为学之序"概括为"博学之，审问之，慎思之，明辨之，笃行之"五个方面，指出了学、问、思、辨、行五种基本的学习方式及其内在关系。这是我国古代学习模式的高度凝练，是东方人学习智慧的总结，得到了两千多年的实践检验，因此至今仍具有重要价值。由此可见，只有将教育经验上升到模式，它才可能是理论的，也只有将理论落实到模式的层次，它才可能是实践的。

在古今中外教育历史发展中，人们总结出许多教育模式。中国古代的孔子可以说是启发式教学的鼻祖，其思想的核心是："不愤不启，不悱不发，举一隅，不以三隅反，则不复也。"（《论语·述而》）朱熹在总结前人经验的基础上提出了循序渐进、熟读精思、虚心涵泳、切己体察、着紧

---

① 查有梁. 教育模式［M］. 北京：教育科学出版社，1999：8.

用力、居敬持志六大读书法。苏格拉底是西方教育思想的启蒙者，其"产婆术"是对启发式教学模式的高度概括，包括讽刺（不断提出问题，使学生陷入矛盾之中，并迫使其承认自己的无知）、"助产"（启发、引导学生，使学生通过自己的思考得出结论）、归纳和定义（使学生逐步掌握明确的定义和概念）等步骤。

近代夸美纽斯班级授课制的核心思想是：把学生按照年龄和认知水平分成不同的班级，根据周课表和作息时间表，由老师有计划地对同一个班的全体学生同时进行同样内容的教学。赫尔巴特提出了明了—联想—系统—方法教学模式论。杜威提出了问题解决的五步法：第一，给学生提供一个真实的经验的情境——要有一个学生感兴趣的、愿意继续下去的活动；第二，在这个情境内部产生一个真实的问题，作为学生思想的刺激物和活动目的；第三，学生通过调用已有知识、查阅新的资料、从事必要的观察来对付这个问题；第四，学生必须一步一步地提出解决问题的方法；第五，学生要通过实际活动来检验他的解决方法，使这些方法更加清晰具体，并且验证它们是否有效。在教学中，教师可根据具体情况省略其中的某个步骤。中国的教育家陶行知根据杜威的思想，提出了"教、学、做合一"的生活教育模式：教的方法根据学的方法，学的方法根据做的方法；事怎样做便怎样学，怎样学便怎样教；教与学都以做为中心；在做上教的是先生，在做上学的是学生。

现当代中西方教育模式非常丰富，国外布鲁纳的发现教育、布鲁姆的目标教学、巴班斯基的教学最优化模式，都产生了较大的影响。自 20 世纪 90 年代初我国素质教育思潮兴起以来，有人总结出素质教育的三大模式：上海市闸北第八中学的"成功教育"模式，江苏省南通师范学校第二附属小学的"情境教育"模式，北京第一师范学校附属小学的"快乐教育"模式。这些模式是素质教育的具体体现，而素质教育又可以被视为一个大的教育模式。近年来，在新课程改革的大潮中，我国又诞生了许多新的教育教学模式，如杜郎口"10+35"模式，即教师用 10 分钟分配学习任务并予以点拨引导，学生用 35 分钟进行自学、合作、探究。杜郎口模式呈现出三个特点，即立体式、大容量、快节奏。杜郎口模式的课堂结构有三大模块，即预习、展示、反馈。其中，课堂展示模块突出六个环节，即预习交流、明确目标、分组合作、展示提升、穿插巩固、达标测评。这三大模块和六个环节就涵盖了杜郎口"10+35"模式的核心内容。由此可见，教育模式一般有统一的称谓、明确的内容，具有规范性、可复制性、理论与实践高度结合等特征。

根据对模式与过程、模式与方法、模式与结构关系的分析，可以认为，一个完整的教育模式体现在教育过程之中，在一个个环节或结构中以一定的方法具体呈现。再以杜郎口"10+35"模式为例，该模式包括预习交流、明确目标、分组合作、展示提升、穿插巩固、达标测评等环节，这些环节其实就是该模式的实践过程，同时又体现为一个个具体的方法，还表现为整个课堂教学的结构。可以说，模式、过程、结构、方法是一个有机的整体，模式是通过过程、结构和方法来实现的，体现为教育主体、教育对象、教育内容、教育方法等要素的内在关系和规律。

## 第二节　家校合育模式

模式是提升家校合育研究的重要思路。模式对于家校合育而言有两层意义：一是进一步提升、推进家校合育研究，二是通过对合育模式的构建改进合育实践。

### 一、合育模式的基本含义

家校合育模式属于大的教育模式范畴，服务于教育总体目标，既要符合教育基本规律，又要符合合作规律。根据前面对模式的理解，学校主导下的家校合育模式是指学校、家庭在科学的合作与教育理念指导下，围绕素质教育的基本目标，整合各种教育资源，最大限度地开发学生的潜能，促进学生德智体美劳全面发展而采取的各种合作共育方法、策略、途径、机制等要素的优化组合，表现为学校、家庭相互配合、协调一致而形成的行之有效的路线图（制度设计）、行动方案、工作模型、操作流程。

第一，家校合育模式是学校主导下的家校协同行为。学校与家庭是家校合育的两个主体，地位平等，但由于学校在专业和制度上具有优势，在实际工作中学校应该发挥主导性作用。合育工作是学校工作的重要组成部分，学校负责家校合育的组织、设计、协调、评价等工作，家长应该积极主动地配合学校。《中华人民共和国教育法》第五十条规定："未成年人的父母或者其他监护人应当配合学校及其他教育机构，对其未成年子女或者其他被监护人进行教育。学校、教师可以对学生家长提供家庭教育指导。"这就意味着，家长在开展家庭教育的同时，应主动配合学校教育工作，学校有权利对家长进行指导。《中华人民共和国未成年人保护法》第十二条明确规定："父母或者其他监护人应当学习家庭教育知识，正确履行监护职责，抚养教育未成年人。有关国家机关和社会组织应当为未成年人的父母或者其他监护人提供家庭教育指导。"该条意味着，指导家长不仅是学校的权利，还是学校的义务。

第二，家校合育模式是围绕学生发展这一目标而展开的。人的发展是持续的、终身的、全面的过程，从大的方面看，合育模式是为实现整个教育目标——促进人的全面发展而展开的。但人的全面发展需要分解为若干具体目标，因此从细节上看，合育模式又可以分解为若干小的方面，如家校合作提升学生学习品质模式、家校合作培养儿童的抗逆力模式、家校合作预防和治疗网络成瘾模式、家校合作培养学生自信心模式等。合育的具体目标与任务不同，合育模式就会有不同的表现和工作重心。当然，育人是根本目的，单靠哪一方都是不可能完成这一任务的。因此，为了这个根本目的，学校和家庭都要进行相应的转变，尤其是学校，应树立大学校观，秉持全程育人、全员育人、协同育人思想，在优化自身育人功能的同时，不断提升家庭育人水平。

第三，家校合育模式要求教师具备相应的专业素质。学校的使命固然是教书育人，服务对象自然是学生，但为了完成教书育人的使命，必须让家庭发生相应的变化，与学校保持一致。同时，学校也要主动地适应家庭的变化，认真听取、合理吸收家长对育什么人、如何育人等问题的意见，将家长资源转化为学校资源。有的教师认为，自己就是一个老师，自己的工作就是上好课、把孩子带好，自己不懂家庭教育，也没有必要懂家庭教育。这种认识是错误的。因为，如果家长不发生转变，学校教育效果将大打折扣，有时候甚至是徒劳的，特别是在做人方面，家长的影响往往大于学校。既然教育家长是学校教师分内的事情，那么家校合育能力自然应该纳入教师的专业能力。2013 年美国教育部联合 SEDL 非营利教育组织提出了"建构家校关系的能力"框架①，其目的是设计家长参与活动，培养学校与家长成功参与学生学习的合作能力。这个框架对教师的家校合作能力提出了相应的要求：能够尊重家长所具有的知识、技能与参与过程；能够创造并保持一种促进家长参与的学校和社区文化；能够举办家长参与活动，将家长与孩子的学习与发展紧密联系起来。相应的，作为家长也应该在与学校或学区建立教育合作伙伴关系的过程中扮演好以下几种角色：学生学习和发展的支持者，学生积极意识的鼓励者，学生行为与习惯的监督者和模范者，学生学习活动的组织者，学生、学校和社区学习的决策者。此外，家长还应该与教师或社区成员一起成为学校改革的建议者。

第四，家校合育模式是家校合作育人的理论和工作模型。家校合育模式主要表现为一系列活动和组织形式，包括制度设计、行动方案、操作流程、工作模型等。这种实践模式被证明是行之有效的，是从实践中来又经过实践检验的。模式的构建过程是科学的，需要系统解释和论证合育的目标、方法、过程、结构、理论基础、内涵、依据、效果及可行性等，其中，理论是基础，目标是灵魂，结构和方法等是重点。理论问题着重回答该模式的理论起点是什么，是在什么理论指导下提出和开展的。模式所体现的程序性知识是个理论过程，是在对实践经验进行梳理、提升、抽象等的基础上形成的。目标是合育工作的灵魂，一种模式首先要清晰地说明要达到什么目的，为什么要确立这样的目标；合育的总体目标是什么，目标是如何分解的；合育目标要转化成哪些可以执行的具体任务，落实这些任务需要的基本条件。实施过程、步骤和操作程序其实是对理论的展开，需要对具体合育情境进行客观描述和分析，最终提供一套能够完成某一合育目标和任务的操作流程；或者说，根据目标与任务，结合实践场域所具备的软硬件条件，提出一整套行之有效的操作方法和程序，主要包括制度设计、技术条件等。

## 二、合育模式的分类

第一，根据合育形式，可以将合育模式划分为单一性合育模式和综合

---

① 蒋世萍. 美国建构家校关系的能力框架［J］. 现代教育科学，2015（12）：119-120.

性合育模式。与合育模式概念相近的是合育形式，它是为了实现合育目标而在实践中采取的组织形式和工作方式。而合育模式是合育目标、任务、方法、结构相统一的固定结构，比具体的某种合育形式更加规范，具体合育形式是合育模式的具体步骤。每种合育形式都可能发展成为一种模式，即单一性合育模式。单一性合育模式是指目的和任务单一、结构清晰、方法固定的合育模式，如家访、家长会、家长论坛、家长互助中心、家长委员会、家长教师协会等。综合性合育模式一般是围绕一个较大的目的展开的，由若干个单一的合育形式构成，或者以一种合育形式为主，兼顾其他形式。比如家长开放日，可能会集合多种合育形式于一体，将家长培训、参观校园、学生展示等结合起来。

第二，根据合育途径，可以将合育模式划分为基于传统媒体的家校合育模式和基于新媒体的家校合育模式。合育工作离不开媒介，传统媒介主要包括人本身以及纸质媒介、影像媒介等。新媒介主要指基于互联网的各种媒体，比如今天普遍使用的班级微信群。有的学校班级微信群搞得好，和谐而高效，但有的班级微信群成为班级矛盾的爆发地，主要是因为班主任作为群主不知道班级微信群的属性是什么，更不知道如何管理微信群等。新媒介的优势在于具有便捷性、交互性、丰富性，但人是情感动物，互联网技术再发达也不能完全取代传统媒介。

第三，根据合育的主导者，可以将合育模式划分为班主任主导的合育模式和其他教育者主导的合育模式。从大的方面说，家校合育的主导者可以是组织，也可以是个人。教育部门、妇联、学校都可以是合育工作的主导者。这里主要是从日常具体实践来划分的。班主任是日常班级管理的主要负责人，与家长打交道最多，因此学校日常所开展的家校合育活动主要由班主任主导。育人与班级管理的工作需要，促使班主任构建一整套与家长交往的思想与行为模式。除了班主任外，学校里还有其他主体开展家校合育，比如学科教师、少先队、共青团等。

第四，根据合育的具体目标，可以将合育模式分为家校沟通模式、家长指导与支持模式、家长参与模式。家校沟通是日常最重要的合育模式，既包括家校之间的信息沟通，也包括家校之间的情感联系。家访、家长开放日、家长会是家校沟通的重要形式。家长指导与支持模式是指学校和教师对家长进行教育、培训、指导、服务等工作，家长学校就是合育的重要模式。家长参与模式是指家长通过正规或非正规的渠道参与学校事务，引导家长积极参与是合育的重要内容，家长委员会是家长参与模式的重要形式。

## 三、合育模式的研究成果述评

家校合育模式受历史、文化的影响，更受教育者认识水平的影响。探索理想的家校合育模式是教育学人共同思考的问题，目前已经取得了较为丰硕的成果，这对于本研究具有十分重要的意义。

第一，对家校合育的基本内容和基本任务进行了概括梳理。家校合育的内容非常丰富，体现在提升家庭教育水平、改进学校教育教学、整合教育资源等许多方面，概括梳理合育实践的主要活动内容及相应形式是提炼合育模式的基础。关于合育类型，美国学者戴维斯（D. Davies）[①] 将家校合育活动加以归纳并分为以下四种基本类型：（1）解决目前教育中存在的问题，如约见家长、成立家教咨询委员会等；（2）促使家长参与其子女的教育，如开展家庭教育指导、家长开放日等；（3）利用社区教育资源来丰富学校教育，如参观博物馆、开辟校外教育基地等；（4）吸收家长参与教育决策，如家长委员会、家长—教师协会等。

美国约翰·霍普金斯大学学者爱泼斯坦（Joyce Levy Epstein）提出在学校、家庭、社区之间发展一种新型伙伴关系的思想，并将自己的理论概括为交叠影响域理论。该理论认为，学生受到学校、家庭、社区的共同影响，三者具有共同的目标和责任，对学生发挥着交叠影响作用，学生在这个关系中处于中心地位，三者的相互伙伴关系将促进学生的自主发展。爱泼斯坦进一步将家校合作活动归纳为六大类[②]：一是当好家长（parenting）——帮助所有家庭建立视孩子为学生的家庭环境；二是相互交流（communicating）——构建家校双向沟通的有效形式，交流学校教学和孩子的进步；三是志愿服务（volunteering）——招募并组织家长志愿者支持学校工作；四是在家学习（learning at home）——向家长提供如何在家帮

---

① 刘衍玲，臧原，张大均. 家校合作研究述评 [J]. 心理科学，2007, 30 (2)：400.
② 吴重涵，王梅雾，张俊. 国际视野与本土行动：家校合作的经验和行动指南 [M]. 南昌：江西教育出版社，2012：28-29.

助学生的信息和观念，包括帮助孩子做家庭作业、完成课程相关活动、进行学习决策和计划；五是参与决策（decision making）——让家长参与学校决策，培养家长领导者和家长代表；六是与社区协作（collaborating with community）——识别和整合社区资源与服务，改善学校教学、家庭实践以及学生的学习和成长。爱泼斯坦的理论和经验在中国有着较大的影响。

第二，对合育内容进行了分层。根据家校合育的基本目的、主要任务和主题，英国学者摩根（Morgan）① 将家校合育分为低层次（如访问学校、开放日等）、高层次（如经常性家访、家长参与学校课堂教学与课外活动等）和正式的组织上的参与（如家长咨询委员会）。美国学者潘格（Pang）② 的划分与这个思路基本一致，将家长参与学校的层次由低到高细化为七个，每一层的参与需要家长具有不同的技巧和知识。七个层次分别为：（1）学校向家庭传输信息，家长只是"听众"；（2）学校与家庭之间进行双向的信息传输，家长根据学校提供的信息与学校合作，在家负责子女教育；（3）家长参与再教育活动，学习如何教育子女；（4）家长志愿在学校各种活动中帮忙；（5）家长参与相关的组织，如家长教师联谊会、家长协会等；（6）学校在制定重大政策时向家长征集意见，家长成为学校的顾问；（7）家长参与学校管理，加入学校管理委员会。家长权利逐步落实，最后一个层次是最高层的家长参与方式。

第三，对合育模式进行了初步的总结。香港中文大学何瑞珠教授将家校合育分为"以校为本"和"以家为本"两种基本类型，也可以视为两种基本模式。顾名思义，"以校为本"的合育模式意味着家校之间开展的各种活动都围绕学校而设计，主要活动形式包括建立家庭中心、学校家庭教育辅导、招募家长志愿者、家长参与学校事务管理、家庭学校研讨会等；"以家为本"的合育模式意味着家校之间开展的各种活动都围绕家庭而设计，主要活动形式包括家庭和社区家长教育、建立社区家长与儿童发展中心、开展家庭学习活动、家访等。这种划分逻辑比较清晰，便于理解与操作，是从模式的角度深化家校合育研究的阶段性成果。

---

① 岳瑛. 基础教育新理念：家校合作［J］. 外国中小学教育，2002（2）：36.
② 周欣悦. 谈中美家长参与教育的差异［J］. 教学与管理，2003（8）：79.

在国外较具代表性且被广泛认可的合育模式理论是戈登（Gordon）的三种模式说①和 Swap 的四模式说②。戈登认为，家校合育模式包括以下三种：（1）家庭影响模式，指学校通过家访或各种各样的交流技巧深入家庭，了解家长的需要；（2）学校影响模式，指家长以志愿者或家长委员会成员的身份参与到学校各种事务或管理中去；（3）社区影响模式，指利用社区的主要资源来加强学校和社区的合作。和爱泼斯坦等人的思路不同，Swap 在总结模式时强调学校和家庭的相互关系：（1）保护性模式，家庭仅仅强化学校灌输的价值观念，家长担任消极的角色；（2）传递信息模式，学校与家庭之间进行双向沟通，共享信息；（3）丰富课业模式，学校向家庭特别是低收入或低学历背景的家庭提供帮助，使学生加强在校及在家的学习；（4）伙伴模式，学校与家庭共同制订计划、做出决策和分担责任。

合育模式的概括、提炼，需要对合育的目标、任务、组织形式和方法等要素进行认真梳理、总结、提升，并将社区教育纳入家校合育之中，这些成果的价值毋庸置疑，为更加科学地概括家校合育模式奠定了基础。但上述概括的不足之处也比较明显，主要表现在：其一，没有涵盖家校合育的所有任务。在家校合育过程中极为重要的一环是学校教师对家长和家庭教育的相关信息进行充分了解和研究，然后才能有的放矢地开展活动。这属于合育的重要内容，上述研究都没有充分考虑。其二，合育过程与结构关系有待进一步厘清。比如，何瑞珠归纳了"以家为本"与"以校为本"两种合育模式，明确了家校合育的两个工作重心，但是"以校为本"与"以家为本"两种模式的工作目的和任务交叉明显。又如，潘格（Pang）七层次划分中前两层次可以理解为家校沟通，第三层次可以理解为家长教育，第四层次可以理解为家长志愿服务，第五、六、七层次可以理解为家长参与。七个层次包括家校沟通、家长教育、家长志愿者、家长参与等不同问题，不能说明家长参与在逻辑上属于最高层次。再如，爱泼斯坦虽然难能可贵地把合育内容分为六类，基本涵盖了家校合育的主要内容，但没有清晰地说明六类之间的关系、如何保障落实以及如何发挥学校的主导作

① 孙孝花. 谈美国家长参与学校教育 [J]. 内蒙古师范大学学报（教育科学版），2004（6）：67.

② 周欣悦. 谈中美家长参与教育的差异 [J]. 教学与管理，2003（8）：78-79.

用。其三，更为重要的是，上述研究没有从工作结构、工作流程以及工作方式等角度对合育模式加以说明，使得合育工作变成一个个单独事务，而理想的模式是一个整体，是为了一个共同目的而设计的系统化的结构，各个部分之间是有机联系的，共同服务于教育儿童这个目标。

美国 Families and Schools Together（下文简称"FAST"）项目于 1988 年创建于美国威斯康星州，作为一个非营利性质的项目，其主旨是促进家长参与儿童教育，提高家长家庭教育水平，最终实现儿童健康快乐地发展。FAST 项目的实施进程可分为组建团队、八周家庭会议、两年家长聚会三个阶段。在组建团队阶段，项目组按要求组成"FAST 团队"，团队成员需接受培训和招募家庭参与该项目。在招募家庭的过程中，学校会先邀请学生参加该项目，之后学校教师和团队成员会在学校为家长们介绍该项目，最后团队还可进行家访，以了解各家庭的文化背景、生活方式，并收集家庭成员的兴趣、需求等相关信息，为下一阶段做准备。

在八周家庭会议阶段，"FAST 团队"将 10 个家庭聚集于一间教室，利用课后时间召开家庭会议，主要内容是由该团队指导各家庭成员参与互动活动，频次为每周一次，一次时长为 2.5 小时，持续八周，所有活动每周重复进行。项目活动的设计意图是让家长在轻松愉快的氛围中，通过交流分享的方式获得育儿知识，建立起社会支持网络，体会到学习的快乐，从而更积极地参与该项目。项目活动具有固定的流程和时间限制：开场活动（15 分钟）、家庭餐桌活动（45 分钟）、同辈支持活动（60 分钟）、亲子互动活动（15 分钟）、结束活动（15 分钟）。以上活动的内容也各有侧重，如在家庭餐桌活动中，家长通过"FAST 团队"的指导，组织和领导系列家庭活动与游戏（如手工艺制作活动、"你画我猜"游戏等），以锻炼自身的组织与领导能力，并逐渐提升育儿胜任力和自信心。在同辈支持活动中，家长共同探讨育儿经验、育儿问题及遇到的困难，通过互相学习获得育儿知识与技巧，并建立起彼此的支持关系。在亲子互动活动中，"FAST 团队"指导家长在参与由子女发起的活动时，以尊重和耐心陪伴为重点，避免说教和批评子女，使家长获得有效的教养方式，筑牢亲子关系。

在完成八周家庭会议后，项目会进入两年家长聚会阶段。这一阶段是由" FAST 工作坊"（FASTWORKS）开展，旨在维持和加强家长参与者已形成的良好行为和已建立起的支持性关系。家长聚会每月一次，持续两年，独特之处在于它完全是由已完成项目第二阶段（八周家庭会议）的家长组织和领导，活动内容也依据家长需求而定。①

# 第三节　家校合育的基本模式

家校合育形式很多，但万变不离其宗，需要厘清其基本模式。这就需要明确家校合育的根本目标、理论基础、实践方法和组织形式等。

## 一、家校合育模式的基本形态

（一）基本假设

第一，教育的根本目的是促进儿童全面发展，家庭和学校是儿童健康成长最重要的两个教育系统，二者自身的教育能力及其合理分工与合作是儿童健康成长的根本保证。而现实中这两个教育系统不仅自身存在一定问题，在分工协作中也存在一定问题，不能完全满足儿童的发展需要，亟待改进。

第二，家庭教育是家长根据孩子在不同成长阶段的学习任务和需要而展开的，家长的教育困惑是由孩子的成长现状偏离自己的预期以及自身家庭教育能力不足所导致的。家长在教育孩子的过程中需要专业的、及时的、全面的帮助与指导，但现实中家庭教育指导与服务体系还无法满足这

---

① 田诗晴，徐雄伟. 美国家长教育探究：基于美国 FAST 项目的分析［J］. 外国中小学教育，2019（11）：48-57.

一需求，家长无法实现自我唤醒和自我提升，急需以学校为主的外部力量的帮助。

第三，学校是儿童健康成长的主渠道，但学校教育也存在一定问题，如长期的体制化容易造成僵化，孤军奋战且资源有限，集体教育难以满足个性化发展的需求，办学能力还需要进一步提升，教育效果的达成需要外部条件，等等。同时，学校在与家庭合育的过程中也容易出现简单化、命令式等问题。因此，学校自身教学与管理亟待改进，需要引导家长这个天然同盟军的参与和配合。

学校由于自身使命、专业化程度、条件及与家长的关系，有责任、有义务、有能力通过合育提高家长的教育素质，改善家校关系，提升教育质量；家长由于与儿童的责任关系、情感关系及天然条件，有责任、有义务、有条件接受学校的指导与帮助，提高自身的教育水平，配合学校教育教学，提升学校办学水平。

### （二）家校合育的基本模式

无论从哪一方面说，家校合育都是为了学生的全面发展，都是为了成就每一个学生，实现这一目标需要家庭和学校共同努力，因此需要提高家庭和学校的教育水平，完善教育内容，提高教育质量。在合育过程中，学校是合育的主要发起者、组织者、实施者，学校和教师应该突显主导性、主动性和专业性；家长也应该发挥主动性，担当好合育的积极配合者、建议者、参与者、协调者。家校合育模式的基本职能就是让学校和家庭各自发挥应有功能，最大限度地促进儿童的成长。从学校角度来看，要想达成如上目标，必须让家长形成正确的教育观念，掌握科学的教育方法，形成积极的合育意识，学会有效的合育方法。

根据家校合育目的和学校的主导性角色，以及合育实践的基本过程和结构，学校在合育中的主要工作任务应包括：（1）读懂家长：了解、研究家长，及时与家长沟通；（2）教育、引导家长，以提高家长的教育胜任力；（3）服务与支持家长，通过整合各种资源，创造可能的条件，服务家庭教育；（4）引导家长参与学校教育，通过制度建设等引导家长参与学校管理、教学、服务等办学过程。这四大方面既涵盖了合育的基本内容，也体现了合育的基本过程，又暗含着合育的基本方法。这四大方面包含了合育模式的四个二级模式。

将上面对家校合育的认识整合起来，可以将家校合育模式概括为"一个目标，两个维度，四项任务"。一个目标，就是"育人为本、成就孩子"。两个维度即两个工作指向：学校更好地服务家长，提高家庭教育水平，构建"学校般家庭"；家长更好地配合学校，提高学校教育水平和效果，构建"家庭般学校"*。这个模式大体可以从以下流程图（图1）中体现出来。

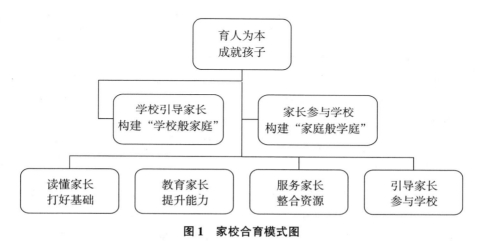

**图1 家校合育模式图**

"育人为本、成就孩子"，指合育的根本目的是促进孩子的全面发展，凡是不以孩子健康发展为目的的合作行为都不属于合育范畴。成就孩子的本意是：促进孩子全面发展，而不是片面发展；促进孩子的主动发展，而不是被动发展；以提升核心素养为目的开展素质教育，而不是以单纯学习文化课知识、提高应试能力为目的而开展应试教育。成就孩子，就是要让孩子学会学习、学会做事、学会共同生活、学会生存，培养具有创新精神、实践能力和社会责任感的人。成就孩子其实还有一个潜台词，那就是站在儿童的立场，尊重儿童的权利。面对涉及儿童的问题时，家校要遵循

---

* "学校般家庭"和"家庭般学校"是爱泼斯坦交叠影响域理论中的两个术语。"学校般家庭"是让家长认识到学习、学校和家庭作业的重要性，并促进子女在学习方面支持教师的工作，甚至使子女在家也像在校那样学习。"家庭般学校"是指学校和教师认识到家长参与的重要性，认识到儿童和家庭的个体差异，积极地谋求家庭的参与，并营造一种能让学生和家长感受到的家庭般的气氛。参见：吴重涵，王梅雾，张俊.国际视野与本土行动：家校合作的经验和行动指南 [M]. 南昌：江西教育出版社，2012：25.

儿童的意愿，保护好儿童的权益，增强儿童在发展中的主体作用。

学校引导家长参与学校，构建"家庭般学校"，是指学校为构建现代学校制度、实现自我改进而做出的各种努力。学校通过建立健全家长委员会、家长开放日、家长会等家长参与机制，充分保障家长对学校教育的知情权、监督权和参与权，不断改善学校育人环境，提升育人能力；学校能够将家庭的气息融入学校，努力改善学校自身可能存在的弊端，更加关心学生的个人兴趣和意愿，优化课程与活动，为每个学生带来独特的成长体验；学校能够把学生视为具体的人、完整的人、鲜活的人、与众不同的人，树立以发展为导向的评价制度，设计差异化、个性化的评价体系，让学生感到自己是受到重视的"学校大家庭"的一员，唤醒他们身为人的价值感；学校能够像家一样包容每个孩子，能够意识到虽然统一的标准（比如作息制度、成绩要求、着装规范等）是必要的，但是不论制度多么健全，都无法替代健康向上的校园文化以及和谐融洽的师生关系所产生的积极作用。

学校引导家庭构建"学校般家庭"，是指学校为提升家长的家庭教育能力而开展的家庭教育指导与服务工作。家长在学校的引领下，应做到以下方面：能够充分读懂孩子，根据孩子的年龄、性格等特征，在尊重孩子意愿的基础上为孩子设置合理的发展目标；能够很好地承担孩子的课业辅导，懂得在恰当的时机启发孩子，避免机械灌输，通过生动有趣的形式激发其学习积极性；能够像学校安排课程那样安排好孩子的学习与生活，让孩子学会生活，遵循既定的学习计划，主动承担适合其年龄阶段的责任，逐步养成基本的道德品质、行为习惯，逐步提高生活能力；能够不断改善儿童成长环境，搞好家庭关系，培育良好家风，以自身人格为孩子树立榜样；能够从小培育孩子的家国情怀和责任担当，处理好个人与他人、个人与社会、个人与国家的关系，培育和践行社会主流文化和核心价值观；能够学会利用社会资源教育孩子，积极配合学校，形成与学校、社会合作育人的局面。

四项任务，也就是教师的四项任务清单，同时也要求家长做出相应的行为。教师开展家校合育应该具备如下能力。（1）读懂家长：就是要学会研究和了解家长，了解家长的整体状况和特点，了解特殊（儿童）家长的状况与特点；根据家庭教育问题读懂家长，根据具体的教育任务理解家长。（2）教育家长：根据家长特点和教育需求，设计家长教育课程，采取有效的家长教育形式，不断提升家长教育观念和能力。（3）服务家长：主要是指根据教育需要和家长的实际情况，为家长设计合适的家庭教育项目和任务；根据家庭教育需要，给予物质和精神上的帮助；在了解家庭教育状况的基础上，发现和诊断家庭教育中存在的问题，提出改进建议。（4）引导家长参与学校：调查家长资源，调动家长参与学校教育管理的积极性，设计合理的家长参与方式，虚心接受家长的意见、建议，不断改进学校教育。

## 二、家校合育任务分解

用模式解释实践过程可能是模式研究的一个重要特征，因为一个大模式一般包括若干个次级模式，以此类推。要清晰地解释合育模式，需要说明模式是干什么的，具体结构、任务、方法是什么，如何操作，以及结果的呈现方式是什么，等等。家校合育的四个基本流程进一步分解如下。

（一）读懂家长

读懂家长包括了解家长、与家长沟通以及研究家长。过去的教育实践也非常重视对家长信息的了解，但重点关注的是家庭的常规状况，如家庭成员、家庭住址、家庭类型、家长文化程度、经济状况等，这种设计是单纯从学校教育角度出发的，忽视了家庭教育和家校合育的重要性。因此，要实现真正高效的家校合育，必须了解完整意义上的家庭状况，尤其是教育状况，诸如亲子关系，家庭教育观念、方式、特点、经验、问题等。要深入了解这些状况，仅仅依靠登记是远远不够的，需要通过科学的方法，全面、深入地研究每个孩子的家庭及家庭教育状况。

首先要全面。读懂家长，既要研究家庭的常规信息，如人口、住址、类型、经济状况、家长文化程度及特点等，也要研究家庭教育的基本状况，如亲子关系，家庭教育观念、方式、问题、特点等。办好一所学校，不仅要了解校情，包括师情、生情，还要了解家情，了解家情是学校教育的基础性工作。学校如此，对于一个班级来说亦是如此。

其次要深入。要充分挖掘家庭教育中的深层次问题。我们倡导将一般家庭研究与个别家庭研究相结合，既要研究全校、全班家庭教育的基本状况，也要研究个别家庭（根据教育需要确立）家庭教育的基本状况。学校尤其要关注有特殊教育需求或处于困境中的儿童的家庭及其教育状况。比如，要想解决"后进生"问题，不充分了解造成"后进"的家庭因素，单靠学校力量往往事倍功半。只有学会研究家庭，调动家庭的积极因素，减少来自家庭的消极因素，学校的教育才能有的放矢、事半功倍。

再次要科学。读懂家长、了解与研究家庭，需要科学的态度与方法，不能凭主观臆断，需要学会使用科学的工具。教师不仅要掌握问卷调查、个别访谈、综合调研、问题追踪等基本方法，还要广开研究渠道，如家访、网上交流、家长会、家长信箱。同时，在研究中，教师要掌握研究的艺术，有经验的教师往往在无意的聊天中就能发现问题。

读懂家长，不仅起到摸底作用，更重要的是起到诊断作用。充分了解与研究家长、及时与家长沟通，既是合育的一个独立环节，也是其他三个环节的基础。如果没有充分地了解、研究家长，后面的教育家长、服务家长和引导家长参与学校都会存在问题。

（二）教育家长

教育培训家长是家校合育的中心工作之一，几乎每个学校都会开展，但从现实状况来看，家长对学校所开展的教育培训满意度不高，家长教育的有效性亟待加强。家长教育培训是非常复杂的工作，主要在于家长是成人，成人学习是基于问题的，成人的已有经验起着非常重要的作用。提高家长教育的有效性，关键要做好以下三点。

一是要正确定位。家长教育的目的不是使家长获得某种资质，也不是使家长获取家庭教育知识技能，而是提高家长的角色胜任力，帮助家长解决在育儿过程中遇到的各种问题。家长来自千家万户，各自的经济、社会、文化背景不同，遇到的家庭教育问题也会千差万别，家长教育者必须知道听众是谁，他们到底需要什么。因此，选择的主题既要有普遍针对性，解决教育中的共性问题，又要有个别针对性，解决每个家长的困惑；既要讲为什么和是什么，又要讲怎么办；所讲的内容既要有一定的理论高度，能够科学地解释家长的问题，又要通俗易懂，接地气。

二是要形式多样。从教育形式看，过去家长教育培训多是课堂教学式的，实践证明这种单一方式已经过时了，需要开辟更多更有效的方式，如家长论坛、家长沙龙、家长经验分享、家长参观、家长阅读工程、典范家长评选等活动。互联网和全球化发展给家长教育工作带来很多便利，也提出了一定的挑战。媒体上关于家庭教育的言论，有的正确，有的错误，有的片面，需要家长教育工作有的放矢，也需要教师和家长教育者有定力、有判断、有自信。因材施教，就是要求家长培训工作从以培训者为中心转变为以受训者为中心，充分考虑重点家长与一般家长之别。一般而言，针对多数家长的培训与引导工作是比较简单的，问题的关键是个别家长，尤其是其教育观念与主流观念不一致时，培训难度是很大的。还有就是特殊家庭，如流动家庭、留守家庭、单亲家庭、隔代教育家庭等，都要采取有针对性的培训方式。

三是要注重调动家长的积极性。家长在接受教育时的角色很微妙，他既是受教育者，又是自我教育者。家长教育培训的效果，关键在于如何发挥家长的作用。从总体上说，家长教育一定要注重发挥家长的榜样作用，通过榜样示范作用让家长影响家长。此外，家长教育一定不要忽视家长过去的经验，从某种程度上说，家长教育就是家长经验的重组与改造过程。下面是STEP有效教养系统训练（Systematic Training for Effective Parenting）的基本步骤，从中能够看到家长教育中家长作用的发挥。

STEP是丁克迈耶（Dinkmeyer）等人在1980年创办并推广的一种训练课程，采用循序渐进地协助父母提升教养子女能力的模式。这个课程一共进行9次，每次2小时或者2.5小时，每次活动的参与人数大概10人。这种课程的主要目的是增强家长的教养能力，教会家长如何纠正孩子的一些不良行为，并使家长获得更高的自我效能感。课程通过演讲、小组讨论、多媒体演示和角色扮演等方式进行，教授的内容主要是家庭管理技能以及亲子沟通技能，包括做决定、主持家庭会议、建立信心、有效倾听以及适当地表达感情等。这种课程并不强制学习者参与相应的操作训练，但是推荐学习者参与，训练是以工作坊的形式进行的，参与次数不限。此外，学习这项训练课程需要购买相关的视听教材，包括指导者手册、家长手册、表格、指导方针、宣传资料和参与证书的样本等。

当然，遴选培训者也非常重要。一般是采取学校教师培训和专家培训相结合的方式，条件允许的情况下，也可以选择一些优秀家长、往届的成功家长担任培训者。当然，培训的内容需要事先把关，个人不能将其不成熟的、极端的案例和错误的观念传递给家长。

(三) 服务家长

服务家长其实就是满足家长的教育需求，帮助家长开展好家庭教育，解决家庭教育中存在的问题。现代家庭教育其实包括两方面内容：一是家庭教育本身，其目的和逻辑是由家长提出、设计并围绕家庭生活而展开的；二是配合学校在家庭实现的教育，即指导学生在家学习。家庭教育是非正规教育，教育的意图由家长提出，但未必清晰、正确；家庭教育内容主要围绕孩子的生活而展开，合理的生活就是最好的家庭教育；家庭教育方法是生活指导法，随着生活的展开，生活中的困惑和问题日渐暴露，这些问题逐步渗透到家长的教育意图与要求。而在家学习主要是围绕学校学习任务和要求而展开的，教育的意图和要求是教师提出的，需要孩子在家完成，有时候需要家长予以配合、协作。这两方面对于大多数家长而言都需要学校指导。

服务家长大致涵盖两个方面，一是服务家庭教育，二是服务家长自身成长。服务家长包括以下四项主要任务。第一，为家长指导孩子在家学习提供建议。这是指导和服务家庭的主要任务，其基本内容包括：帮助孩子学会制订学习计划，合理安排学习内容，科学完成学校任务，养成良好学习习惯，学会解决学习过程中遇到的问题。指导儿童在家学习，既包括指导其完成学校布置的学习任务，也包括指导其适度拓展学校学习任务，甚至包括课外班的选择等。第二，设计以服务家庭教育和促进亲子沟通为目的的课程与活动。目前，家庭的闲暇时间比以往多了，利用闲暇时间开展有意义的亲子活动十分必要。学校可以发出倡议或者通过课外作业的方式予以实施，比如，举办亲子运动会、策划亲子共游、倡导亲子义工、启动亲子共读等活动，为家长提出与儿童相关的假期家庭生活建议；为家长提供孩子在校的某些信息。第三，向家长开放相应的教育资源。学校可以在适当时间开放图书馆、体育馆、运动场等为家庭服务，也可以利用社会资源（既包括博物馆等教育资源，也包括企业、国家机关等机构）为家庭开展相应的活动或项目创造条件。第四，推动家庭文化建设。比如，与妇联、宣传部门等联合开展"寻找最美家庭"活动，开展学习型家庭建设等。家庭文化集中表现为家风，良好的家风对子女有着潜移默化的作用。北京市某学校开展了"家风、家训比比看"活动，要求孩子与家长将家庭的家风、家训写下来，进行解释，围绕家风、家训讲讲家庭故事。这是一种行之有效的家庭文化建设方式。

当然，学校还可以为有特殊需要的家庭提供咨询和帮助。1987 年约翰·霍普金斯大学的爱泼斯坦教授开展了初级教育中"教师帮助家长参与学校作业"项目（Teachers Involve Parents in Schoolwork，TIPS）。[①] TIPS项目的目标包括：（1）增进家长对孩子作业的了解；（2）提高家长对孩子在家庭中学习活动的参与度；（3）增强孩子向家长表达学校所发生事件的能力与愿望，并帮助其提高表达频度；（4）提高各科作业的完成质量。TIPS 项目定期召开学校和家庭交流会，讨论主题包括语言、艺术、科学、健康、数学等。

（四）引导家长参与学校

引导家长参与学校是指引导家长配合与协同学校进行教学、活动及管理等。这在许多人看来是家校之间的一种深度合作。美国加利福尼亚州 1994 年制定的《家庭学校伙伴关系法案》（1997 年加以补充）明文规定：在校学生家长和监护人有权参与教育过程，并代表其子女介入教育系统。其参与权具体包括：课堂观察、请求（教师及校长）召开会议、志愿服务、了解学生的出席情况、了解学生的考试情况、选择学校、要求保障学校环境安全、了解课程内容、了解学生的课业进步、查询并对学生的档案提出质疑、了解学生评价标准、了解学校规章制度、了解学生心理试验的结果、作为顾问或管理委员会的成员参与政策制定等。[②] 这些规定涉及合育的其他内容，与我们所说的配合与协同学校不完

---

① 杨启光，刘秀芳. 美国教师帮助家长参与学校作业项目（TIPS）述评［J］. 上海教育科研，2011（10）：32-34.

② 黄河清. 家校合作导论［M］. 上海：华东师范大学出版社，2008：224.

全一致，但其基本精神与我们所倡导的"依法办学、自主管理、民主监督、社会参与"的现代学校制度相吻合。引导家长参与学校的具体内容由低到高分别如下。

其一，指导、督促家长配合完成学校日常工作，包括接送孩子、照看孩子的生活、督促孩子完成学校课业并检查。这类活动最为基础，对于学校日常工作来说也极为重要。其责任清楚、目的明确、要求严格，是每个家庭必须完成的"规定性动作"，无需学校的特别教育引导，绝大多数家长能够完成得极好，当然，特殊家庭另当别论。

其二，引导、鼓励家长参与学校教育教学活动。教育教学是学校的主要工作，是教师专业化的体现，但是并不是说家长就不能发挥作用了，学校可根据需要有条件地引导家长参与。从低层次看，要求家长参与学校开展的与家长密切相关的活动，如单独沟通、学校开放日、亲子活动、各种典礼（开学、毕业、少先队、节日）等，这是家长必须完成的任务。从中层次看，引导家长充当教师的教学助手，如协助教师管理课堂、监考、值班（勤）、准备教具和教学素材等，这些工作与正规的教学息息相关，但还不是教学本身。从高层次看，引导部分家长适度参与教学和相关课程的开发。课程编制、开发与实施是专业化活动，对家长的要求非常高，不是家长具有志愿精神和一技之长就能够胜任的，需要经过专业训练和指导。因此，对于部分有意愿和一技之长的家长，学校可以根据需要鼓励他们参与课程开发和教学活动，但必须对其进行系统管理和科学安排，并对家长开设的课程进行评估，防止出现无效教学的情况。

其三，引导家长参与学校管理活动。现代家长对学校教育应该享有知情权、监督权和参与权，尤其是事关学生切实利益的决策，学校应该广泛征求家长的意见，甚至让家长参与决策。引导家长参与学校管理，可以体现在三个方面：在相关决策出台之前，广泛听取家长意见；在决策制定之中，让家长不同程度地参与进来；在决策出台之后，吸纳家长参与监督、评估。为更好地吸纳家长参与学校管理，学校应该加强相应的家长组织建设，如成立家长咨询委员会、家长委员会等。除此之外，学校还可以根据需要引导家长参与完成学校教育的其他工作，如请家长根据自身条件帮助联系社会服务、组织孩子进行社会体验与实践等。

总之，四项任务既相对独立又有一定交叉，其中第一项任务是其他三项任务的基础，不充分了解和研究家长，合育的其他工作就会停留在经验层次，缺乏针对性。第二项任务也是基础性工作，不对家长进行适度的培训和教育，家长就会缺乏必要的家庭教育知识和合育意识与能力。第二项与第三项任务也难以截然分开，因为教育与培训家长经常在服务家长的过程中体现出来，任何一项服务工作都围绕育人目标，都需要家长具备一定的知识准备与观念认同。第三项和第四项任务直接与教育相关，是合育工作的落脚点。合育的四项任务环环相扣，相互影响，共同构成家校合育的基本模式。根据这个基本模式，可以演绎出若干子模式。关于家校合育的基本模式，后面将会详细阐释。为便于理解家校合育的基本模式，将合育的任务目标、具体内容、过程与方法、相关理论、主要途径、制度安排等梳理于表1。

**表1　家校合育模式的基本构成**

| 任务目标 | 具体内容 | 过程与方法（活动形态） | 相关理论 | 主要途径 | 制度安排（举例） |
|---|---|---|---|---|---|
| 读懂家长（了解、研究家长，知晓家庭教育特点及问题，与家长沟通，化解矛盾） | 家庭基本情况：人口、住址、类型、经济状况、家长文化程度及特点；家庭教育状况：亲子关系，教育观念、方式、问题、特点 | 根据需要，提出了解、研究家长的目的，主要方法，如集体问卷调查与个别访谈（家访、访校）相结合，全面掌握学生的家情。可根据需要，围绕某个问题或个别学生随时开展家庭调研 | 调查研究理论、人际关系及沟通理论、现代家庭教育理论 | 即时性沟通，微信群沟通，家长会，家访，约谈 | 《学校开展家庭调研方案》《学校家访方案》 |

续表

| 任务目标 | 具体内容 | 过程与方法（活动形态） | 相关理论 | 主要途径 | 制度安排（举例） |
|---|---|---|---|---|---|
| 教育家长（培训、教育家长，使家长树立现代的科学教育理念，掌握有效的教育方法，提高胜任力） | 教给家长家庭教育的观念、方法，以及家庭建设、亲子沟通方法，让家长了解学校文化、教育教学，消除家校矛盾 | 正规培训：根据教育阶段特征，开设家长学校，进行通识培训；非正规培训：举行家长论坛、沙龙、经验分享会、家长互助活动 | 现代培训理论、成人教育理论、实践课程理论、会议组织理论 | 家长学校（课堂），家长分享会，家长学习联盟 | 《家长课程设计及实施方案》 |
| 服务家长（指导家庭开展教育活动，解决家庭教育问题，集体形式与个别形式相结合） | 解决家庭教育问题，创建适合不同家庭的教育项目，设计、优化家庭教育内容，指导家庭建设 | 根据实际需要，设置家长服务平台（电话、网站、信箱），设立校长开放日，发放家庭教育建议书，举办家长会、亲子运动会、家庭联谊会，创建亲子阅读项目、家庭文化日等 | 家庭课程设计理论、活动理论、咨询理论、心理辅导理论 | 家长委员会，家长教师协会，家长热线，家校联系手册 | 《家庭教育指导及服务方案》《家庭教育支持计划》 |
| 引导家长参与学校（协调家长资源，使家长积极参与学校教学、管理等活动，家校共同完成学校的教育任务，提高学校教学效果） | 家长参与学校管理、课程、教学、活动，配合学校完成学校教育任务 | 家长配合学校的常规教学，如接送子女，检查、督促作业；协助解决日常教育问题；开展家长义工、家长助手等项目；成立家长咨询委员会，开展其他工作，如联系社会服务、组织孩子进行社会体验与实践 | 学校课程设计理论、组织协同理论、动机理论、志愿服务理论 | 家长志愿者（义工），家校联席会议，家长助手，家长值日 | 《家长配合学校工作指南》《家长义工活动方案》《家长辅助学校教学设计方案》《家长委员会建设方案》 |

# 第四章    合育视野下的社会教育

社会是人成长的宏观系统，每个人无不受其影响。社会的影响不仅直接作用于每个人，也作用于家庭和学校。加强家校合作共育，在某种程度上可以说是帮助彼此改善育人环境，提升自身能力。因此，开展家校合育，不仅要充分考虑社会因素，更应该将社会教育纳入家校合育范畴之中，充分利用社会各种教育资源，真正构建学校—家庭—社会三位一体的良好教育生态。

## 第一节    社会教育的基本概念

从教育角度看，社会是一个资源丰富的大系统，既可以为学校教育与家庭教育提供丰富的教育资源，又可以直接发挥一定的教育功能。与家庭教育和学校教育不同，社会教育的概念内涵较为模糊与微妙，相关概念较多，有待厘清。

### 一、社会教育的内涵与特征

（一）社会教育的内涵

社会是因分工与合作而引起的，是在社会实践过程中形成的，个体因共同维系的规则组成群体（团体），不同群体按照一定关系构成更上位的大群体，这样环环相扣构成整个社会大系统。家庭、社团、学校、政府、政党、军队、国家、国家集团等都属于社会组织系统，处于不同的层级并相互交织。为维护社会组织的存在，任何一个社会组织都会对其成员进行教育，传递本组织成员应该具有的价值观和遵守的规范，所以作为一种教育形态，社会教育自古就有。

虽然家庭和学校都是一种社会组织，但是为了区别于学校教育和家庭教育，这里所说的社会教育是指学校和家庭之外的一切教育形式。社会教育可分为广义和狭义两种。广义的社会教育，是指除了学校和家庭之外的一切促进人身心和谐发展的各种教育活动，包括有意识、有目的、有组织的教育活动和能够产生实际教育影响的社会活动。狭义的社会教育是指由政府、公共团体或私人所设立的社会文化教育机构对社会全体成员所进行的有目的、有系统、有组织、独立的教育活动。[①] 狭义的社会教育是以公共生活为基础的，以社会为主体实施的，有目的、有计划、有组织的教育实践活动，它不同于社会照顾、青年帮助和公民教育。狭义的社会教育需要强调以下几个方面的内涵：第一，社会教育实施的主体，即社会文化教育机构，无论它的创办者是政府、团体还是私人，只要它对社会成员实施了有影响的教育活动，就是社会教育的实施者；第二，社会教育实施的客体，是社会全体成员，而不是其中的某个特殊群体；第三，社会教育实施的机构和场所，包括公私立学校和社会文化机构；第四，社会教育是有目的、有系统、有组织的、独立的教育活动。[②] 很显然，无论是广义的社会教育，还是狭义的社会教育，教育对象都是社会公众。本研究所说的社会教育既不是广义上的，也不是狭义上的，而是指针对青少年（中小学生）的一切社会教育，是广义社会教育面向青少年的那部分。

（二）社会教育的基本特征

和家庭教育、学校教育相比较，社会教育在属性、内容、形式上要复杂得多。探索社会教育的本质，不能光从字面上或逻辑上来认识，而"必须在历史层面上展开，必须明确由谁、在何时、持有何种目的来组织社会教育"[③]，因为社会是一个极其复杂的生态系统。第一，从教育主体看，社会教育具有多元性，其主体包括政府、社会团体、民间组织、公司、社区等。第二，从教育形态看，社会教育具有多样性，它既可以是正规的教

① 侯怀银. 中国社会教育研究的若干问题 [J]. 教育研究, 2008 (12): 39-43.

② 侯怀银, 张宏波. "社会教育" 解读 [J]. 教育学报, 2007 (4): 5.

③ 千野阳一. 关于理解社会教育本质的研究方法 [J]. 华东师范大学学报（教育科学版）, 2007 (1): 39.

育，也可以是非正规的教育。第三，从教育体系看，社会教育具有分散性，由于每个社会组织可能都具有教育的属性，所以无论如何努力，都很难建设一个涵盖全部的社会教育系统。第四，从实施的主要形态看，社会教育具有实践性，它与社会生活实践和生产实践息息相关，因为实践本身就具有育人功能。第五，从实现的功能看，社会教育具有补充性，常常是对家庭教育和学校教育的补充与延伸。与家庭教育相比，社会教育更属于公共教育；与学校教育相比，社会教育更注重个体体验；在促进个体社会化过程中，社会教育更注重通过适应真实社会而促进个体的社会化。① 第六，社会教育的复杂性、多样性、灵活性导致它既有可控的一面，也有不可控的一面。但它的优势也无所不在，因为社会教育时时刻刻都在影响着儿童成长，从某种程度上代表着教育未来的发展。

## 二、社会教育的相关概念

### （一）校外教育与社会教育

与社会教育最接近的一个概念就是校外教育。从字面上来看，校外教育就是学校之外的教育，那么家庭教育也应在其中。但实际上，家庭教育与学校教育并列，自然也不在校外教育之列。因此，校外教育是学校和家庭之外的教育形态。这样看来，校外教育本质上又等同于社会教育。正像有人所说的那样：校外教育是指在学校以外广阔的时间和空间里，学生通过社会文化教育机构和丰富多彩的社会政治活动、科学技术活动、公益劳动、社会服务、文化娱乐活动、体育活动，以及个人的课外阅读、栽培花草树木、自我服务等等所接受的教育。

但是，如果校外教育等于社会教育，那么提出这一概念有什么意义呢？很显然，校外教育是有其特定的含义和指向的。尽管目前关于校外教育到底由谁在什么时候明确提出来还无从考证，但是，明确地从理论上做出概括的是苏联著名教育家凯洛夫。凯洛夫认为"校外教育也称学校外教育，有时与社会教育通用，或者称之为'有计划的社会教育'"。可见，校外教育属于社会教育中"有计划"的那一部分，与社会教育通用也只是

---

① 佘双好.青少年社会教育的本质与内涵［J］.中国青年研究，2007（12）：5-10.

在"有时"的情况下。因此，对于校外教育要理解其真正所指，它是指"少年宫、儿童活动中心、青少年科技馆、少年之家等校外教育机构对学生进行的多种多样的、有目的、有计划、有组织的教育活动"①。

从概念使用的语境看，尽管这两个概念都会经常出现在教育学相关的文章、论著之中，并在一般性的文章中经常混淆使用，但在国家相关文件中会有一定的区别。一般来说，在谈到教育相关理念、原则等问题时往往使用"社会教育"，而在谈到社会教育建设问题时则往往使用"校外教育（机构）"。比如，1999年中共中央、国务院《关于深化教育改革，全面推进素质教育的决定》指出："实施素质教育应当贯穿于幼儿教育、中小学教育、职业教育、成人教育、高等教育等各级各类教育，应当贯穿于学校教育、家庭教育和社会教育等各个方面。"（第2条）2004年中共中央、国务院《关于进一步加强和改进未成年人思想道德建设的若干意见》提出："要把家庭教育与社会教育、学校教育紧密结合起来。"（第13条）"要建立健全学校、家庭、社会相结合的未成年人思想道德教育体系，使学校教育、家庭教育和社会教育相互配合，相互促进。"（第28条）而《中共中央办公厅、国务院办公厅印发〈关于进一步加强和改进未成年人校外活动场所建设和管理工作的意见〉的通知》使用的是校外教育，"要把校外活动列入学校教育教学计划，逐步做到学生平均每周有半天时间参加校外活动，实现校外活动的经常化和制度化"。另外，从实际情况来看，校外教育一般是面向儿童青少年的，而社会教育既包括儿童青少年的教育，又包括成人教育甚至终身教育。

（二）社会教育资源与社会教育

教育资源是指教育活动与教育实践中所需和所用的资源的总和，其内容涵盖广泛，最基本的构成要素是人力、物力和财力资源。② 新课程改革以来，我们经常使用"课程资源"而不用"教育资源"。教育资源是课程资源的上位概念。关于课程资源，我们可以理解为课程与教学信息的来源，或者是对实现课程和教学目的有用的物质、信息和人力的总和。课程

---

① 罗娟，康丽颖. 中国校外教育政策三十年变迁［J］. 首都师范大学学报（社会科学版），2009（6）：124-125.

② 高瑞萍."社会教育资源"解读［J］. 教育理论与实践，2009，29（S1）：5-6.

资源是课程实施的必要且直接的条件，是教师和学生发展的必要条件。按空间分布和支配权限划分，课程资源包括校内课程资源、校外课程资源和网络化课程资源。校内课程资源，主要包括本校教师、学生，学校图书馆、实验室、专用教室、动植物标本、矿物标本、教学挂图、模型、录像片、投影片、幻灯片、电影片、录音带、电脑软件、教科书、参考书、练习册等，以及其他各类教学设施和实践基地。校外课程资源，主要指公共图书馆、博物馆、展览馆、科技馆，家长、校外学科专家、上级教研部门，大学、研究机构、有关政府部门、其他学校、学术团体、野外、工厂、农村、商场、企业、科技活动中心、少年宫、社区组织、电视、广播、报纸杂志等广泛的社会资源及丰富的自然资源。网络化课程资源，主要指多媒体化、网络化、交互化的以网络为载体的校内外资源。[①]

对于学校来说，校外课程资源不属于学校而属于社会，可以归结为校外教育或社会教育范畴。因此，从家庭教育和学校教育的需要角度来说，社会教育往往是家庭和学校开展教育而需要的各种资源，社会教育等同于社会教育资源。当丰富的社会或校外教育资源能够被家庭和学校充分利用时，一个良好的教育生态就形成了。对校外教育或社会教育资源视而不见，关起门来教书，"两耳不闻窗外事，一心只读圣贤书"，这种状况已经远远地落后于教育发展的潮流了。可以说，家校合育的理想状态不仅是家庭和学校利用彼此的教育资源，也包括二者充分利用校外教育资源，形成有利于学生学习的共同体。

（三）社区教育与社会教育

社区教育也是一个经常与社会教育混淆的概念。社区（community）一词源于拉丁语，意思是共同的东西和亲密的伙伴关系。从中文来看，社区中的"社"是指相互有联系、有某些共同特征的人群，而"区"是指一定的地域范围。"社区"可以说是相互有联系、有某些共同特征的人群共同居住的一定区域，一般由五个要素组成：人口、地域、制度、政策和机构。社区是一个"共同生活体"，"它不仅是人们休养生息的地方，也

---

① 张廷凯. 课程资源：观念重建与校本开发 [J]. 教育科学研究，2003（5）：37.

是人们从婴儿到年老不断学习，实现自身社会化的大学校"①。如果把社区理解为从属于社会的基层组织，那么社区教育就属于社会教育范畴，是社会教育的子概念。社区教育是一种互助的教育，是具有自发性、自组织性的浸润式教育，是涵盖了文化教育、闲暇教育、职业教育等多种内容的教育。

但教育中的"社区"与因共同居住而形成的生活上相互关联的大群体有所不同，它主要不是从居住空间和社会管理意义上说的，更多是从学习组织建设和教育资源共享意义上说的，比如一片区域围绕一个高校相互作用，就形成了一个很好的学习型社区。因此，社区教育的关键是如何构建一个有利于社区全体居民学习的共同体，在这个共同体中，"学校已改变了以知识传授为主要任务的传统形象，成为一个重要的社区资源中心"②，博物馆、图书馆等成为重要的学习基地。我国的社区教育与校外教育有很大关联。20世纪80年代，我国的社区教育首先作为中小学校外教育（以青少年为主体）的补充形式进入人们的视野，进入21世纪，它开始作为终身教育的一种形式（以全体社会成员为主体）被推广。③可见，当下的社区教育是社会教育理念发展的产物，是落实社会教育、终身教育的一种重要方式。因此，有人说："社区教育是社会教育的缩影，是有明显地域性的社会教育，是学校教育与社会教育的连接体，是将教育置于一定区域的社会政治、经济、文化背景中所形成的学校、家庭、社会一体化的教育体系和活动。"④

家校合育从某种程度上可以理解为为了优化儿童青少年的学习环境而形成的学习社区，这个学习社区包括：（1）直接服务于儿童青少年发展的活动，如儿童看护与照顾、儿童兴趣特长教育、社区书屋、社区游戏空间、社区矫治等；（2）为家庭教育活动提供条件，如亲子游戏、家庭旅游、亲子共读等；（3）服务家长自身成长的活动，如家庭教育咨询、家庭

---

① 秦钠. 论社区教育与社会现代化［J］. 上海大学学报（社会科学版），2006（6）：113.

② 王卫东，陈敏坚，余少华. 学习型社区建设中三教合作问题初探［J］. 教育学报，2006（1）：77-78.

③ 沈光辉，陈晓蔚. 我国社区教育政策的演进历程、文本分析和改进策略［J］. 中国远程教育，2019（5）：11.

④ 吴磊，杨琳，汤锦春. 社区教育与学校教育协同发展策略探析［J］. 江西社会科学，2007（5）：213.

教育讲座、家庭教育分享会等；（4）社区文化建设，如放映电影、社区宣传、社区倡议、社区文体活动等；（5）家长成长的社区支持，包括社区家长学校、家长互助中心、家庭教育支持项目等；（6）服务于学校教育的活动，如维护外部环境、临时看护儿童、方便学校开展社会（区）活动、为学校提供必要的社区教育资源、为学校办学提供意见建议等。正如《满足基本学习需要的行动纲领——实施〈世界全民教育宣言〉的指导方针》所指出的：“在为促进基础教育而设计行动计划并创造一种良好的政策环境时，应考虑最大限度地利用各种机会来扩展现有的合作并使如下的新的合作伙伴会聚一起：家庭和社区组织、非政府组织和其他志愿者协会、教师工会、其他专业团体、雇主、新闻媒介、政治党派、合作社团、大学、研究机构、宗教团体以至教育当局和其他的政府部门和机构。”①

综上所述，社区教育属于社会教育，既可指一个传统意义上的社区开展的教育，也可指那种经过“加工”的并将一个区域内学校、家庭、社会教育融为一体的教育生态体系。正如佐藤学所言：“未来的学校不仅是儿童相互学习的场所，是教师们相互学习的场所，也是家长和市民相互学习的场所。”② 社区教育既是发生在某一社区的教育，又是集合社区所有教育资源并使之浑然一体的学习共同体。

## 三、社会教育的主要形态

社会是以人为核心，协调人与人之间关系以维持共同生产生活的一个复杂的结构。家庭、社区、学校、政府、企业、民间组织等单位是社会的基本要素，这些基本单位也变成社会教育的各种主体，直接或间接地承担着教育的职能，发挥着一定的教育作用。

第一类，独立的教育实体机构。学校和家庭之外独立存在的教育实体，其实就是“有计划”的教育机构，既担负教育的职能，也拥有教育资源，如青少年宫、儿童中心、青少年（活动）中心、爱国主义教育基地、

① 赵中建. 教育的使命：面向二十一世纪的教育宣言和行动纲领［M］. 北京：教育科学出版社，1996：36.

② 佐藤学. 学习的快乐：走向对话［M］. 钟启泉，译. 北京：教育科学出版社，2004：353.

社会教育基地等。这些机构一般是公办、非营利性质，但是收费，属于前面所说的"校外教育机构"的主体部分。该类机构面向儿童青少年，但是为了提高服务质量，增强吸引力，往往也会针对家长开展各类指导与服务活动。以中国儿童中心为例，它既开展正规的儿童教育（如幼儿园），也进行校外活动教育（如琴棋书画培训），还设有一些亲子活动中心，并增设了家长成长服务项目。这类机构合育的意图比较明显，合作空间很大，可以为儿童提供许多正规课程之外的教育内容，美中不足的是这类机构在一些欠发达地区和偏远地区没有分布。独立的教育实体机构还包括校外教育培训机构，如新东方。这类机构根据市场需要，针对学校教育内容提供私人补习性质的"影子教育"①，还提供学校课程之外的教育内容。但是，这些机构与学校合作时经常会变味，对应试教育起到推波助澜的作用。

第二类，具有教育功能的实体机构。有的社会机构虽然不能称为教育机构，不属于教育部门，但有着独特的教育资源，具有一定的教育功能，能够为儿童青少年直接提供教育服务，在合育中具有十分重要的意义，如科技馆、博物馆、天文馆、海洋馆、文化馆、公共图书馆、动物园、植物园、艺术场所等。以博物馆为例，博物馆是为了研究、教育、欣赏而征集、保护、研究、传播并展示人类及其环境的各类文物，通过这些珍贵的实物进行教育，以提高人们的知识与素养。博物馆的类型不同，教育优势也不一样，需要与学校和家庭合作。比如，故宫博物院利用其书法优势，近年来陆续对北京市中小学书法教师进行培训，产生较好的效果。上述社会机构在辅助中小学教育、素质教育、终身教育、自我教育中发挥着越来越大的作用。当然，上述机构对于参与学校和家庭教育比较积极，如果对其资源进行进一步开发，会产生更好的效果。但其劣势也很明显——分布不均，不太适合农村和偏远地区。

第三类，兼具教育服务职能的实体机构。有的社会机构虽然不属于教育部门，但也承担着一定的教育职能，如街道、社区，科技、体育、健康、卫生、艺术、文化等部门，公安局、检察院、法院等部门，关工委、文明委（办），工会、共青团、妇联等组织。街道、社区是居民长期居住的区域，服务家庭是其主要责任，教育服务是其中的重要内容。科技、体

---

① 贝磊. 全球扩张的"影子教育"［N］. 中国科学报，2012-07-04（7）.

育、健康、卫生、艺术、文化等部门是相关领域的管理机构，传播、普及相关领域的知识、技能，为儿童青少年成长服务是其重要责任。关工委的主要职责是对儿童青少年进行思想政治教育、法治教育以及科学文化教育，促进他们身心健康发展。公安局、检察院、法院等部门有向儿童青少年普及法律知识、提高其法治素养的义务。工会、共青团、妇联是党领导下的社团组织。工会肩负维护职工合法权益的责任，职工子女受教育以及提高职工教育素质属于其工作范畴；共青团组织直接为党培养合格的建设者和可靠的接班人，促进儿童青少年健康发展；妇联肩负着维护妇女权益、促进妇女发展等责任，组织协调家庭教育是其重要工作内容。

当然，与第二类机构不同的是，第三类机构虽然有明确的教育责任，拥有一定的教育资源，但一般不直接提供教育服务，而是借助所拥有的社会资源为儿童青少年提供服务。比如，妇联是主管家庭教育的部门，但提供家庭教育服务的是其主管的相关机构，如妇女之家、儿童之家、家庭教育服务中心等。

第四类，拥有教育资源的实体机构。有些社会机构担负着社会生产职能，既不属于教育部门，也不具有教育功能，如工厂、农场、机关、企业、部队、大学、科研机构等，但这些实体机构处在社会生产、管理、实践一线，拥有丰富的教育资源。工厂、企业等物质生产部门，可以为儿童青少年提供各种参观考察、岗位体验、实习见习等机会；大学、科研机构等知识生产部门，可以为儿童青少年提供担任助手、学习选修课程等机会；部队可以为儿童青少年提供军事训练、国防教育等服务。这些机构的合作意愿可能不强，但由于这些机构分布较广，城市、农村、偏远地区都有相应的机构，参与家校合育的前景非常广阔。

第五类，具有教育能力和意愿的社会人士。某些具有教育能力和意愿的人也是家校合育的重要资源，如"五老"人士（老干部、老战士、老专家、老教师、老模范），有爱心、希望反哺学校的校友，以及其他社会志愿人士。将这些社会资源引入家庭与学校，需要处理好志愿服务与有偿服务之间的关系、服务意愿与服务能力之间的关系，尽可能地将有效满足学校和家庭需要、促进儿童青少年健康成长的队伍建立起来，以志愿服务为主，兼顾合理的个人利益。

从构建有利于儿童青少年成长的教育大社区角度看，上述教育资源独立于家庭与学校之外，通过整合才能发挥教育的功能。家校合育不仅是家庭和学校彼此携手协作、资源互补的过程，也是二者与社会构建良性互动关系的过程。

## 第二节　家校社合作，构建良好的教育生态

学校和家庭是儿童健康成长的两大责任主体，家校合育中双方的责任不仅是相互合作、协同一致，还需要积极利用各种社会教育资源。同时，社会教育主体也应该积极参与到家庭与学校教育之中。只有这样，才能真正构建以儿童全面发展为根本目的，学校、家庭、社会相互促进的良好教育生态。

### 一、构建合理的教育生态环境

生态系统的本义是，自然界生物群落中的生物体与环境中的非生物成分（如空气、水和矿物）相结合，形成一个具有持续性、开放性的社群。在良好的生态系统中，每个生命体都与环境形成和谐的关系，各个生命体之间形成相互依存关系，最终主体与环境充分实现信息和能量的交换。生态视域为构建合育系统提供了很好的参考。从教育生态角度看，一个良好的教育生态系统中，主体（受教育者）能够与环境（家庭、学校、社会）形成一种良性的互动机制，实现彼此之间的信息和能量交换，从而获得成长。美国人类学家和生态心理学家布朗芬布伦纳（U. Bronfenbrenner）的生态系统理论对合育理念有着很好的启示。他认为，发展中的个体处在从直接环境到间接环境的几个环境系统的中心或者嵌套于其中，按照与发展中个体相互作用的程度自内向外分别为：微观系统（microsystem）、中间系统（mesosystem）、外在系统（exosystem）和宏观系统（macrosystem）。微观系统是指包含发展中个体在内的，与个体产生最直接互动的环境，如家庭、学校等；中间系统是指包括发展中个体在内的两个或多个环境之间的作用过程与联系，也可以说是微观系统的系统；外在系统是指发生在两个或多个环境之间的作用过程与联系，这些环境当中，至少有一个不包括

发展中个体，但其中发生的事件都会对微观系统之间的作用过程产生影响；宏观系统是指各种较低层次的生态系统（微观系统、中间系统和外在系统）在整个文化或者亚文化水平上存在或可能存在的内容上和形式上的一致性，以及与此相联系并成为其基础的信念系统或意识形态。[①]

按照这样理解，家庭无疑是孩子成长的第一个微观系统，然后孩子逐步进入学校和社区等微观系统。家庭、学校、社区的关系构成中观系统，所谓"三位一体"的教育体系主要是指在中观层面上的教育生态系统。直接影响学校、家庭、社区的各种因素构成了外在系统，比如父母所在的单位，学校的教育主管部门，影响社区的妇联、关工委等部门以及其他相关组织机构。最后，社会教育制度、选人用人制度、社会习俗等文化环境构成宏观系统。

基于上述布朗芬布伦纳的观点，我们认为在我国构建良好的教育生态系统主要包含两层含义：其一，打通儿童青少年成长的整个社会系统，形成全社会共同关注教育、支持教育、引导教育的氛围，创建"人人皆学、处处能学、时时可学"的学习型社会。这是广义上的教育生态系统，对此全社会已基本形成共识。2018年全国教育大会将教育视为国之大计、党之大计，把教育放在优先发展的战略位置，提出家庭、学校、社会、政府"四位一体"办教育思想，这些决策为构建促进儿童发展的良好教育生态提供了根本的政策保障。这是宏观意义上的教育生态。其二，打通学校、家庭和社会之间的关系，形成"三位一体"的教育系统。这是狭义上的教育生态系统。很长时间内，学校总是关起门来办教育，与社会、家庭沟通不足，既不能很好地利用各种教育资源，又不能实现自我更新，更不能反哺社会，导致学校成为教育生态系统中的一个孤岛。在教育信息化、民主化、个性化的浪潮中，学校不能再持续这种状况，需要走出孤岛，实现与社会的充分连接。所以，学校主导下的合作共育，其实质就是构建有利于儿童青少年成长的良好教育生态，这个系统对应的是布朗芬布伦纳生态系统理论的中间系统（第二层次系统）。"第二个层次系统是扩展的基于学校的卷入（中间系统），这个系统主要包括儿童青少年积极参与的两个或

---

① 谷禹，王玲，秦金亮.布朗芬布伦纳从襁褓走向成熟的人类发展观［J］.心理学探新，2012（2）：105.

多个场景之间的相互关系。"① 在这个体系中存在着家校关系、校社关系、家社关系等不同的关系形态，但家校关系无疑是核心问题，决定着与社会教育的关系模式，直接影响着儿童青少年的发展。

## 二、学校社会合作，优化儿童成长环境

社会是一个巨大的教育资源库，这个资源库主要通过两种途径对家庭和学校产生影响：一是在儿童青少年自然的社会化过程中对其产生潜移默化的教育影响，这其中有正向影响，也有负向影响；二是通过家庭和学校开展的各种人为的社会化活动而对儿童青少年产生教育影响，这种影响是经过学校和家庭"有意"过滤的。后者是我们讨论的重点，学校和家庭主要通过请进来和走出去两种方式对社会资源进行"有意"改造。

（一）社会资源进学校

构建良好的教育生态，需要学校敞开大门，吸收各种社会资源，以实现学校的教育意图。社会资源进入学校一般分为三类。

第一类，学校开设课程，校外人员或机构参与实施。课程是实现教育目的的根本路径，国家根据教育的根本目的和任务颁布课程制度，学校根据国家课程方案以及本学校的具体情况在完成国家课程的基础上可以进行能动性的改造。过去课程实施主要依托学校的课程资源，包括师资、场地、设备以及其他条件，但学校再完善，也不可能从根本上满足教育的需要。社会教育资源进入学校的主要路径是，学校开设课程，根据实际情况邀请社会"五老"、相关专业人士、家长志愿者等担当学校的"编外"教师予以实施，或者委托相关机构实施。比如，开设安全教育课程，可以邀请消防人员来实施；开设预防艾滋病课程，可以邀请相关医疗机构的人员实施；开设环境保护课程，可以邀请环境保护机构的相关人员协助实施。上课的形式多样，提倡让学生担任实验助手、直接观摩体验、承担任务等。

---

① 罗良. 儿童青少年发展中的父母教育卷入 [J]. 北京师范大学学报（社会科学版），2011（1）：25.

第二类，校外课程，学校认证。校外教育机构开设课程，这些课程符合学生的需要，也符合学校的培养目标，但学校没有条件开设。这种情况下就可以采取校外课程，学校认证，合作完成的模式。比如，有的博物馆每周利用自身的馆藏优势为学生开设专场，让学生在博物馆接受教育。又如，学生对马术、冰球感兴趣，但学校无法开设此类课程，而社会某些教育机构正在开设此类课程，而且这些机构开设的课程符合相关要求，此时就适用这种模式。

第三类，学校课程，合作实施。学校开设的某些课程需要校外资源，但资源拥有者又缺乏相应的教育能力，这种情况下学校可以通过与校外教育资源合作实施相应的课程。这种模式特别适合当今一些学校开设的学工、学农、学军等活动课程。学校没有条件满足学生学工、学农、学军的直接体验，就可以积极与附近的工厂、农场、军队等机构合作，这些机构可以为学生提供观摩、实践甚至顶岗机会。北京某所学校为了开展升旗仪式训练，邀请天安门国旗护卫队的解放军到学校进行示范指导，同时安排学校的"小小升旗手"到国旗护卫队观摩，这就是一次生动的合作。

（二）学校反哺社会

对于社会而言，学校在教育方面的优势是明显的，学校向社会提供的服务主要是教育服务，包括直接服务（如提供课程、选派教师）和间接服务（如提供培训），适用的对象也主要是有教育需求的机构，以社区、少年宫、博物馆、妇联等有教育需求或承担教育职责的机构为主。但是对于某些非教育机构或者没有教育职能的机构，学校也可以适当的方式提供服务。比如，某些大型企业、机关单位将员工的教育视为提升组织凝聚力的重要途径，借助学校资源开展相应的培训，这对员工来说是一种教育福利。

学校教育服务的对象具有层次性，其核心层当然是所在的社区，做好社区的教育服务工作是校社合育的基础。社区是现代社会的基础组织，教育是其重要职责，但社区一般不直接具备教育能力，主要通过合育形式借助外部资源而实现教育职能。学校可以为社区提供场地、设备、课程，更直接的方式是选派教师志愿者去社区服务。教师志愿者可以通过父母大讲堂、父母咨询活动提高家长的教育水平，也可以通过开设亲子游戏课或举办读书节等活动直接服务于儿童。

学校提供的教育服务主要包括：培训师资，开发教育产品（课程），提供教育资源（如场地），直接提供教师，甚至直接提供子女受教育机会（当然要在符合法律和相关规定的基础上）。提供教育资源是最简单的方式，学校的图书馆、运动场、会议室等可以适当地对社会开放，辅助其开展相应的教育、培训、运动等。派出教师志愿者也是比简单易行的方式，根据社会教育机构的需求和教师意愿，学校可以将部分教师委派到该机构担任某些岗位职责，既可以是专职的，也可以是兼职的，待遇可以根据教育部的相关规定和学校的具体情况而定。培训教师和开发教育产品属于比较高级的服务形式，中小学与社会教育机构的职责、任务不尽相同，但目的都是促进学生的健康发展，因此中小学教师可以根据自身优势，结合合育对象的教育需求，开发或优化其课程产品、培训教师等。

## 三、家庭社会互动，优化家庭教育资源

### （一）社会（区）支持家庭，优化家庭生活

众所周知，家庭是生活的组织，生活是教育的源泉，家庭教育的本质是生活教育。关于生活教育，陶行知先生的三句论断独到而精辟：生活即教育，社会即学校，教学做合一。这些论述对于家庭教育极其适合。生活即教育，意味着"生活教育是以生活为中心之教育""生活即教育，是生活便是教育；不是生活便不是教育"①。"生活即教育"，告诉我们教育其实就是生活，好的教育就是好的生活，过什么样的生活就是在接受什么样的教育。"社会即学校"，告诉我们生活教育的本质是整个社会，而不是封闭的家庭或学校；生活在哪儿，教育就在哪儿，要把教育向大自然、大社会延伸，要建构学校、家庭、社会相统一的教育体系。"教学做合一"是陶行知生活教育理论的具体方法："教的方法根据学的方法；学的方法根据做的方法。事怎样做便怎样学，怎样学便怎样教。教与学都以做为中心。"② 家庭生活教育是以家庭生活为中心，鼓励、引导孩子参与到生活

---

① 方明.陶行知名篇精选（教师版）［M］.北京：教育科学出版社，2006：119.

② 同①120.

之中，在美好的生活中接受教育，一个合理的教育生态的最终目标是在家庭教育和学校教育之外丰富孩子的教育生活。

家庭教育的改进，其实就是家庭生活的优化，包括日常生活的优化和教育生活的重构。社会资源对于家庭而言首要的作用就是优化家庭生活。家庭教育的生活属性意味着家庭日常生活的每一个细节都可能具有一定的教育功能，具有丰富的教育意义。家庭生活既发生在家庭空间之内，也发生于延展空间，社区、家长的工作场所、各种文化娱乐场所、生产实践一线都是家庭空间的延展。在家庭内，需要合理地起居、饮食、健身、待人接物、休闲娱乐等，走出家庭，交往、实践、学习也是家庭生活教育的重要组成部分。通过合理的生活，孩子能够养成良好的学习习惯、生活习惯和交往习惯，形成高尚的道德情操和正确的价值观念，形成积极健康、乐观向上、自立自强的人格。家庭成员只有走向社会，利用各种社会资源，才能丰富家庭生活，克服家庭生活的局限性。与此同时，社会资源通过丰富家庭生活，对家庭提供了有益的帮助。

第一，以社会主义核心价值观为指导，大力开展各种文化活动和文明建设活动，为青少年营造一个健康的文化环境。社区应该发挥自身优势，"将家庭教育指导与区域的精神文明建设、文明家庭建设、未成年人思想道德建设、发展社区服务、预防未成年人犯罪等工作紧密结合"①；应该将社区自身文化建设与家庭教育巧妙地结合起来；应该积极宣传党和国家的大政方针，宣传社会上和身边的典型，为青少年推出积极健康的文化产品；应该根据居民需要开展适合青少年的文体活动，如棋类比赛、球类比赛、歌唱比赛等。

第二，丰富教育设施，开展相应的活动。社区应积极联系区域内的学校或其他机构，共享文化教育资源；在社区内部或者联系其他社区，开设文体室、读书室、"小小舞台"等青少年活动中心；针对部分家庭放学后无人接送和看管孩子的状况，设置小学生临时看护室；等等。开展专项教育活动也是社区教育的重要内容。例如，针对预防未成年人违法犯罪、爱国主义、宪法精神、社会关怀、传统节日等教育主题，开展各种专题教育宣传活动；针对部分边缘青少年、困境家庭或儿童开展教育帮助活动、社

① 关颖.家庭教育社会学［M］.北京：教育科学出版社，2014：421.

区矫治活动；等等。

(二) 促进父母成长，整合教育资源

其一，除了丰富家庭教育生活、提供各种教育产品之外，社会教育的一个重要使命是帮助家长、教育家长，提高家庭教育水平。社区可以联合学校和社会资源，为家长开办家庭教育讲座，提高家长的家庭教育水平；可以选树典型，开展家长教育分享活动；可以开展教育咨询，积极帮助有教育问题的家庭走出教育困境。有人认为，社区家长学校的组织原则是：全面覆盖，重点突出，结合问题，多样组合。具体来说就是系统性原则、针对性原则、整合性原则、动态性原则和实践性原则。① 社区居民在社区家长学校报名之后，社区按照居民子女的年龄阶段为其安排学习的班级和内容。同时，居民还可以根据自己的需要，在社区家长学校的管理和协调下，选择自己需要的、具有针对性的教育内容。对家长教育可以实施"学分制"管理，这些学分可以作为孩子入学、五好家庭评选的依据。同时，学分管理还可以提示居民参加过哪些内容的学习、还需要参加哪些内容的学习。社区家长教育不仅要有教育观念的引导，还要有具体的家庭教育操作方式的指导。为此，社区家长学校的教学形式必须多样，比如读书会、经验分享沙龙、工作坊等。特别是针对一些具体的问题，采用专题沙龙的方式进行交流和讨论，家长可以分享各种信息和案例，获得各种解决问题的方法，这样的活动效果更佳。同时，社区还可以开展一些团体训练和辅导活动，以团体方式进行亲子交流、家庭关系处理等方面的培训。一方面，居民在家庭教育实践中遇到问题，可以找相关专家进行咨询，获得相应的专业支持，提升家庭教育的质量。社区家长学校要做好居民参加学习的情况记录。

其二，支持服务家长，需要搭建教育平台，整合教育资源。社区应该积极争取政策支持，调动社区内部资源，争取外部可利用资源，尤其是各种志愿者资源，以服务本社区居民。根据"就地取材"原则，建立社区家长教育"师资人才库"，根据不同的学习主题选择不同教师进行教学，既

---

① 邓惠明. 关于构建社区家长学校的思考 [J]. 中共福建省委党校学报，2012 (9)：77－80.

保证教学内容的丰富性，又保证教学质量。社区应培养一些义工，使他们成为社区家长学校的辅助力量，推动社区家长教育的深入和完善。与此同时，相关社会组织还可以根据某些家长的特殊需要，提供专门的支持服务。以美国家庭与学校同在项目（Families and Schools Together，FAST）①为例，FAST 在 1988 年成立于威斯康星的麦迪逊，它的主要目的是联合初级学校、心理健康机构、预防药品滥用机构与家庭进行合作以预防药品滥用。它的主要目标是：第一，改善家庭关系，帮助家长成为孩子消极行为的首要预防者，并提高家庭的整体机能；第二，帮助学生提高在校行为表现，防止学生承受过度的校园失败；第三，加强家庭与治疗机构的联系，帮助孩子和家庭了解关于药品的相关知识，来预防各种麻醉药品的滥用；第四，加强对高危儿童父母的支持，提高家庭对社区设施资源的利用率。类似的项目在中国还不太普遍，这应该是社会支持家庭教育、构建良好教育生态的一个重要模式。

（三）家长积极参与，优化社区环境

第一，优化儿童成长环境。对于家长而言，最重要的是做好父母，优化家庭内部教育环境。良好的家庭教育环境包括基本的物质环境、丰富的文化环境和和谐的心理环境，在这个环境中家长需要激发孩子的成长动机，为孩子提供物质上和精神上的支持，当孩子在成长中遇到困惑时为孩子提供帮助。在此基础上，家长需要加强对外联系，积极发挥作用，完善家校社合作的中间系统，在充分履行自身教育职责的过程中，学会识别、选择和利用社会教育资源，配合实现教育综合效益最大化。其实，这就是要求家庭以合理生活为核心，以构建微观系统为基点，不断拓展子女的成长空间，最终构建一个完整而优质的教育生态系统。家长既要学会从社会中选择教育产品，弥补家庭和学校教育资源的不足，又要学会选择、利用各种教育资源，以完成家庭教育的各项任务。

第二，不断拓展儿童的成长空间。儿童成长的过程是空间不断拓展的过程，是从微观系统逐步向外层系统拓展的过程，家长可以基于自身背景从以下几个方面为儿童成长发挥作用：一是社会网络，主要指父母的社会

---

① 刘衍玲，臧原，张大均. 家校合作研究述评 [J]. 心理科学，2007，30（2）：401.

关系系统。中国人比较重视亲缘、地缘、业缘等因素，这些是孩子成长的重要背景因素。二是父母的工作场所，这是孩子了解社会的重要窗口。父母的工作场所对孩子社会化极为重要，带领孩子参观工作场所，了解工作性质和任务，知晓工作价值，是教育孩子的重要方法。三是邻里和社区，这是儿童成长的重要空间文化因素。构建儿童成长的社区环境极其重要，尤其是邻里关系。邻里关系对儿童的影响是巨大的，这种影响在经济欠发达地区更为显著。邻里之间的往来和非正式的社会活动通常可以影响青少年的心理素质，包括自信、学习品质和个人抱负。① 四是其他能够为儿童成长提供各种信息的环境因素。现代心理学研究发现，儿童经常会受到身处的社区环境的影响，与乡村相比，城市中的人出现更多的行为问题，主要是因为城市的社区环境相对封闭，人们缺乏必要的交流，容易产生家庭压力和心理调适等问题。父母的社会关系网络可以减轻父母的抑郁情绪，进而间接改进父母对儿童的养育。

第三，积极支持并参与社区教育。一要参与社区教育决策。社区教育是社区治理服务的重要内容，社区开展怎样的教育及如何开展教育需要社区决策。日常情况下，社区基本上是被动决策，以执行文件精神为准，缺乏主动精神，没有根据社区自身的特色和居民需要进行再决策，在政策实施的最后"一公里"出了问题。公民参与社区教育决策，要积极参与社区居民教育问题调查，反映教育需要，形成积极意见，而持有"事不关己，高高挂起"的思想是缺乏现代公民意识的表现，既不利于社区建设，也不利于自身利益的实现。二要支持社区教育行动。公民参与社区教育是指为社区教育提供一定的公共服务，一般是志愿行为。志愿精神和志愿行为是现代公民的重要素质，是"推动人类发展和社会进步的高尚行动"，"志愿服务是爱心、良知、奉献和人性美的一种展现"，"在弥补政府失灵，促进社会和谐与进步，弘扬人类真善美等方面具有积极的作用"②。我国社区发展还处于低级阶段，包括社区教育在内的许多方面还不够健全，需要社区居民共同努力。

居民积极支持与参与社区教育，包括以下方面：一是提供人力物力财

① 贝克.儿童发展（第五版）[M].吴颖，等译.南京：江苏教育出版社，2002：782.
② 党秀云.论志愿服务的常态化与可持续发展[J].中国行政管理，2011（3）：50.

力支持。提供人力支持是居民支持社区教育的主要形式，包括人才资源和志愿服务，如有条件的居民免费为街坊邻里举办讲座、分享活动等。物力财力主要用于社区教育设施建设，以及补充必要的开支等。居民的志愿服务本身对于自己的孩子来说，就是无声的教育。二是营造文明的社区环境。居民应该与孩子一道，积极响应社区倡议，共同遵守社区居民规范，参与社区文化建设，告别不文明行为，争做文明家庭，善待邻里，与邻为伴。三是带头积极学习，争做典范家长。首先，要积极参与社区家长学校，主动学习家庭教育知识，提高自身教育素质，不做狼爸虎妈。其次，要积极参与社区各种教育活动、亲子活动。再次，要整合社区资源，配合学校行动，根据学校教育需要，积极寻求社区支持，完成教育任务。所以，教育行为既是科学又是艺术，家长不可能自然成为一名合格的教育者，需要学习各种知识，提高能力。居民积极参与社区举办的各种教育活动，本身就是对社区教育的支持，是家社合育的重要保证。

# 第五章　家校沟通论

学校与家庭是法律意义上儿童的两个教育责任主体，学校担负着日常的教育教学任务并指导家庭教育，家庭既要完成自身的教育任务，又要起到配合、协同作用。家校虽然是教育共同体，但也会产生一定的分歧和矛盾。家校沟通，旨在互通信息，化解矛盾，增进了解，增强互信，改进方法，最终形成和谐的教育共同体。家校沟通，学校是主导方，负有更多职责，教师既要具有积极主动的沟通意识与沟通技能，也要引导家长提升沟通素养。

## 第一节　家校沟通的基本内涵

家校关系是一种复杂的交往关系。而交往需要沟通，沟通是无障碍的对话。对话双方要了解沟通的意义，合理利用沟通的渠道，采取正确的沟通形式，持有相互尊重的态度，进行坦诚的交流。

### 一、家校沟通的概念

（一）沟通

从词的构造看，"沟通"是一个复合词，"沟"是指一种联系的渠道，"通"是指联系的无阻碍状态。沟通是人类的基本需要，也是人类社会一种最基本的交流方式。沟通是一个很复杂的心理过程，社会心理学对沟通做了如下定义："沟通是指在社会管理中发生的，两个或者两个以上的人或者团体，通过某种联系方式，传递和交换彼此的意见、观念、思想、情感和愿望，进而达到双方相互了解、相互认识的过程。"① 人与人之间的沟通体现社会的本质属性，没有沟通就没有社会的存在，人类在沟通中确立了各种关系，如亲戚关系、朋友关系、同事关系、领导与被领导关系。教育过程其实就是沟通的过程，师生之间、亲子之间的沟通既是教育本身，也是教育的保证。理想的师生关系是一种理解型关系，师生对话与沟通是理解型师生关系构建的必然途径，而没有话语霸权、恪守话语规则、带有宽容与欣赏姿态的对话情境是构建理解型师生关系的必要条件。②

正是因为沟通，人与人之间实现了信息交换、传递与共享，从而维系着人类社会的存在。对于个体而言，通过沟通可以接受来自群体或其他个体的信息，也可以将自己的信息传递给群体或其他个体，从而使自己成为共同体的一员；对于群体而言，沟通可以实现与群体内个体或其他群体的信息交换，从而实现群体利益。可以说，社会管理需要沟通，人际合作需要沟通，情感联系也需要沟通。沟通在社会生活中占有极其重要的地位，沟通过程体现了沟通双方的地位、价值、影响力等。既然沟通在社会存在和人的存在中具有如此重要的意义，那么显然沟通也是现代人应该具备的基本素质，是良好的社会适应能力的内在因素。对于一个现代管理者来说，人际沟通能力是其必须具备的素质之一。③ 管理者首先应该具备的是沟通能力，然后才是管理能力。对于一般人而言，决定其成功的四分之三因素是良好的人际沟通能力，余下四分之一才是智慧、专业技术和经验等因素。在教育过程中，亲子沟通和儿童的心理行为问题之间有着密切的关系，良好的沟通可以促进儿童亲社会行为的发展，而异常的沟通则会导致儿童出现反社会性或非社会性心理行为。④ 这个结论在学校教育中同样适用。

（二）家校沟通

家校沟通就是家校之间信息互动的过程，家长和教师通过语言、文字

---

① 焦昆，岳丹丹. 家校沟通的有效性研究 [J]. 内蒙古师范大学学报（教育科学版），2015（5）：15.
② 靳玉乐，张家军. 论理解型师生关系的建构 [J]. 教育研究，2004（11）：57-61.
③ 张淑华. 人际沟通能力研究进展 [J]. 心理科学，2002（4）：503.
④ 雷雳，王争艳，李宏利. 亲子关系与亲子沟通 [J]. 教育研究，2001（6）：52.

等载体将信息传递给对方，以增进情感，增加了解，改进学校教育和家庭教育。家校沟通是家校合育的基础性环节，有时候独立存在，如家访，有时候是其他合育工作的一个环节，如家长培训中的沟通环节。家校沟通对于教师和学校教育而言非常重要，只有通过有效沟通，才能获得家庭的教育支持，才能获取儿童成长的更多有效信息，才能更好地改进教育教学。对于家长而言，只有通过与学校有效沟通，才能全面了解孩子的在校情况，才能获取更多的教育知识和信息，从而及时改进家庭教育。只有进行有效沟通，学校和家庭才能形成教育共同体，家长也才能成为学校变革的动力，否则再好的学校改革也将化为泡影。① 所以，家校之间顺畅而理性的沟通，可以化解冲突，增进了解，相互激励，提高士气，优化决策，改进彼此行为，最终形成合力育人的局面。家校沟通具有如下几个特征。

第一，家校沟通是围绕儿童发展这一核心而展开的对话和联系，沟通的最终目的是服务儿童的健康成长。家校之间的沟通不是一般意义上的沟通，而是两个教育者围绕儿童教育问题而展开的沟通。沟通的主题与内容既包括家庭教育方面的，也包括学校教育方面的。家长更关注孩子的在校情况以及学校方面的相关情况，如课程设置、教学情况，孩子的成绩、表现、交往，等等。教师更关注孩子的家庭情况及其在家和社会上的表现，如家庭人口、家庭关系、教养方式、生活习惯、社区情况、在家表现等。家长有必要从学校那里获得一些关于教育和子女的信息，这不仅是自身的权利，也有利于改进家庭教育；学校教师通过沟通可以从家长那里得到一些关于家庭和孩子的信息，有利于改进学校教育。

第二，家校沟通可能会涉及私人话题，但本质上是工作沟通。家校关系很复杂，可能涉及师生关系、同学关系、邻里关系、亲戚关系、朋友关系，沟通内容可能涉及一些私密问题，但从本质上说家校关系是围绕教育工作而形成的工作关系。沟通的根本目的是促进孩子健康成长，沟通话题和任务主要是围绕各自的工作而展开，沟通的直接作用是改进各自的工作。所以，家校沟通是学校教育工作的一部分，也是家长应尽的责任。家校沟通既然是工作的一部分，就要区分日常生活沟通与工作沟通。日常生活沟通是根据各自的需要自由选择，可以沟通也可以不沟通，想怎么沟通

① 刘长海. 家长如何成为学校教育变革的动力 [J]. 江西教育科研, 2006（12）: 3-4, 11.

就怎么沟通，想沟通什么就沟通什么；但工作沟通是工作的需要，是工作的一部分，不是建立在个人意愿基础上的，而是建立在工作需要基础上的。从学校的角度看，家校沟通是教育教学正常进行的保障之一，学校需要设立沟通平台，畅通沟通渠道，建立沟通制度，提高教师的沟通能力。

第三，家校沟通是学校主导下的平等沟通。既然家校沟通是学校工作的一部分，那么在实际工作中学校和教师一般是沟通的主导方和主动方，家长是被动方和被主导方。这也符合矛盾论的观点。"教师是家校合作过程中的主要人物，是家校合作活动的具体策划人、组织者和参与者，还是家校沟通与合作的纽带、桥梁、家长的朋友。"[①] 学校和教师在沟通中处于主导地位和起主导作用的根本原因在于：学校教育是教育的主渠道，学校和教师代表国家意志执行国家教育政策，是专业教育工作者，在沟通中一般是"发起者"，控制着沟通的渠道、形式、内容；而家长的专业性相对较弱，在教育孩子的过程中主要扮演"执行者"或"配合者"的角色。现实中，教师经常会通知家长到学校开会、参观或进行家访，要求家长通过邮件、信件、短信、微信等渠道反映学生情况、家庭情况。当然，学校和教师的主导地位不是等级关系的体现，而是因育人而形成的工作关系的体现。同时，这种主导与主动是相对而言的，不是绝对的，在学校和教师掌控大局的情况下，家长也可以根据需要成为沟通的主导者，学校应积极回应家长的沟通诉求。无论由谁主导，沟通时双方都是平等的，要相互尊重、以诚相待。

第四，家校沟通要充分关注学生的感受。家校沟通是家长与教师之间的沟通，与其他类型的沟通不同，家校沟通的内容是关于学生的事情，学生对沟通的感受和积极配合是家校沟通的一部分。但是有些教师会忽视学生的存在，在沟通中告状、推卸责任、责备家长、居高临下等现象并不少见，有的家长会在沟通中责骂孩子。究其原因，主要是教师和家长没有充分考虑到学生的尊严和权利，没有充分认识到学生对家校沟通的态度以及学生可能发挥的作用。其实，学生对家校沟通非常敏感，非常在意家长和教师是如何沟通的。在某种程度上，学生是家校合作的积极因素，积极发挥学生在家校之间的作用，既能充分保障学生的权益，也能促进家校关

---

① 马荣秀. 加强家校沟通 建立和谐家校合作关系 [J]. 教育探索, 2005 (12): 62.

系。因此，家校合作不仅是学校与家长的合作，也应该是学校与学生的合作，家长与子女的合作，是学校、学生、家长的合作。① 在家校沟通中，起码需要做到以下几点：（1）家校沟通是服务于学生成长的沟通，一切要以学生健康发展为出发点，学生在教育中出现的问题是沟通的核心。（2）家校沟通要让学生知晓，有时候还要征求学生的意见，起码不要引起学生的反感。学生对于沟通的意愿和态度十分重要，有时候在没有征得学生同意的情况下，教师冒昧地到学生家里家访，或者请家长到校，往往起不到教育作用，甚至会适得其反。（3）学生在家校沟通中可能起到桥梁的作用。家校之间沟通一般是直接的，但有时是间接的，学生在家校之间可能起着传声筒的作用。学生传递信息，不仅方便家校对话，而且其在对话过程中能够学习到许多东西，理会其中的意义。有位教师每次家访前都要征求学生的意见，获得学生的"邀请"，并让学生在家访时承担主要角色，这不失为一种好的做法。下面是这位老师的分享。

> 每次家访前，我都让希望老师家访的学生递上纸条，上面写明希望老师家访的理由、需要老师和家长做怎样的沟通、家访的时间。这样一来，绝大部分学生都会主动递上邀请书，写得有板有眼。家访时，我站在学生的立场与家长谈话，有些学生不好说出的话，我可以替他说。比如，一个学生嫌他母亲在双休日经常带人回家打牌，干扰了自己的学习，我就委婉地向家长建议假期一定要多陪陪孩子，更不能影响孩子的学习。又如，一个孩子嫌他母亲太唠叨了，我就向家长指出，提醒孩子学习是好事，但任何事太过了就会适得其反。征求学生意见后去家访，会更有针对性，更受学生欢迎，效果更好。②

## 二、家校沟通的基本类型

家校之间有着各种各样的沟通方式，从学校角度出发，根据不同的划

---

① 丁月，陈静. 中小学家校合作存在的问题与对策［J］. 现代教育科学，2013（10）：54-55.

② 叶相英. 尝试新的家访方式［J］. 教学与管理，2010（5）：16.

分维度，可以将家校沟通分为如下几种类型。

第一，根据沟通目的，可以将家校沟通分为以解决孩子教育问题为目的的沟通和以传递相关信息为目的的沟通。围绕孩子教育问题，家校之间需要通过沟通了解彼此的看法，提出教育对策。比如，孩子有欺凌行为，学校与家长沟通的目的是反映现象、分析原因、提出建议、听取家长的意见，最后达成共识。了解信息方面的沟通是双向的，既包括学校了解和研究家庭的有关信息，也包括家庭了解学校的相关信息；既包括孩子在家和在校的信息，也包括孩子在家和在社会上的信息。

第二，根据沟通使用的媒介，可以将家校沟通分为基于传统媒介的沟通和基于现代新媒体的沟通。基于传统媒介的家校沟通，主要以面对面直接交流为主要方式，以语言文字为主要载体，如家访、访校、家长会、板报、书信、电话等。基于现代新媒体的沟通主要指借助网络平台，通过微信、QQ等交往工具而开展的沟通。当今新媒体在家校沟通中具有极大的优势，如迅速、便捷、交互、图文并茂等。

第三，根据沟通时对话的形式，可以将家校沟通分为一对一的沟通和一对多的沟通。一对一沟通，是指一名教师与一名家长的沟通，目的是解决一个孩子的问题，这样会更有针对性，更加私密，便于对话，但需要更多时间。一对多的沟通，是指一名教师与若干家长的沟通，基本上是解决共性问题，这样会降低沟通的时间成本。无论是一对一，还是一对多，都不能是简单的单项沟通。单项沟通中家长只是被动的聆听者，没有发言机会，听的内容是老师决定的，老师把要说的话说完，沟通便结束了。家长会上，有些老师为了节约时间，匆匆地跟家长说几句就离开，无视家长的需求，这样的单向沟通达不到沟通的目的。

第四，从是否有正式组织形式角度看，可以将家校沟通分为正式沟通和非正式沟通。所谓正式沟通，是指固定的组织按照结构化的安排和既定的方式开展的交流活动，如家长会、家长开放日活动。正式沟通比较权威，有较强的约束力和执行力，能够很准确地实现沟通意图，但沟通的效率低、反馈和互动性差。非正式沟通是指随机发生、无需组织设计的沟通，涵盖了正式沟通之外的所有信息交流和传达方式。比如，孩子在学校打架了，老师通过电话或其他方式通知家长，告知实情，商讨如何解决问题。这种沟通是随机发生的，是教师根据需要临时安排的，没有固定的程序和形式。当然，有的沟通既可以算是正式的，也可以算是非正式的。比如家访，有的家访是学校或上级安排的，纳入制度之中，有明确的目标和统一的要求，这就是正式沟通；但在日常教学中，教师或班主任根据需要临时决定家访，自己安排时间和对象，与家长共同商定沟通主题，这就是非正式沟通。

家校沟通的类型很多，至于采取何种形式，取决于沟通的任务、学校安排以及教师和家长的自身条件，受现实条件所制约。有调查显示，非正式沟通中的家访、即时性电话或网络沟通以及正式沟通中的家长开放日、家长论坛，受家长欢迎程度最高；家长学历越高，越喜欢正式沟通，家长学历越低，越喜欢非正式沟通。[①] 这说明，教师选择沟通方式要根据家长内心的需要，有些高大上的沟通方式未必能够受到普遍欢迎。

### 三、家校沟通中的阻抗因素

#### （一）沟通的有效性问题

随着学校和家长对教育及家校关系越来越重视，目前家校沟通的受重视程度、频率比以前有所提高，家校通过沟通协商解决问题的意识越来越强，沟通形式越来越丰富，在实践中许多学校采取了家长会、家访、家长群、访校、家长开放日、家长论坛、家校联系簿、家长意见箱等诸多形式。家校沟通呈现繁荣之势，但形式上的热闹和频次上的增加并不能完全说明现有的家校沟通都是顺畅的，更不能说明家校沟通都是高质量的。今天的家校沟通在内容、形式和时间的保证上都存在问题。[②] 许多家长对家校沟通不积极、不主动，不愿意到学校参加相关活动，表面上看是家长的原因，其实反映出学校在沟通渠道、沟通方法上存在问题。按照哈贝马斯的观点，有效沟通是沟通双方平等商谈的过程，但家校沟通问题很多，其中最为典型的是家校沟通中家长的沉默现象。

沟通中一方沉默的直观表现是不说话或者不说真话，保留、提炼和过

---

① 洪明. 家校合育的基本现状及改进研究：基于9省市4000份问卷的调查分析 [J]. 教育科学研究，2015（9）：30-35.

② 边玉芳，周欣然. 家校互动不良的原因分析与对策研究 [J]. 中国教育学刊，2019（11）：39-44.

滤自己的观点。家长沉默现象可分为四类：默许性沉默、防御性沉默、亲社会性沉默和漠视沉默。默许性沉默是指家长的权宜从众行为，消极地保持自己的观点。防御性沉默是指家长因担心自己的行为导致伤害、利益受损或人际隔阂而产生的沉默。亲社会性沉默是指为维护良好的人际关系而产生的沉默。漠视沉默是指家长对学校、班主任认同度不高时产生的沉默。① 沉默掩盖了问题，制造了沟通的假象，成为家校沟通的绊脚石。沉默现象固然与家长一方的不正确态度有关，但主要原因还是来自学校和教师一方。当家长感到沟通处于不对等状态时，真正的沟通就无法建立起来，沉默是一种抗议或者权衡利弊后做出的妥协行为。有这样一位家长或许吐露了许多家长的心声："孩子一上学，我就常常被老师传唤到学校接受教育，内容无非是孩子调皮、上课睡觉、不按时完成作业等，接下来就是给我布置作业而且不容商量，让我把孩子收拾一下，使用的是带有警告口气的话语。我感到难堪，我认为我是无辜的，我的个人生活受到了不应有的骚扰。"试想，有这样感受的家长在与老师沟通时，会做出什么反应呢？能够建立起真正的沟通吗？

（二）阻碍家校沟通的家庭因素分析

沟通是双向互动的过程，有效沟通是家校共同努力的结果。虽然家校沟通的主要问题在学校和教师方面，但来自家庭方面的因素也不容忽视。

首先，家庭与学校教育立场的差异是导致沟通障碍的重要原因。家长在沟通中往往站在自己和孩子的角度思考问题，当遇到家校矛盾时，往往想着如何维护自己的利益，或者实现自己利益的最大化。有的家长不注重孩子的教育，不愿意履行教育责任，更不重视家校沟通，当老师找他时，他总是借故回避，有时候找孩子的祖辈或其他人代替自己与老师沟通。比如，某个孩子上课老是开小差，老师认为可能是由于家庭作息时间不合理或者引起孩子分心的事情过多，希望家长积极配合解决问题，但家长感觉这是老师的问题，不应该由自己管，自己管起来很麻烦，耽误时间。有的家长遇到问题时并不考虑全班或全校的大局，仅仅考虑自己的利益。比如，当自己的孩子与其他孩子发生冲突时，许多家长会马上关心自己的孩

① 董梁，王燕红．家校合作中家长沉默现象探析［J］．教学与管理，2015（5）：7-8．

子有没有吃亏，如果孩子占便宜了，家长往往会置之不理，但如果孩子吃亏了，家长往往会强烈要求学校为孩子讨回公道。而教师一般不是这样，他们往往会从公正的立场和班级的整体利益考虑问题，不一定会顺着家长的意图处理问题。这种立场上的差异很容易导致沟通障碍。

其次，部分家长缺乏沟通的客观条件而导致沟通无法实现。现实中有的家长与老师说话时常常答非所问，或者不知所云。这主要是因为这些家长的文化程度太低，不懂教育，不理解教育中的一些话语，无法描述孩子身上的教育问题，说起话来与老师不在一个频道上，无法与老师建立对话关系。还有一些特殊家庭，因为家庭本身的问题，家长缺乏充分的沟通时间和条件，比如留守儿童家长、流动儿童家长、离异家庭家长、监狱服刑家长、智障家长等。有些事情对于部分家长来说很容易，但对于另一部分家长来说却非常难，我们无法期待一个还在温饱线上徘徊的家长拿出和正常家庭一样的时间与老师沟通，也无法期待学历较低的家长完全听懂老师高深的话语。

再次，现实中一些"问题家长"很难沟通，有人称之为"怪兽家长"*。"怪兽家长"（モンスターペアレント，monster parents），又称"怪物家长"，这一概念来自日本，是指常常以自我为中心、遇事不讲理的监护人。这些家长一次次对学校提出无理要求、妨碍学校的正常管理，挑战教师权威。这些人往往是个人修养存在问题，习惯于以扭曲的眼光看待学校、教师及社会，有时候甚至专门与学校做对。有的家长在有教师的班级微信群里（事实上很多班级都有有教师的微信群和没有教师的微信群）说话时一套，在没有教师的微信群里说话时又是一套；有的家长喜欢做一些不利于班级团结的事情，甚至煽风点火，滋生事端。"怪兽家长"虽然为数不多，但会对教师的家校沟通工作带来极大挑战。

（三）阻碍家校沟通的学校和教师因素分析

导致家校沟通不畅的原因主要来自学校和教师一方，这是由学校和教师在家校合育中的主导地位所决定的。阻碍家校沟通的因素既有教师态度

---

* 《怪兽家长》是由日本富士关西电视台制作并播出的一部电视剧，讲述的是一些"怪兽家长"在学校捣乱的故事。剧情大致是：接二连三的改革过后，教师早已失去曾经的威严，在那些抛弃了谦谦君子面孔的家长面前，校方俨然成了弱势群体，教育工作更无法继续推进。

问题，也有沟通能力问题，当然还有时间和精力问题。态度问题意味着愿不愿意沟通，方法问题表明会不会沟通，而时间问题决定可不可以沟通。这里面，时间是个客观因素，其他都与主观因素有关。

其一，沟通态度问题。沟通态度是教师基于家校沟通价值认识而生成的倾向性。有的教师对家校沟通持消极态度，不愿与家长沟通，对家长来访或来电消极对待，对家长的问题敷衍了事。在当前大力倡导家校合作共育的态势下，直接拒绝沟通的教师越来越少，但家校沟通中的单项度问题依旧非常突出。所谓单向度沟通，是指在沟通中信息传递是单向的，一方是信息的发出方，另一方是信息的接收方，信息发出方不在意接收方对信息的反馈，也不关注接收方的其他信息。有人发现，部分教师在家校关系中唱独角戏，喜欢通过媒介（如成绩单、家校联系本）向家长传递信息，通过人际间互动（如家访、校访、协助课内外教学活动等）开展的深度双向交流非常少。①其深层次原因可能是：有的教师没有理顺家校之间的责任关系，与家长沟通时心中怀有"我是为你家孩子好，你看着办"的想法；有的教师嫌弃家长文化程度低或者不懂教育，不愿意"浪费"时间与他们多聊；有的教师没有平等地看待家校关系，将家长置于学校教育的助手地位；有的教师工作态度不好，修养不高，怕与家长打交道占用过多时间，懒得"啰唆"。

其二，沟通能力问题。不少教师（尤其是一些年轻教师）不会与家长打交道，对沟通的目的、内容认识不够，忽视了技术性因素。英国只有不到五分之一的新教师感觉他们已经做好了与家长和社区内其他人进行交流的准备。②沟通是一个目的性很强的工作，有效沟通应该具备两个特征：一是明确自己的目的，准确表达自己的观点；二是及时反馈信息，整合所接收的信息，进行加工改造，以改进自身行为。好的沟通需要明确：要说什么，即目的意识；要对谁说，即对象意识；要何时说，即时机意识；要怎么说，即语气、用语等方法意识；要通过什么渠道说，即手段和途径意识。当然，由于现今家长在教育孩子时遇到的问题比较多，他们在沟通时往往会提出许多棘手的问题，因此家校沟通在某种程度上是教师指导家长教育孩子的过程，这需要教师具有全面的知识结构，具有分析、研判和解

① 岳瑛.我国家校合作的现状及影响因素 [J].天津市教科院学报，2002（3）：50-53.
② 马兰，罗杰斯.班主任一定要面对的9个问题 [M].张清泉，译.北京：中国青年出版社，2007：118.

决家庭教育问题的能力。笔者在调查中发现这样一个"有趣的现象"：在教师看来，家长不配合是家校沟通的第一障碍，其次是教师缺少必要的方法；而在学校领导看来，教师能力不足是制约家校沟通的第一因素，其次才是家长不配合。学校领导立场中立，看法或许更加客观。

其三，制度设计问题。一个理想的制度设计需要明确的价值立场，在设计家校沟通制度时首先要明确到底是为了什么。说到底，家校沟通制度是为了孩子教育而设计的家校联系机制，应该能够保证家校双方及时、便捷、高效、充分地进行交流、对话。可是当前学校在设计相应制度时主要站在学校立场，从便于学校工作的角度出发，忽视家长的需要，导致家校沟通制度给人"看上去很美"的感觉。但感觉很美的只是教师而不是家长，家长们感受到的往往是现在学校联系家长更加便利了，而家长向学校和教师反映问题的渠道依然不是很畅通。虽然学校每学期都会召开家长会，但是家长会的时间安排主要考虑学校的工作日程，一般来说时间太短，内容太多，当学校的一些例行事务匆匆完结之后，留给家长的时间就不多了。学校虽然设立了家长开放日，但主要目的是向家长展示学校的教学成果，家校沟通环节形同虚设，甚至没有沟通。所以，现今的家校沟通制度设计看上去有很多沟通形式和渠道，但当家长真的很想沟通或者深入沟通时，却发现并不是一件很容易的事情。

## 四、提升家校沟通有效性的主要原则

家庭和学校是两个对儿童产生重大影响的"组织"，家长和教师是其中的两个核心"重要他人"。家校之间本应该是可以平等对话的主体关系，但现实中我们经常会发现家校之间是一种主客关系，家长常常成为学校教育的"附庸"，严重影响了家校沟通的有效性。从哈贝马斯的交往行为理论来看，认识家校关系首先要回到生活世界之中。所谓生活世界，就是一种以理解为前提的交往所必备的共同的背景知识，主体间共享的生活世界构成交往行为的背景。[①] 主体之间基于协商对话而形成交往关系。交往行

---

① 高秉江. 生活世界与生存主体 [J]. 华中科技大学学报（社会科学版），2001（4）：1-5.

为的合理化是主体间以道德为原则，在一定社会规范框架内，在语言和符号的中介作用下所达成的协调一致、相互理解。

哈贝马斯的交往行为就是一种对语言的使用行为，就是交往者为达到主体之间的准确理解而进行的"对话"。[①] 他认为："一个交往过程的参与者以达到理解为指向的活动只能在下述条件下进行，参与者在其言语行为中使用可领会的句子时，需通过某种可接受的方式提出三项有效性要求：（1）对一个被陈述的陈述性内容或被提及的陈述内容的存在性先决条件，他要求真实性；（2）对规范（或价值）——在一个给定的关联域中，这些规范或价值将证明一个施行式建立起来的人际关系为正当——他要求正确性（或适宜性）；（3）对被表达的意向，他要求真诚性。"[②] 简而言之，即可理解性、真实性、真诚性、正确性。所谓可理解性，是指一方在对话中选择对方可以理解的词汇用语，以便双方可以明白彼此话语的含义。所谓真实性，是指主体所提供的言语信息与客观事实相符，只有这样，一方才能从另一方所说的知识经验中获益。所谓真诚性，是指双方交流时态度是真诚的，能从对方的立场思考问题，以便让对方确信。所谓正确性，是指一方在表达时选择一种符合价值规范的、双方都认同的表达渠道或表达方式，以便能够达到相互认同。当然，交往的合理性是生成的和可逆的，语言之所以发挥作用，在于其中有个重要的环节——"论证"，交往的合理性在于通过充分的争论和商谈得以形成共识。

基于该理论，我们认为要想提高家校沟通的有效性，必须构建一种以理解为基础、以对话为机制的主体间生活世界，必须提高对话的有效性。由于学校和教师在家校关系中起着主导性作用，因此在沟通中应该做到：第一，言语要以听者为出发点，使对方听明白。由于家长的文化程度和理解能力是千差万别的，学校和教师必须站在家长的立场，对孩子言谈举止的描述、归因分析以及教育对策的提出都要以家长可以理解的方式呈现。第二，讲明事实，不罔顾事实。教师对家长说的话要有根据，不能凭空想象，更不能捏造事实，为此教师必须真正了解教育现场，掌握第一手材料。比如，学生之间发生欺凌行为，教师要保持中立，了解事件发生的前

---

① 周博. 哈贝马斯交往行为理论及其启示 [J]. 沈阳大学学报, 2010 (6): 106-108.

② 哈贝马斯. 交往与社会进化 [M]. 张博树, 译. 重庆: 重庆出版社, 1989: 67.

因后果，实事求是地向家长陈述自己所了解的情况。第三，真诚交往。诚最能打动人，以诚相待是人际交往的基本原则。教师要从家长立场出发，真心为解决问题而展开对话，不是虚心假意地为沟通而沟通。有的教师一边和家长说话，一边做其他事情，表现出极为忙碌的样子，这是沟通的大忌。第四，选择正确的沟通方式。沟通方式很多，有公开的，有私下的；有通过网络的，有面对面的。家校沟通中教师的出发点总是好的，但有时效果不佳，原因固然复杂，但大多与教师采取的沟通方式不当有关。比如，有的沟通话题涉及孩子的隐私，适合私下里沟通，而不适合公开（如在微信群里）讨论。日本教师与家长沟通时比较注重细节，值得我们学习借鉴。①

> 日本小学对班主任邀请学生家长到校谈话提出了详尽的教育技巧要求。首先，为了缓解家长的不安，班主任宜在教学楼门口迎接家长，并在谈话前为其端上一杯茶。而当班主任和科任教师都在场时，不可把家长包围其中，以避免家长产生压迫感。其次，教师在说明学生问题时应适时地强调学生的一些优点，尽量不使家长产生抵触情绪，造成谈话失败。再次，谈话过程中班主任要始终全神贯注地倾听家长的陈述，只有当家长感到自己的讲述被教师认真听取时，他们才会仔细倾听教师的分析和教育建议。最后，在谈话结束前，班主任必须提出家校合作教育的具体建议，此时班主任不可用抽象、空洞、晦涩的专业术语，而应用易懂的语言与家长达成教育共识，商讨解决问题的策略及各自分担的任务。在结束交流时，班主任还不应忘记对家长进行鼓励，比如用"您辛苦了，我们一起努力吧！"等温和、亲切的话语增强家长的教育信心。

此外，个别学生家长不重视沟通，只有发现问题之后才进行家校沟通，而预防性沟通不够。为解决家校沟通的效率问题，有人提出了"家长代言人"制度。所谓"家长代言人"制度，就是以年级为单位，家长自

---

① 杨民，苏丽萍. 日本小学家校合作的研究及启示 [J]. 教育科学，2013，29（6）：92.

愿报名，学校和家长通过民主选举的方式从中选出一定数量的家长来直接参与家校沟通与合作。"家长代言人"代表各年级家长直接与学校对话，其他家长可以通过他们向学校反映问题，提出建议，间接行使参与学校管理的权利。其基本流程是：民主推选代言人——校方与代言人恳谈会——走进代言之家——代言人推门进课堂——民主评议代言人。通过这种模式，学校可以更密切地与"代言人"沟通、交流，更充分、更有效地发挥"代言人"的作用，从而更好地促进家校间的沟通与合作，共同致力于学校管理。①

## 第二节　家校沟通的主要方式

家校沟通的方式很多，马忠虎教授在《家校合作》一书中列举了26种家校沟通渠道，如家校通讯、便条、校报和年鉴、学区通讯、大众传媒、家校热线、家校合作指导手册、电话访谈、家长意见箱、家长中心、家长对接互助、家长—教师会议等。② 但这种划分的标准不统一，有的属于独立形态的家校沟通，有的只是家校沟通的一个环节，有的则是其他家校合育方式的一部分内容。根据是否为正式安排或者是否有固定程序，家校沟通可分为非正式沟通和正式沟通。非正式沟通是根据需要而随时安排的，不能用制度作为保障，如即时性沟通（包括线上和线下）；正式沟通是制度性安排，如家访、家长会、家长开放日、家校联系手册、家长沙龙等。这里重点介绍即时性沟通、家访、访校、家长开放日等几个重要的沟通方式。

### 一、即时性沟通

（一）何为即时性沟通

非正式家校沟通是根据教育需要随时发生的，不是预先设定的，往往

---

① 金绍荣，王德清."家长代言人"制度：家校沟通与合作的有效途径［J］.教学与管理，2006（8）：27-29.

② 马忠虎.家校合作［M］.北京：教育科学出版社，2001：77-101.

是教师和家长一对一交流或者是小范围沟通，以解决教学中随机发生的问题为主。所以，这种沟通又被称为"即时性沟通"。教育中发生的沟通大多数是即时性沟通，家校在即时性沟通中互通信息，相互理解，达成共识，解决问题。

家校之间即时性沟通的关键是及时、必要、得当。第一，及时。所谓及时，就是根据事情发展需要，学校教师及时与家长联系，不能错过最佳时机，这是即时性沟通最重要的方面。比如，两个孩子在课间发生了矛盾，一个孩子将另一个孩子的头打破了。这就需要教师在第一时间通知双方家长，及时沟通，及时处理矛盾，不可耽误。第二，必要。及时非常重要，但并不意味着无论什么事都要找家长，要求家长随叫随到，随便支配家长，而是需要评估沟通的必要性：一是要不要告诉家长，一般来说凡是在教师职责范围内且教师能够解决的问题，就不需要告诉家长；二是要不要与家长见面沟通，家长一般都很忙，如果没有太大的必要，教师不要约见家长。第三，得当。沟通前要做好功课，沟通过程中选择的方法要得当、适度。就上面打架案例而言，教师在通知家长前要了解事情的前因后果。联系家长时，首先告知家长事件的大致情况，说明请家长及时赶到学校的原因，稳定家长的情绪。当家长赶到现场时，要进一步告知家长实情，核实相关事实，分析其中缘由，提出初步解决方案，征求家长的意见。切忌动不动就上纲上线，动不动就指责或埋怨家长，动不动就吩咐家长干这干那。

即时性沟通是双向的，如果孩子在家发生了某些事，急需与教师沟通，寻求帮助，告知相关信息，家长应该主动联系教师，教师也应该积极合作。家长联系教师时也要注意及时、必要、得当这三点。家长主动与教师沟通时，教师要耐心、细致，最好能在电话、短信、微信里做出指导。如果真正需要亲临现场，教师也应及时赶到，指导家长处理教育问题。

（二）沟通目标：建立以信任为基础的相依关系

即时性沟通的基础是彼此信任，教师信任家长，家长信任教师。首先，信任来自第一印象。教师和家长要学会印象管理，彼此给对方留下良好的第一印象。教师给家长留下良好第一印象的关键是关爱孩子，尊重家长，和蔼可亲；家长给教师留下良好第一印象的关键是尊重教师，关注孩子，积极配合。比如，在新生报到之后第一次家长会上，教师与家长一见面就能够说出孩子的名字，甚至是家长的名字，这就能给家长留下良好的印象。其次，信任来自家校合育过程中的每一次相处。相处中所体现出的爱心、责任、尊重，都会给对方留下深刻的印记。如果一个学期之后，教师（班主任）能够在家长面前说出孩子的特点、个性、优点，甚至说出孩子在校学习中的细节，就会给自己增加许多印象分。再次，信任还来自细节。有这样一位班主任，"官"虽然很小，但也给自己印了名片，上面印有自己的信息：姓名、所教科目、教育信条、联系方式、住址、QQ 号、微信号。他只把名片送给家长，不给其他人，方便家长认识自己，及时沟通。难能可贵的是，他的名片上还有自己的教育信条，既在提醒自己，也能影响家长。道理相同，如果家长能够充分了解教师，清楚孩子的在校表现，用得体的方式与教师保持联系，也会获得教师的充分认可。

亲师沟通的目标是建立一种信任基础上的彼此相依关系。人们在相互作用、相互沟通过程中建立起的关系，被称为"相依关系"。琼斯和蒂博特曾研究两个以上的人相互作用发生的情况，区分了四种相依关系类型，即假相依、非对称相依、反应性相依和彼此相依①。假相依主要指对自己的计划做出反应，一方的反应并不取决于另一方的信息，这种情境不能算是真正的人际沟通。非对称性相依是沟通的一方以对方的信息作为自己反应的根据，而另一方却并非根据对方的信息，而主要根据自己的计划做出反应，这仅仅是一种单项的沟通，也不能很好地交流思想。反应性相依是指在沟通过程中，沟通双方都以对方的行为作为自己行为的依据，做出相应的反应，而并不按照原来的计划进行沟通。彼此相依是指沟通双方都对对方信息做出反应，但同时又都受自己原有计划的调节，这才是正常的、一般的情境沟通。教师（尤其是班主任）是与家长打交道最多的人，亲师之间因育人而建立起相依关系。不难发现，在不少学校的日常家校沟通中，由于家校双方处于不平等地位，家长处于从属或被支配地位，二者的沟通多属于假相依、非对称相依，有些沟通属于反应性相依，但理想的亲师关系是彼此相依。只有教师改变对家长的态度，建立通畅而友善的沟通渠道，才能实现彼此相依，学校和家庭才能合作共赢。

---

① 关颖．家庭教育社会学［M］．北京：教育科学出版社，2014：384-385.

（三）即时性沟通的基本方法

沟通是以语言为基础的对话活动，无论沟通的发起者是谁，即时性家校沟通都应该坚持可理解性、真诚性、真实性和正确性原则。由于家校沟通涉及孩子，因此家校在即时性沟通中应建立两重尊重关系：彼此尊重、尊重孩子。"不仅要求家校双方在合作中力求以对话的姿态出现，而且要求双方在尊重彼此主体性的同时，共同尊重学生的主体性，切实为促进学生的健康和谐发展而谋求交往的有效性或者说合作的成功。"①

对于教师而言，在沟通中除了要掌握一些基本原则之外，还需要提高沟通技巧。沟通技巧是指沟通者收集和发送信息的能力，即能通过书写、口头语言与肢体语言等，有效、明确地向他人表达自己的想法、感受与态度，亦能较快、正确地解读他人的信息，从而了解他人的想法、感受与态度。有人将沟通技巧理解为与沟通能力有关的社会技能，包括认知技能和行为技能。"认知技能包括移情、社会期望、认知复杂性、对关系准则的敏感性、情境知识、自我监控；行为技能包括相互卷入、互相管理、行为灵活性、倾听、社会风格。"② 简单来说，沟通技巧是指说对方想听的，听对方想说的，说的是彼此能明白的。一个良好的沟通者非常注重在沟通中对自己、对象、手段以及情境变量的理解和控制，包括：了解沟通对象的背景及相关话题的"前知识"，制定沟通策略，并能根据沟通形势的发展及时调整沟通策略；能根据需要及时转移话题，化解尴尬；能够简化语言，积极倾听，重视反馈，控制情绪；能够把握沟通中敏感话题的尺度；等等。熟练运用沟通技巧会使一个人在沟通中减少许多麻烦和障碍，大大提高效率。

基于此，对于教师而言，提升家校沟通技巧要注意以下几点：第一，把握沟通频率，通畅沟通渠道。一般来说，家校之间必须保持一定的沟通频率。对于绝大多数家长来说，每学期教师要与其有两次以上的直接见面沟通或若干次非见面沟通；而对于个别学生家长（如"问题"学生的家长、各种"问题"家长、有特殊需求的家长等），则要根据需要随时与其

① 陈昉. 家校合作：一种特殊的交往 [J]. 当代教育科学，2008（3）：60.
② 张淑华. 人际沟通能力研究进展 [J]. 心理科学，2002（4）：503.

沟通。要保持沟通渠道的通畅，保证需要沟通的家长能够及时与教师取得联系。第二，尊重家长人格，彼此平等相待。家长学历有高有低，孩子的水平有差别，但所有家长在人格尊严上是平等的，不能另眼相待。教师既要平等地对待家长，也要引导家长平等地对待教师。平等对待，并不是对所有家长都一样用力、平均分配时间，而是要有所区分，要"因材施教"，根据家长的不同情况不同对待，总之以构建良好家校关系、促进学生发展为目的。第三，鼓励家长表达，耐心倾听呼声。家校沟通顺畅的表现就是家长敢说、会说，这需要教师给予家长肯定、鼓励，对家长赋权，需要教师在家长表达的过程中认真倾听、思考并做出反应，也就是建立彼此相依关系。对于家长表达中存在的问题或不当之处，教师还要有宽容之心，给予同情性理解，融洽地沟通，通过理解消除误解，而不是通过压制控制分歧。第四，耐心解释规则，逐次解决问题。家校沟通不仅仅是进行情感联系，还要解决问题。家校之间的障碍有可能是误解造成的，教师需要对学校规则进行解释，双方达成同情性理解，消除误解和分歧，消弭立场差别带来的鸿沟，最终形成家校主体间的"视界融合"状态。

## 二、家访

### （一）家访概念及状况

"家访即家庭访问，是指教师到学生家中进行访问，以便密切学校教育和家庭教育关系的教育工作方式。"[1] 家访一般是由学校组织、由班主任和授课教师具体实施的，家访可以促使家长积极参与学校活动，密切家校关系，促使家校及时交流沟通教育信息，充分协调教育力量。有人根据家访的目的和交流内容，将家访分为了解性家访、探望性家访和预防性家访等。[2]

家访是以前最常见的家校沟通方式，但当下家访有日益弱化的趋势。调查显示，20世纪中小学的家访率达到七成以上，如今仅有四成左右，

---

① 邓李梅，曹中保. 家访："家校"合作的最佳切入点 [J]. 湖北师范学院学报（哲学社会科学版），2004（1）：151.
② 潘振娅. 影响家校合作的家长因素研究：基于对上海 YH 中学的调查分析 [D]. 上海：华东师范大学，2008.

师生和家校间更多通过电话和网络通信工具沟通。① 导致家访过时论的主要原因是现代通信技术的发展，如电话、QQ、微博、微信、校讯通等，还有学生居住分散不便家访、有的学生和家长因为某种原因不喜欢被家访、女教师家访危险等因素。但无论什么样的通信工具，都代替不了人与人之间面对面的真实交流，有的教育问题只有通过身临其境，才能知道得真，知道得深。

目前许多有识之士已经意识到家访在家校合育中的独特作用。石中英教授认为，"家访实实在在是家校之间建立信任与合作的教育关系的桥梁"②。近些年，有些地区开始恢复制度性的家访工作，家访有日益回归之势。例如，2015 年 1 月 13 日到 2 月 28 日，安徽省合肥市教育局组织实施了"万名教师进万家"活动，要求全市教育工作者积极参加；2016 年以来，江西省委教育工委、省教育厅发文，在全省教育系统持续开展"万师访万家活动"。合肥市对家访的具体要求如下：每所学校家访的学生家庭比例，普通中小学不少于 20%，中等职业学校不少于 15%，要特别重视学习困难、生活困难及留守儿童等特殊学生群体的家访；以上门家访的形式，沟通学生的学习、生活情况，着重了解学生在家的学习习惯、家务劳动、尊重长辈等表现情况；对经济困难家庭积极宣传国家及省、市的学生资助政策；全面反馈学生在校表现情况；引导家长树立科学育人观；征求家长对教学管理等方面的意见。③ 眼见为实，耳听为虚，通过家访，教师才能真正了解家庭、读懂孩子。下面是一位教师的家访日记。

> 在一座衰败得令我两眼发直、发黑的老豪宅后面，孩子们带我走进了璞的家。一进门，我的目光和心一起下沉：破旧、阴暗、瑟瑟发抖——这是聪慧的璞的家！父母不在屋内，孩子正在小桌子上写作业，橙黄的桌面，绿色的作业封面，孩子抬起闪光的双眼，我一下子觉得这么亮堂，像是老屋的厅中照进了一缕阳光。他奶奶听到声音从一旁走出来接待我们，步履有些摇晃，却

---

① 陈旭升. 家访过时了吗 [J]. 人民教育，2014（1）：46.

② 石中英. 重申教师家访的教育意义 [J]. 人民教育，2018（12）：36.

③ 钱晶. 合肥市万名教师对学生进行家访 [EB/OL].（2015-01-08）[2019-10-01]. http://ah. anhuinews. com/qmt/system/2015/01/08/006648890. shtml.

充满热情。……廊上的滴雨檐早已腐烂掉落。厅中没有一件体面的家具，每一件都在日历的翻卷中褪了颜色……奶奶笑着说："日子就这样凑合着过了，可是，孩子还是得让他读书。"①

家访是国际上家校沟通的普遍做法。美国中小学日益注重家校合育，家庭参与逐渐从一项不被重视的建议转变为教育改革的重要组成部分。早在 1965 年的《初等和中等教育法案》中，美国联邦政府就提及家庭参与的重要性，要求建立"学校—家长"合同，提出两者合作以提高学生成就的策略。后来，州政府也参与进来，这给教师带来了极大的挑战。以斯坦顿小学为例，家访成为他们学校重要的家校合作项目，学校规定从 2011 年春天到 10 月 1 日必须访问 200 个家庭。在家访活动中，教师将学生家长视为核心。会谈开始，教师一般会先请家长分享家庭对孩子寄予的期待、孩子的特长和爱好、家教中有哪些问题等，再了解他们对学校的认识和看法。访谈过程中，教师尊重每一个家庭的经济地位，积极倾听家长以及社区其他成员的观点，发掘学生所在社区的优势。② 斯坦顿小学的做法与中国相似。

近些年，美国家访项目的内涵不断扩大，其宗旨是提高处境不利家庭父母的教育能力，帮助其建立良好的亲子互动关系，促进儿童的健康与发展。由相关工作人员通过家访提供一系列服务与支持，其服务对象是低收入家庭的母亲和 0~5 岁的儿童。所以，在一定程度上，美国的家访项目已经成为社会服务系统中用以推进社会公正的一种重要举措。家访项目的具体目标包括：为母亲和儿童提供基本的健康服务；使父母增长抚养儿童的知识；改善父母育儿的态度和行为；优化亲子互动，防止儿童受到虐待和忽视；促进儿童早期的学习和发展；帮助儿童做好入学准备；为受访家庭提供社会性支持，减轻母亲的压力，促进其身心健康。③

美国的家访与中国的家访有一致性，也有较大的区别：第一，其家访范畴比中国的大，包括家庭支持和服务；第二，参与人员比中国的广，家

① 许丽芬.家访笔记 [J].福建论坛（社科教育版），2004（4）：14.
② 张爱玲.美国学校主导与学区主导家校合作新方式 [J].人民教育，2015（24）：61.
③ 田波琼，杨晓萍.美国家访项目的内容、影响因素及其发展趋势 [J].学前教育研究，2013（6）：22.

访的主体不只是教师，还包括社会工作人员；第三，服务的内容比中国的多，不仅仅是教育上的问题，还包括健康、医疗、维权等。这里的家访已经变成一种广义上的家庭支持项目了，对我们丰富家访内容有一定启示。

### （二）家访的内在机制

家访是教师沟通家校的一种重要手段，也是一套工作机制。无论时代发生多大变化，教师能够挤出时间，亲临学生家庭，真诚地与家长沟通，共同探讨解决孩子的教育问题，提高家长素质，改进学校教育方法，都非常值得提倡。虽然家访有固定的要求和模式，但教师也可根据实际情况进行创新。有人根据经验总结出这样几种方式：带着表扬家访，协同（学生）愿望家访，避开父母家访，趁着探访家访，路上偶遇家访，同行代行家访，带领学生家访，集约形式家访，特殊场所家访，学习榜样家访。①虽然这种总结在逻辑上未必严谨，但显示出人们在实践中已经探索出许多可贵的经验。一般来说，家访要遵循以下固定的程序。

### 1. 选择家访的对象

家访是常规性和即时性家校沟通的重要方式，既是家庭和家长自身的需要，也是学校和教师的需要。如果仅仅是学校需要，家庭没有感觉到需要，教师就不应该贸然家访。当教师感觉到需要家访而家长没有意识到时，教师可以将家访意图告知家长并进行协商，在得到家长的同意之后，才能进行家访。除此之外，确立家访对象时一定要注意孩子的态度，尤其是年龄较大的孩子。一旦围绕孩子的问题而开展的家访没有得到孩子的同意，孩子极可能会产生抵触情绪，从而影响家访效果。

一般来说，班主任或教师在班级组建之后就应该制订家访计划。家访可以分为普访和点访。所谓普访，就是对全体学生进行家访，对所有学生的家庭情况有一个大概的了解；所谓点访，就是对班级里个别学生或重点学生的家庭进行访问。普访是面上工作，重点了解班级学生家庭的整体情况，摸清个别学生的家庭情况，以便为今后的家校工作做好准备。点访是点上工作，是做好重点学生和家庭工作的必要手段。经验证明，时机的把握是家访成功的重要保证，在全面家访的同时，要注重特殊家庭、重点儿

---

① 叶相英. 有效家访的十种方式 [J]. 教学与管理，2013（14）：16-17.

童的家访。

### 2. 明确目的和任务

家访，顾名思义，就是家庭访问和家庭调研，是为了联络感情，摸清情况，发现问题，争取家长的配合与支持。家访的第一个目的就是了解家庭的情况，包括家庭经济水平和物质条件、家庭文化条件、家庭关系状况、家庭对孩子教育的投入情况等。家访的第二个目的是了解家长对学校的态度、意见和建议，通过沟通，可以发现有的家长对学校的态度是冷淡的，有的是我行我素的，有的是积极的、良性互动的。家访的第三个目的是了解家庭的教养方式，看其是民主型、权威型还是放任型、溺爱型，是互补型还是矛盾型。了解家庭教养方式是改进家庭教育，促进家校合作共育的基础性工作。家访的第四个目的是解决教育问题。家访在许多情况下是为了解决孩子的教育问题而开展的，其过程大致为：发现孩子教育问题——寻找家庭教育根源——探索家庭改进机制——做好相应指导工作。比如，发现孩子欺凌别人之后，教师积极与家长沟通，通过家访深入了解孩子的家庭成长环境，通过与家长沟通对话寻找孩子欺凌别人的原因，最后提出解决对策。当然，家访也有以总结经验为目的的。比如，有的孩子表现很优秀，反映出家庭教育的效果，教师通过家访可以进一步分析影响孩子成长的家庭因素，总结经验，加以推广。

### 3. 采取适当的方法

家访时，一要观察。观察家庭、社区的外部环境；观察家庭内部的物质环境、空间环境；观察家庭人文环境，如父母的基本特征、家庭人口状况、家庭氛围；观察和感受亲子关系状况、家庭成员关系状况。二要交流、沟通。沟通的一般技巧前面已有阐述，这里再强调一下"听"和"说"的问题。一方面要积极地听。教师讲明目的和来意之后，要学会倾听，要真诚地听、用心地听、耐心地听、广泛地听、积极地听。倾听是一门重要的学问，要尊重家长的发言权，不要给家长施加无形的压力，避免其不敢表达。家长讲话有可能不那么专业，因此要有耐心。家长讲的内容有可能不太集中，要广泛地听，收集各种信息。另一方面要巧妙地说。在听的过程中，适度地插话，巧妙地引导、解释、应答同样重要。谈话内容涉及孩子的学习、表现时，尤其要慎重，因为孩子的问题可能是家长最担心的。教师要全面地评价孩子，要准确地说出孩子的表现，不要添油加醋地夸大事实。要围绕孩子表现发现家长的问题，并巧妙地指出来。对于家庭教育中出现的问题，教师在家访中要适度地指出来，但要维护家长的尊严，不要过多地埋怨。

### 4. 注重礼仪与习俗

在家访的整个过程中，教师要注重礼仪与习俗，尽可能地做好准备。第一，提前沟通，征得家长同意并让家长做好准备，不要贸然家访。第二，要友善、礼貌，不要居高临下，不要认为自己的行为是某种恩惠，而是自己的工作需要，应该感谢家长的配合。第三，不要指责孩子和家长。有位家长抱怨说："天不怕，地不怕，就怕老师来我家。老师家访似乎就是上门告状，摆出一副教育者的姿态，把家访作为制服学生的紧箍咒。"第四，要关注家长和孩子的感受，有的家庭经济情况不好，生活水平较低，生活设施简陋，生怕被人笑话，教师应该"入乡随俗"，能够落落大方地接受家庭的一切。笔者曾经到一个边远的农村进行家访，家里没有开水，家长让孩子上树摘了一个梨给我解渴，自己也拿了一个。梨子没有洗，家长顺势用衣襟一抹，表示擦干净了，然后便吃了起来。于是，我也模仿他用袖子一抹，香甜地吃起来，家长看起来无比开心。这样我俩的心就接近了。

### 5. 反馈与总结

每次家访既是情感联络的过程，又是问题解决的过程。家访过程中，对于家长提出的问题，能当时解决就当时解决，不能当时解决的要尽早研究解决方案，及时整理和反馈，不能石沉大海。教师要通过家访及其他手段做好以下工作：第一，对家长在家庭教育和家校关系中出现的问题认真研究，分析原因，寻找改进的办法；第二，分门别类地摸清家庭教育资源情况、家庭教育问题情况、家校关系状况等；第三，根据上述情况对学校家庭教育工作进行反思，有针对性地制订本班或本校家庭教育工作计划和对策。下面是一所学校的家访小策略①。

---

① 林晓斌. 学校要成为"家校社联盟"的引领者：关于家长课程、家长义工、片区家访、家长有约的新思路 [J]. 人民教育，2019（Z3）：98-99.

一方水土养一方人，每一个住宅小区因为原住民的不同，会有不同的风气和教育理念。针对学生居住地分散的特点，我们从片区入手，选择有4位以上学生居住的住宅小区，由校长带队开展家访，了解家长对学校教育的需求。每次确定小区和家访对象后，校长、德育主任与班主任一起做准备，针对每个孩子在校情况和家庭情况、平时班主任与家长沟通情况，讨论家访切入口，制作"家访工作单"，并在家访前一一记熟。同时，我们为每个孩子精心准备了伴手礼盒，里面有学校的卡通形象玩偶秀秀、山山，有班主任和校长手写的梦想卡，有笔记本、即时贴等学校文化产品。

## 三、访校

为了增进家校之间的了解与沟通，教师不仅要家访，还要积极邀请家长访校。所谓访校，就是家长对学校的访问，家长是访问主体，学校是被访问对象。真诚地邀请家长访问学校可以有效促进家校沟通，密切家校关系，增进家校互信。这里着重探讨家长会和家长开放日这两种主要的访校活动。

### （一）家长会

#### 1. 家长会的概念与类型

会议是指有组织、有目的的言语沟通活动方式，是围绕一定目的进行的、有控制的集会。有关人士聚集在一起，围绕一个主题发言、插话、提问、答疑、讨论，通过语言相互交流信息，表达意见，讨论问题，解决问题。会议经常运用于各种人际活动之中，是公共关系中常用的一种信息传播方式。社会组织和个人经常会筹划和召开各种会议，利用会议来传递信息，沟通意见，协调关系。

家长会是最常见、最重要的家校合育方式，起初是家校之间议事的方式，后来被赋予了许多内容。《教育百科辞典》对家长会做了如下定义："班主任对学生家长集体工作的一种基本形式。它是学校和家长互通信息、统一思想和认识，共同对学生进行教育的主要形式。"[①] 1989 年版的《辞海》这样解释家长会：学校同家长联系的一种形式。我国中小学经常组织班级的或全校的家长会，以加强学校与家长的联系，统一教育影响。内容一般为汇报学校教育工作的情况，向家长提出一定的要求并听取意见，或者对家长进行教育讲座，邀请家长参观学生的成绩展览、观看学生的文艺表演和运动比赛等。[②] 笔者认为，家长会就是由学校组织召集的校方（学校领导、班主任、教师）与家长之间的会议，会议组织者是学校（或者年级、班级），听会主体是家长，会议主持者一般是班主任或其他教师。家长会的主要任务包括：宣布做出某种规定或决定，布置落实相关工作，公布学校、学生、教学等方面的信息，听取家长对某方面工作的意见建议，沟通信息，协商解决教育中的问题，做出表决等。

家长会在实践中是一个十分宽泛的概念，许多学校没有严格区分家长会和家校合育的其他活动，往往习惯以家长会的名义将许多内容打包。下面是某学校《学生家长会活动基本规范（试行）》中的活动流程：①家长到校，学生引导家长到指定地点。②学校领导就学校办学理念、办学目标、办学成果、近期工作等做简单讲话。教导处（政教处）就学习指导、习惯培养、家校合作等和家长交流。（可利用校园广播系统）③带领家长参观校园、专用教室、功能室等，介绍学校设施、设备功能和作用。（可培养学生介绍）④分班活动。家长到自己孩子所在班级，与班主任、任课老师沟通交流。很显然，这里的第①②④条属于家长会的任务，但第③条"带领家长参观校园、专用教室、功能室等，介绍学校设施、设备功能和作用"，就不属于家长会的任务。

广义的家长会可分为以下类型：一是教育信息发布会。学校集中相关家长，就某一个问题或主题发布相关信息，比如期末考试后班主任和授课教师会召开会议，发布考试的相关信息。二是组织任务动员会。学校发布某些决定，并围绕决定制定任务落实措施。三是家校研讨会。学校就教育中的某一（些）问题集中研讨，寻找对策，比如针对青少年网瘾问题，组织相关家长或专家研讨网瘾预防及干预措施。四是家长培训会。学校就家

① 张念宏. 教育百科辞典［M］. 北京：中国农业科技出版社，1988：75.
② 辞海编辑委员会. 辞海：1989 年版缩印本［M］. 上海：上海辞书出版社，1990：1152.

庭教育或青少年成长中的一些问题组织培训，传授知识，提高家长的教育能力。五是家长代表会。例如，家长委员会代表根据年度安排召开相关会议，审议某些决议。六是其他类型的会议，如家校联合会、亲师联谊会。严格来说，狭义的家长会只是前面两种，家校研讨会、家长培训会属于家长学校活动的重要形式，家长代表会、家校联合会往往是家长委员会的活动形式，亲师联谊会常常是学校开放日的活动内容。学校为了节省时间，往往会用会套会的方式将研讨会、培训会、代表会、联谊会等与家长会合起来召开。

2. 家长会的基本流程

常见的会议流程一般分为准备、召开、总结三大阶段。会议准备包括组织者明确会议目的、拟定会议主题、策划会议形式，以及会议通知、会场布置、人员安排等环节，准备筹划阶段比较重要。会议召开是会议的重点，是实现会议目的、执行会议安排的中心环节。会议总结是对会议效果进行评估反思的环节。

邀请函是家长参会的重要依据，也是会议主题、内容、流程的提前告知，需要精心设计。下面是美国某所学校班主任哈里·J. 康特致家长的家长会邀请函，从中可以看出班主任的独到用心。

## 致学生家长和监护人[①]

亲爱的家长和监护人：

　　学期开始，在给您的信里做自我介绍的时候，我向您保证过，我们将安排一次家长会，时间定于：10 月 16 日（星期三）下午 6：30。

　　会议的主要目的是，让家长和监护人能与年度负责人——奥克斯女士和我进行会面。如果愿意，请带上您的孩子。我们将于6：30 为您准备好咖啡和饼干，我们的工作人员会提前到场，向您做介绍。

---

[①]　马兰，罗杰斯. 班主任一定要面对的 9 个问题 [M]. 张清泉，译. 北京：中国青年出版社，2007：126.

大约 7 点钟，奥克斯女士和我将对这学期的情况做一个简要的介绍，介绍中将会联系国家课程规划和普通中等教育的进展情况。这将仅仅持续 20 分钟，之后一直到 8 点，如果您有相关的问题，可以向我们进行咨询。我们保证 8 点之后大家都将可以离开。如果个人有问题，我们也非常愿意他留下来，我们将针对个人问题进行回答。

我们还在班里举办了辅导学习成果展览，希望您能感兴趣。

盼望您的到来。

此致

敬礼

班主任　哈里·J. 康特

传统的以班级或年级为单位的家长会遵照会议的一般程序，包括做好准备、召开和总结提升环节，重点是召开环节。常规的家长会大体包括以下流程：欢迎词——介绍领导、各科老师及出席会议的其他嘉宾——通报会议内容（如考试发布会重点介绍考试命题情况、学生考试情况以及近期学生在校表现）——分析原因，寻找对策，布置任务——班主任总结。有时会议主持者会根据需要在其中穿插一些内容，比如，各科老师分别介绍情况，表现突出的学生及家长汇报个人经验，针对某些问题单独进行交谈或咨询。这是典型的传统家长会流程的模板，优势在于任务明确、效率高、针对性强，弊端就是不能充分调动家长的积极性，有时候不利于问题的彻底解决。

3. 家长会常见问题及改进建议

在日常教育实践中，家长会常被家长所诟病，比如长期不开会或者总是开会，将家长会开成了告状会、批斗会、表扬会等。有人将当下家长会的常见问题总结为以下四点：第一，内容单一，开会的主题离不开学习成绩及相关内容，难免不把家长会开成批斗会和成绩发布会；第二，家长与学校教师之间关系错位，家长只是听者的角色，没有积极参与的权利；第三，家长会的形式大多还是老师讲、家长听的课堂式；第四，虎头蛇尾，缺少总结与落实。① 为提升家长会的质量，达到集会的效果，学校和教师应该做到以下几点。

第一，主题要更加明确。家长会的主题决定内容，内容决定形式，形式决定效果，主题选择非常重要。主题的确定有两个渠道：一是由学校提议确定，即学校根据教育教学工作需要确定一个主题，召开家长会；二是由家长提议并经学校确定。比如，学校就学生使用手机状况及家长的态度可以召开一次家长会，学校负责公布整个学校学生使用手机的情况及存在的问题，大致分析手机使用不当背后的原因，提出建议。学校发布后，家长可以围绕这个问题展开讨论，教师或班主任可以汇总家长发言，并反馈给家长。

第二，交流讨论要更加充分。家长会一般来说有例行会议和临时性会议两种，过去学校召开较多的是例行家长会，比如在新生入学后、期中考试之后、放假之前召开。当前，家长参与学校的需求越来越强烈，临时性家长会也变得十分重要。临时性家长会是根据教育工作实际需要而召开的，比如班级学生要集体外出游学，需要家长予以支持并做好准备，这时候召开的家长会就是临时性的。两种形式的家长会经常召开，才能保证家长与教师能够充分交流。

第三，形式要更加多样。过去家长会多采用传统开会方式，时间太短，交流不充分，老师或班主任将需要发布的信息发布之后，没有时间与家长进行充分交流，家长有话也不知道跟谁说或者压根就没空说。家长会变革，首先要保证充足的时间，其次在条件许可的情况下借助现代新媒体技术。

第四，准备要更加充分。会前的准备工作非常重要，会议召集者要事先通过家访、网络或书面调研等方式，了解家长的心声和意愿，这样能够更好地安排会议环节、突出会议重点。根据需要，学校可以适时地召开家长恳谈会，其目的不是给家长布置任务，而是专门征询家长的意见建议，倾听家长的心声。

第五，开会要更加人性化。家长会上，教师要充分尊重家长，对孩子

---

① 李小红，刘媛媛．学校家长会：问题与改进策略［J］．中国教育学刊，2011（12）：80-82.

的问题要合理归因,不要动不动就责怪家长,甚至公开批评家长。与家长沟通时,教师的语言要亲切、有针对性。家校沟通往往会涉及孩子的教育问题、行为问题,部分教师习惯于用专业术语谈论孩子问题的表现、成因和对策,甚至喜欢向家长讲述教育理论。这样做会让大多数家长摸不着头脑,因为他们没有教育学基础知识,不是教育专业人员,因此教师要学会用家长熟知的大众语言,根据家长的文化程度进行适当的表达。记住,家校沟通中要以家长为中心,而不是以教师为中心;要以问题为中心,不要以理论为中心。

（二）家长开放日

1. 概念及流程

为了便于管理与保障学生安全,学校经常采取封闭的管理方式,这在某种程度上会造成学校与外界的阻隔,尤其是与家长、社区的阻隔。家长开放日是学校向家长开放的展示学校教育教学成果、密切家校联系的一种活动,"是学校在预定时间,有目的、有准备地请家长来校参观或参与教育活动的一种综合性活动"①。家长访校可以单独进行,如邀请某一个家长或极少数家长到校,也可以面向大多数家长开放。后者就是我们所说的家长开放日。家长开放日是一种综合性的家校合育方式,一般由若干个活动项目组成,其流程大致包括：参观校园（班级、体育馆、图书馆、食堂、寝室、教师办公区等）——主题展示（学生表演、作品展览、特色展示）——主题活动（主题讲演、家长沙龙、个别谈话、亲子见面、亲子活动等）。有时候学校为了节省家长的时间,提高效率,还会将家长会、培训活动等融入其中。

家长开放日的主要目的是通过开放性活动,让家长更加了解学校,认同学校,以便更好地配合、支持学校。设计开放日活动要思考这样一些问题：看,学校想给家长看什么,学校应该开放什么;听,学校想让家长听到什么,学校要讲解什么、宣传什么;议,学校想让家长表达什么,学校希望听到什么;思,学校想让家长回去后思考什么、改变什么,学校需要改进什么。根据目的、任务和形式,可将家长开放日分为以下几种类型。

---

① 黄河清. 家校合作导论 [M]. 上海：华东师范大学出版社,2008：156.

第一，阶段性开放日。阶段性开放日是指在教育一段时间之后，针对家长感兴趣的教育内容或教学成果，有目的、有意识地开放。比如，新生家长开放日，就是面向新生家长组织开展的活动，旨在让新生家长了解学校全貌，知晓学校的办学思想和成果；期中家长开放日，主要是围绕期中孩子的学习状况和教学成果而开展的展示参观活动，展示的主要内容包括学习状况、学生风貌、校园环境、教师精神状态等。阶段性开放日一般是常规活动。

第二，专题性开放日。所谓专题性开放日，是指学校围绕发展中的某个成果或重大事件进行开放、展示，主要目的是引起家长和社会的关注，唤醒家长的参与意识、合作意识，扩大教育影响。比如，以法制宣传为主题的校园开放日，展示的核心内容是法制教育。活动中，既要展示法制教育的思想、理念、政策，也要展示学校法制教育成果，还要唤醒家长的配合意识。

第三，参与式开放日。所谓参与式开放日，是邀请家长参与学校的教育教学过程，参与教师和学生的活动，体验教学过程，感受教育氛围，其目的是让家长进一步了解学校工作，感受学校生活。比如，请家长参与听课、评课、授课、监考、值日，参与相关教研活动，参与学校的相关论坛，参与家长沙龙或家长论坛，等等。

第四，综合式开放日。所谓综合式开放日，是指开放日的主题是多元的、综合的，其目的是增进家校之间的相互理解，提高家长对学校的知晓度、参与度与认同度。活动内容较多，既有学校工作汇报、办学成果展示，也有家长教育培训、问题诊断；既有全校性活动，也有班级活动。天门市第一小学始终关注家校合育工作，曾召开以"家校共携手　成长更幸福"为主题的家校交流会。主要内容包括：

> 学生诵读《我的中国》，副校长鲍桃红就学校课程设置等教学方面的情况做汇报讲座，优秀班主任、家长、学生代表发言，最后家长集体宣誓。全校学生的家长握紧右拳庄严宣誓：我愿为孩子的健康成长奉献一切！相信孩子有潜能，更相信孩子能成才。要努力学习育人知识，做孩子成长的榜样。肯定并鼓励孩子，肯定并感谢教师，肯定并感恩学校，平等交流、互相信任、

相互鼓舞、共同成长，为孩子铺就更美好的明天！

### 2. 家长开放日的改进

当前，许多学校都举办家长开放日，主要是向家长展示一些特色项目和素质教育成果，其实是在宣传学校的教育思想及办学成果。宣传学校固然没有错，但仅仅将开放日定位为展示日，就太狭隘了。

改进家长开放日，首先要明确开放日的定位。许多学校习惯于将家长开放日当成一个纯粹展示学校的机会，这个意图可以理解。但举办家长开放日的初心是真诚地向家长和社会开放，让家长获得真切的体验，既要给家长看"好"的一面，也要给家长看"真"的一面。举办家长开放日，学校首先要认真思考以下问题：开放的目的是什么？需要解决什么问题？学校要做好哪些准备？家长要做好哪些准备？学校要知晓家长希望看到什么、听到什么、知道什么、交流什么。有所学校为改变狭隘的观点，将家长开放日定位于以下四方面①：第一，沟通家长与教师的感情，加强家庭与学校的联系，让家长关注教师的教学情况，了解学校的发展状况，更好地支持学校的管理工作；第二，展示推进素质教育和深化课程改革的成果，让家长亲身感受新课改后的课堂教学氛围和师生的精神面貌；第三，广泛听取家长对学校办学的意见，全面提升教学质量和管理水平；第四，展示名师的风采，更重要的是推出青年教师，让他们接受锻炼，尽快成长。这种定位就比较符合举办家长开放日的初心。

其次，内容要丰富，形式要多样。家长开放日是家长走进学校获得丰富体验的沟通过程，也是家校合育的综合性活动。家长的参观、交流、对话、研讨、咨询、思考等是活动的明线，暗线是学校的展示、交流、答疑、宣讲、培训等活动。活动主要围绕办学特色、主要成果、品牌项目、师生风采、先进理念、焦点问题、家校关系等展开，在这个过程中要注重学生的参与，凡是能够让学生自己展示的，教师就不要替代。

---

① 夏循藻. 如何使"家长开放日"受欢迎？[J]. 中小学管理，2006（8）：33.

# 第六章　家长教育的基本内涵

家庭是孩子成长的第一所学校，父母是孩子人生中的第一任老师。这句话耳熟能详，但并不意味着所有家长凭借着自己的经验就能够胜任家庭教育工作。家庭能够办好这个"第一所学校"，家长能够胜任"老师"这个角色，是有条件的。家长需要学习，需要接受成为父母的相应教育，需要在实践中不断反思、成长。家长教育既是家庭教育的重大课题，也是家校合育的重要内容。总结家长教育的有效经验，研究家长教育的目标、内容、形式，探索家长教育的内在规律，形成具有中国特色的家长教育之路，势在必行。

## 第一节　家长教育的基本概念

当前学校和社会相关机构普遍开展了家长教育，但是对家长教育问题缺乏理性思考，导致家长教育实践存在一些误区。厘清家长教育的内涵及特征，有利于提升家长教育和家庭教育的实效性。

### 一、家长教育的相关概念

在使用家长教育这一概念的过程中，我们经常会遇到与其相关的家庭教育、家长学校、家庭教育指导等概念，理解家长教育首先需要厘清家长教育与这些概念之间的关系。

（一）家长教育与家庭教育

长期以来，我们一直混淆家长教育与家庭教育，始终没有给予家长教育独立地位。① 不注重家长教育的独立地位，容易忽视家长教育本质和规律的研究，从而导致家长教育的低效。家庭教育与家长教育是一对密切联系但又有所区别的概念，许多家庭教育学图书会将家长教育纳入其中。其实从字面上区分二者的关系并不难，二者的关系如同学校教育与教师教育的关系一样。二者的区别主要体现在以下方面。首先，目标不同。家庭教育与学校教育、社会教育并列，是家庭中以提高儿童基本思想道德素质、科学文化素质和身体心理素质为目标的教育形式；家长教育是以提高家长家庭教育胜任力为主要目标的成人教育形式。其次，主体与教育对象不同。狭义上，家庭教育的主体是家长，对象是家庭中的未成年子女或其他被监护人；家长教育的主体是家长教育相关专业人员，对象是家长。再次，内容不同。家庭教育主要是家长围绕日常生活和人类基本的知识经验对孩子开展教育；家长教育的主要内容是家庭教育、家庭管理等方面的知识技能。最后，属性不同。家庭教育是发生在家庭内部的家长对子女的期待和影响；家长教育是社会对家长就如何开展家庭教育而进行的引导。当然，二者的联系也是明显的：其一，家长教育的直接目的是提高家长的教育胜任力，最终改进家庭教育，促进子女健康成长；其二，家长教育的主要内容是围绕家庭教育而展开的，包括激发家长的学习动机、丰富家长的家庭教育知识、提高家长的家庭教育素质和能力等，家长教育是服务于家庭教育的。

（二）家长教育与家庭教育指导

2010 年全国妇联、教育部、中央文明办等部门印发《全国家庭教育指导大纲》，系统提出了 0～18 岁儿童家庭教育指导的内容体系，正式提出了家庭教育指导这一概念。有人认为，家庭教育指导是"家庭外的机构、团体和个人对家庭教育的指导过程，它是以家长为主要对象、以家庭教育为内容的教育过程，家庭教育指导具有成人教育、业余教育、师范教育和继续教育的性质"②。根据这个定义，家庭教育指导很显然与家长教

① 李俊. 家长教育培训研究：从家庭教育到家长教育（上）[J]. 成人教育，2008（10）：4-6.

② 中国儿童中心. 我国家庭教育指导服务体系构建与推进策略研究 [M]. 北京：中国人民大学出版社，2016：13.

育的含义是基本相同的。但是从词义看，家庭教育指导与家长教育并不完全一致。首先，家庭教育指导是指导者就如何开展家庭教育对家长进行的"指示教导"或"示范引导"，指导者具有辅助教育功能，更强调方法；而家长教育是以提升家长素质和教育胜任力为核心目标的教育过程，更注重家长素质的提升。其次，家庭教育指导是妇联等官方机构使用的工作语言，并非严格的学术概念；而家长教育则主要是家庭教育研究和专业指导人员所习惯使用的学术性概念，与之相似的概念包括亲职教育、双亲教育、父母教育等。当然，家庭教育指导在实际使用中内涵较广，不仅包含家长教育，还包含家庭教育研究、诊断、咨询和其他家庭教育支持性工作。

（三）家长教育与家长学校

家长学校，顾名思义，就是开展家长教育的组织机构，虽然该组织相对松散，但是其基本职能应该是相对固定的。2011 年全国妇联、教育部、中央文明办等颁布的《关于进一步加强家长学校工作的指导意见》对家长学校的性质和任务进行了界定："家长学校是宣传普及家庭教育知识，提升家长素质的重要场所，是指导推进家庭教育的主阵地和主渠道。"其主要任务包括：宣传党的教育方针、相关法律法规和政策，宣传科学的家庭教育理念、知识和方法；组织开展形式多样的家庭教育实践活动，为家长儿童提供指导和服务，帮助解决家庭教育中的难点问题；增进家庭与学校的有效沟通，努力构筑学校、家庭、社区"三结合"的未成年人教育网络。该指导意见比其前身——2004 年全国妇联和教育部联合颁布的《关于全国家长学校工作的指导意见》所规定的任务明显增多，即在原有的宣传党和国家教育方针政策，传播家庭教育知识、技能、方法、思想，提高家长教育能力等内容基础上，增加了开展家庭教育实践活动，为家庭教育提供指导、服务和帮助，联系学校、家庭、社会等功能。很显然，这里的家长学校职能已经超过了一般意义上家长教育的范畴，包括了家庭教育服务等内容。也就是说，虽然家长学校是教育家长的组织，但还担负着一些服务家长的任务。

## 二、家长教育概念的厘定

由于语言习惯不同，家长教育在不同国家和地区有不同的名称，如双亲教育、父母教育、亲职教育。中国大陆地区称之为"家长教育"，这里的家长包括父母和其他监护人。尽管家长教育从字面上理解起来比较简单，但深究起来目前对概念的界定还是有不少分歧，如表2。

**表2 家长教育概念分解**

| 提出者 | 教育者 | 受教育者 | 目的（标） | 内容（任务） | 属性 |
|---|---|---|---|---|---|
| 顾明远（1997）① | | 父母 | 改变或加强父母的教育观念，使父母获得抚养、教育子女的知识和技能 | 教育观念、抚养和教育子女的知识和技能 | |
| 林家兴（1997）② | 正式的或非正式的亲职教育专家 | 父母 | （1）增进父母管教子女的知识能力（2）改善亲子关系 | （1）管教子女的知识（2）改善亲子关系的知识 | 成人教育 |
| 嘉义大学家庭教育研究所（2003）③ | | 父母或准父母 | （1）协助父母获得胜任父母角色的经验（2）协助那些打算成为父母的人士，使他们做好准备，能更有效地担当父母角色 | 父母角色的经验 | |
| 杨宝忠（2003）④ | 家庭教育组织者 | | 使其能更有效地了解并执行自己的职责，促进家庭关系的和谐，提高家庭教育活动效率，实现家庭幸福 | 教育未成年人的科学知识、技能、态度和观念 | |

① 顾明远. 教育大辞典：增订合编本［M］. 上海：上海教育出版社，1998：381.
② 林家兴. 亲职教育的原理与实务［M］. 台北：心理出版社，1997：1.
③ 嘉义大学家庭教育研究所. 家庭教育学［M］. 嘉义：涛石文化事业有限公司，2003：65.
④ 杨宝忠. 大教育视野中的家庭教育［M］. 北京：社会科学文献出版社，2003：358.

续表

| 提出者 | 教育者 | 受教育者 | 目的（标） | 内容（任务） | 属性 |
|---|---|---|---|---|---|
| 李俊<br>（2008）① | | 家庭教育的责任者/家长 | （1）使其更好地承担在家庭教育中的职责……实现家庭幸福目标<br>（2）提升家长自身素质，促进其自我实现 | （1）教育未成年人的科学知识和技能<br>（2）正确的教育态度和观念 | 培训活动 |
| 吴奇程、袁元（2011）② | | 家长 | 提高家庭教育水平 | （1）保育、教育儿童的知识和技能<br>（2）如何教育孩子、如何提高自身素养 | 教育活动 |
| 赵刚（2012） | 社会教育机构 | 家庭生活组织者 | 形成正确地理解和有效地履行自己职责的能力……实现家庭幸福 | （1）组织家庭生活（包括教育未成年人）的科学知识和技能<br>（2）培养正确的生活态度和价值观念 | |
| 缪建东（2015）③ | 社会教育机构，社区或教育、福利部门 | 为人父母者 | 扮演称职的、有效能的现代父母 | 教育孩子的技能 | 成人教育、终身教育 |

① 李俊. 家长教育培训研究：从家庭教育到家长教育（上）［J］. 成人教育，2008（10）：4-6.

② 吴奇程，袁元. 家庭教育学［M］. 广州：广东高等教育出版社，2011：332.

③ 缪建东. 家庭教育［M］. 北京：北京师范大学出版社，2015：44.

续表

| 提出者 | 教育者 | 受教育者 | 目的（标） | 内容（任务） | 属性 |
|---|---|---|---|---|---|
| 陈若琳（2016）① | | 父母、准父母和将来当父母的青少年 | 有效能的父母 | 子女成长、适应与发展有关的知识，教育子女的技巧与能力 | 学问 |
| 徐海娇、柳海民（2016）② | | 父母或即将为人父母者 | 实现有效教养目的 | 提供科学、系统的育儿知识，增强父母教养子女的技能 | |

第一，教育者与受教育者。关于教育者，上述概念中只有三处提及。林家兴认为教育者是"正式的或非正式的亲职教育专家"，赵刚认为教育者是社会教育机构，缪建东认为教育者是"社会教育机构，社区或教育、福利部门"。笔者认为，家长教育的直接教育者一定是家庭教育指导方面的专业人员，包括学校教师、教育研究者、儿童身体保健和心理方面的专业人员及有经验的家长等，其组织者是"社会教育机构，社区或教育、福利部门"等，应该将教育者与教育主管部门或组织区别开来，用"家庭教育指导者"加以统领比较合适。关于受教育者，大多数学者都认为是父母、准父母（已孕）或准备成为父母（准备怀孕）的人，这种界定是准确的。但将教育对象扩大为"家庭教育组织者""家庭教育的责任者""家庭生活组织者"，甚至"将来当父母的青少年"，则存在不严密、不准确之处。

第二，家长教育目标。教育目标是家长教育概念的核心问题，上述概念对家长教育目标都有提及，有的界定得比较详细，用具体行为加以概括，如：改变或加强父母的教育观念，使父母获得抚养、教育子女的知识和技能（顾明远）；协助父母获得胜任父母角色的经验，协助那些打算成为父母的人士，使他们做好准备，能更有效地担当父母角色（嘉义大学家庭教育研究所）；增进父母管教子女的知识能力，改善亲子关系（林家

---

① 赵刚，王以仁. 中华家庭教育学［M］. 北京：研究出版社，2016：177.
② 徐海娇，柳海民. "如何做好父母"的回应：美国亲职教育的实施特点及其启示［J］. 教育科学，2016，32（6）：81.

兴）；使其能更有效地了解并执行自己的职责，促进家庭关系的和谐，提高家庭教育活动效率，实现家庭幸福（杨宝忠）。也有的用比较概括性的语言，如：扮演称职的、有效能的现代父母（缪建东），有效能的父母（陈若琳），实现有效教养目的（徐海娇、柳海民）等。这里有两个基本问题需要澄清：一是不宜将家长教育带来的客观影响与家长教育目标相混淆，如"实现家庭幸福"、父母"自我实现"；二是不宜将教育内容与目标相混淆，如"管教子女的知识与能力""改善亲子关系"。笔者认为，教育目标是受教育者相关素质的改变，家长教育目标是提高家长育儿素质，使之更加适应家庭教育需要。如果用一个更加简洁、专业的概念概括，那就是"胜任力"，家长教育就是提高家长教育胜任力的教育。

　　第三，家长教育内容。上述家长教育概念基本上都涉及家庭教育内容，但只有杨宝忠和李俊统一用"教育未成年人的科学知识、技能、态度和观念"，其他表述不太一致，主要包括：教育观念、抚养和教育子女的知识和技能（顾明远）；管教子女的知识，改善亲子关系的知识（林家兴）；组织家庭生活（包括教育未成年人）的科学知识和技能，培养正确的生活态度和价值观念（赵刚）；提供科学、系统的育儿知识，增强父母教养子女的技能（徐海娇、柳海民）；子女成长、适应与发展有关的知识，教育子女的技巧与能力（陈若琳）；教育孩子的技能（缪建东）；父母角色的经验（嘉义大学家庭教育研究所）。这里面除了"父母角色的经验"是比较概括性的语言外，大多比较具体，主要包括：子女教育与管理的知识、技能、观念等，亲子关系方面的知识、技能，家庭建设方面的知识、技能等。当然，家长教育涉及的内容比较多，除了上述内容外，还应该包括国家教育政策、自我成长以及家长教育形式、途径、方法、制度等，但核心内容是家长在子女教育中应该具备的知识、技能、动机、情意、思维方式和行为模式等，是家长家庭教育胜任力的素质结构。

　　第四，家长教育属性。从"属加种差"的定义方法来看，"属"处于被定义概念的上位，"种差"是被定义概念与同层级概念的区别。上述家长教育概念中，有的直接回避了"属"的问题，而明确表明"属"的概念又可以分为两类：将家长教育归类于成人教育、终身教育（林家兴、缪建东），将家长教育归类于教育活动（吴奇程、袁元）、学问（陈若琳）、培训活动（李俊）。后者显然是不合适的，因为教育与培训属于更上位的概念。笔者认为，将家长教育归类于成人教育比较合适，但不能归类于终身教育，因为终身教育是人们在一生各阶段所受各种类型教育的总和，包括各阶段教育和各种教育方式。

综上，家长教育是家庭教育指导者以家庭教育主体（家长）为对象，以提高家长家庭教育胜任力为目的，以家庭教育知识、技能、情意、观念、思维和行为方式等为主要内容的教育培训活动，家长教育属于成人教育活动范畴。

## 第二节　家长教育的基本特征

教育是一门实践性很强的科学，因此开展家庭教育也需要教育。家庭教育既是私事，也是公事。作为私事，家庭教育和家长成长是家长自己的事情；但作为公事，家庭教育和家长成长也应该纳入国家和社会事务。

### 一、家长教育属于成人教育

家长属于成人，家长教育应遵照成人学习的基本规律。

第一，家长学习的主要形式是自主学习。有美国"成人教育之父"之称的诺尔斯（M. S. Knowles）认为，成人学习的最大特征是学习的自主性、自我导向性，一个正常发展的成人具有自我指导的自我概念，他们强烈希望他人承认其自我指导的人格和能力，对于强加于其意志的情形，他们常常会下意识地表示不满和进行抵制。在这个过程中，无论有没有别人的帮助，个体都会积极主动地诊断他们的学习需求，提出学习目标，确认学习的人力和物力资源，选择并实施适当的学习策略，评价学习结果。[1]因此，与儿童学习相比，成人学习是自我导向学习，是个体依靠或者不依靠他人的帮助，诊断学习需求，规划学习目标，明确学习资源，选择学习策略，评价学习结果的一种主动学习的过程。基于此，家长教育课程的一个重要任务是充分认识家长的"自我概念"并帮助其重建"自我概念"，

---

① KNOWLES M S. Informal adult education［M］. Chicago：Association Press，1950：9-10.

调动其学习的积极性，明确学习内容及计划安排。

第二，家长已有经验起着非常重要的作用。诺尔斯认为，成人之所以为成人是因为他已有的经验，他是认同已有经验才认同自己是一个成人的，而忽视成人的经验就等于忽视他作为成人的资格，这一事实对成人教育的意义就是，在任何成人的经验被忽视和贬低的情形中，他们都认为，这不仅仅是拒绝他们的经验，而是拒绝把他们看作人。① 家长在接受教育时已经形成了关于家庭教育的大量经验，这些经验有的来自自身成长过程，有的来自前辈的传递，有的来自育儿过程中的积累，还有的来自自己的学习。教育是经验的改造，不是经验的否定，课程是完成经验改造的蓝本。基于经验与成人、经验与教育的关系，我们认为成人教育课程要基于这些经验并丰富、完善过去的经验，从而形成新的"图式"。成人课程不是无视家长内心已有的经验，而是要以家长的相关经验为出发点，通过理性反思促使其不断成长。

第三，家长在受教育过程中需要深度参与。无论是调动家长学习过程中的自主性，还是注重家长已有经验在教育中的作用，都必须引发家长的深度参与。基于家长对教育"无知"的假设，采取不让家长参与的接受式教育，教育者自然也无法知晓家长已有的经验，更无法引发家长对已有经验的反思，那么家长就无法在已有经验基础上生成新的经验。为此，有人倡导一种促使成人充分参与，能够引发一种突发的、强烈的经验的质变学习。引发成人质变的学习，既要"放下权威，允许学生提出质疑，培养学生的参与意识"②，创设一个较为宽松的环境；又要优化课程设计，打破基于家庭教育学科的逻辑，构建新的学习主题和学习顺序。当然，完全不顾学科的逻辑顺序会破坏家长课程的整体性和系统性，家长课程设计的难题和奥妙也在于如何兼顾家庭教育学科逻辑的"有序性"与家长真实需求的"无序性"，达成新的平衡。

第四，以满足家长需求、解决家庭教育问题为核心。"成人教育是那些不再进入正规和全日制学校的人们借此可以连续地、有组织地活动，自

① KNOWLES M S. The adult learner: a neglected species [M]. Houston: Gulf Publishing Company, 1990: 60.
② 申军. 信息化背景下成人自我导向学习能力建构 [J]. 中国成人教育, 2018 (9): 16.

觉地、有目的地促使自己在信息、知识、工作技能、欣赏能力与态度等方面发生变化，或以扩充知识并解决个人或社会的问题为目的。"① 成年人接受教育的动机非常明确——工作或生活的切实需要，因此成人教育的办学思路和方向也非常明确——解决工作或生活中的切实问题。家长之所以接受教育，根本原因在于自己已有的教育知识、经验无法满足教育子女的需要。学校等相关机构应该满足这种需要，不光是为了家长，更是为了儿童青少年的成长。对于家长，我们不能有过高的期望，更不能一味地埋怨、责怪，因为他们都是普通人，他们有育人之心，但可能无育人之能，有的家庭受自身条件限制可能缺乏育儿的必备条件。因此，在开展家长教育时，教育者要"回归丰富的成人生活世界、走进缤纷的成人精神家园"，在遵循成人学习规律和了解成人遇到的真实困惑基础上构建支持系统。②

## 二、家长是个复杂的群体，家长教育应满足家长的多样化需求

第一，家长教育力求兼顾家长的统一性和个性化需求。统一性需求是指所有家长必须达到的基本要求，比如掌握孩子成长的基本特点、家庭教育的基本理念、育儿的基本内容和方法、家庭建设和亲子关系建设知识等。个性化需求是指每个家庭的不同需要，家长教育要根据每个家庭的不同情况和要求而提供有针对性的引导和帮助。人们常说"家家有本难念的经"，这句话非常适合家庭教育，有的亲子关系不好，有的孩子学习习惯不好，有的孩子自我管理不好，有的孩子人际关系差。因此，家长教育既要关注每个家庭都需要"念的经"，又要关注每本"难念的经"。

第二，家长教育要力求做到补救性、预防性和发展性相统一③。补救性家长教育是指"对已经出现问题的家庭采取矫正措施"，如家庭暴力倾向家庭、问题少年家庭的家长教育。预防性家长教育是"针对某些可能发生问题的高风险家庭提供家长指导"，如犯罪人员家庭、贫困家庭、单亲家庭等各种处境不利儿童的家庭。发展性家长教育是家长教育的基本形

---

① 高志敏 . "成人教育"概念辨析 [J]. 陕西师范大学继续教育学报，2000，17（1）：5.
② 高志敏 . 成人教育研究的反思与前瞻 [J]. 教育研究，2006（9）：60-65.
③ 盖笑松，王海英 . 我国亲职教育的发展状况与推进策略 [J]. 东北师大学报（哲学社会科学版），2006（6）：158.

态，旨在"辅导家长或准家长了解孩子身心发展规律、掌握教养技能，促进家长有效地培养孩子的积极品质，促进孩子健康成长"。从总体上来说，家长教育需要兼顾这三种类型，但具体到某一学校，还要有所侧重。比如，优质学校要重点抓好发展性家长教育，兼顾补救性和预防性家长教育；而薄弱学校、农村留守儿童集中的学校、困境青少年集中的学校（如工读学校），应该把补救性和预防性家长教育放到重要位置。

第三，家长教育要注重"职前"教育和"在职"教育的统一。家长和学校教师是学生受教育生涯中两个最重要的他人，教师在职前和职中都需要接受教育，家长本应该也是这样。所谓的"职前"教育，是指夫妻在成为父母之前接受教育，以具备履行家长教育职责所需要的知识、能力和观念，这是夫妻成为父母之前应该进行的教育铺垫。"在职"教育是指夫妻在拥有子女之后，在教育子女过程中接受教育，以具备相应的教育知识、技能和观念等，从而应对各种教育挑战。该阶段的家长教育需要进一步普及家庭教育相关理论，但主要是针对具体问题而展开。过去我们过多注重"在职"教育，现在应在此基础上将"职前"教育纳入家长教育之中，让准父母在孩子没有出生甚至还没有孕育的情况下接受家长教育，充分做好准备。

第四，注重家长教育的非正规性。教育分为正规教育和非正规教育。正规教育相当于当今学校教育中的学历教育，在教育者、教育目标、教育内容、学制、评价、教学场所、教学时间等方面都有制度化的安排，具有统一性、连续性、标准化和制度化等特点。非正规教育可以为无法获得学校教育的人提供教育机会。它可以是有组织的，但不是充分制度化的；可以是系统的，但未必是常规化的。非正规教育基本上是在校外进行的，与正规教育相比，其内容、方法、形式具有较低的正规性、较高的灵活性，提供教育服务的机构多样多元。家长教育总体上来说属于成人非正规教育：教育对象包括一切需要接受教育的家长；内容体系是非标准化的，不一定采取阶梯式的课程结构，强调学习成果的应用性；不以证书为目的，时间上较为灵活；管理和教育主体可以是政府及其体制内的教育机构，也可以是非政府的、体制外的教育机构；授课体系是弹性的，以学习者为中心。① 基于家长教育的非正规性，一方面，国家要将其纳入成人教育体系，构建有利于家长学习的机制；另一方面，在实施家长教育的过程中，要基于不同需要，以学习者为中心，设计灵活多样的课程体系，不断提高教育实效。

## 三、家长教育属于"公事"，带有"弱强制性"特征

### （一）家长教育具有一定强制性

家庭是人生的第一所学校，家长是孩子的第一任老师，家庭教育对于儿童青少年的健康成长具有奠基性、不可替代的作用，家长的素质事关家庭教育成败。家庭教育既是"家事"又是"国事"，既是"私事"又是"公事"。开展家长教育，提升家长教育素养，刻不容缓。然而，长期以来社会主要聚焦教师的专业发展，而对家长的专业素养却少有关注，难怪近年来屡屡听到这样的感慨：当医生需要考医师执业证，当律师需要考律师资格证，就连当司机、厨师都需要考相应的证照，但对于承担这么重要、复杂的家庭教育的家长们来说，竟然不需要"持证上岗"，真是不可思议！其实，家长的教育素质问题已经引起了全社会的高度重视，加强家长教育已成为国家教育法律、政策的重要内容。党的十八大以来，习近平总书记高度重视家庭教育工作。在 2018 年全国教育大会上，习近平总书记指出，办好教育事业，家庭、学校、政府、社会都有责任。家庭是人生的第一所学校，家长是孩子的第一任老师，要给孩子讲好"人生第一课"，帮助扣好人生第一粒扣子。教育、妇联等部门要统筹协调社会资源支持服务家庭教育。全社会要担负起青少年成长成才的责任。2019 年 6 月中共中央、国务院颁布的《关于深化教育教学改革全面提高义务教育质量的意见》明确提出，"重视家庭教育"，"加快家庭教育立法，强化监护主体责任"，"家长要树立科学育儿观念，切实履行家庭教育职责"。2019 年召开的党的十九届四中全会，提出了"构建覆盖城乡的家庭教育指导服务体系"。

近年来，开展家长教育、提高家长素质也逐步被写入相关的法律之中。《中华人民共和国婚姻法》明确了家长的教育义务，第二十三条指出：

---

① 顾晓波. 成人非正规教育：概念、背景及若干思考 [J]. 职教论坛，2005（31）：26-29.

"父母有保护和教育未成年子女的权利和义务。"《中华人民共和国教育法》第五十条指出："未成年人的父母或者其他监护人应当为其未成年子女或者其他被监护人受教育提供必要条件。未成年人的父母或者其他监护人应当配合学校及其他教育机构，对其未成年子女或者其他被监护人进行教育。学校、教师可以对学生家长提供家庭教育指导。"《中华人民共和国未成年人保护法》第十二条明确指出："父母或者其他监护人应当学习家庭教育知识，正确履行监护职责，抚养教育未成年人。有关国家机关和社会组织应当为未成年人的父母或者其他监护人提供家庭教育指导。"在全国家庭教育立法积极推进的同时，地方家庭教育立法工作进展顺利。截至目前，重庆市（2016）、山西省（2018）、江西省（2018）、江苏省（2019）、浙江省（2019）、福建省（2020）、安徽省（2020）已经颁布了《家庭教育促进条例》，贵州省则颁布了《未成年人家庭教育促进条例》（2017），有些省市的相关立法工作正在积极推进。

教育、妇联等部门是落实家庭教育指导和家长教育的责任主体。近年来，作为家庭教育的牵头部门，全国妇联单独或会同教育部等部门颁布了一系列文件，逐步规范和强化家长教育。例如，《关于进一步加强家长学校工作的指导意见》（2011年）和《全国家庭教育指导大纲（修订）》（2019年）分别从宏观和微观角度，就如何办好家长学校以及如何做好家庭教育指导做出了具体的规定。《关于指导推进家庭教育的五年规划（2016—2020年）》，明确提出要加快家庭教育事业法制化、专业化、网络化、社会化建设。教育部门和学校是开展家庭教育和家庭教育指导的中坚力量，《义务教育学校校长专业标准》（2013年）和《幼儿园园长专业标准》（2015年）将家庭教育指导和家长教育作为校长和园长工作的重要内容。2015年教育部颁布的《关于加强家庭教育工作的指导意见》提出："中小学幼儿园要把家长学校纳入学校工作的总体部署，帮助和支持家长学校组织专家团队，聘请专业人士和志愿者，设计较为具体的家庭教育纲目和课程，开发家庭教育教材和活动指导手册。"2019年，教育部将家庭教育指导纳入工作要点，并着手开展家长教育教材的研制等工作。

很显然，加强家长教育和家庭教育指导已经成为全社会的共识。无论是国家的法律制度，还是地方的立法，都在一定程度上体现了国家意志，使家长教育和家庭教育指导带有强制性特征，有着法理依据。强制性亲职教育（家长教育）符合权利、义务和责任的法律逻辑，与国际公约相呼应，符合儿童利益最大化原则，成为强化父母监护法律责任的迫切要求，是国家具体落实亲权责任、保护未成年人合法权益的必然选择。[①]

（二）家长教育的强制性较弱

虽然说家长教育已经成为国家意志，具有一定的强制性，但不可否认，家长教育的强制性较弱。为什么呢？主要是因为家长履行受教育的义务难以统一、难以明确，对履行情况难以考核、难以惩戒。

第一，家长的教育权是基于亲权而自然产生的一种权利，青年男女只要符合《婚姻法》等法律规定，就可以结婚生子，只要生子就天然地拥有教育权。这与他们是否接受某种家长教育、达到某种标准没有直接关系。社会希望家长能够"持证上岗"，这只是一种美好的愿望。今天，不少学校和地区开始实行家长执照制度，学校希望通过制度化的力量促使家长学习家庭教育知识、提高自身教育素养，取得不少成果，值得总结。但这种方式只是倡议式的，是利用学校规训的力量促使家长完成学习任务。

第二，家长的文化素质不同，经济条件和社会地位也相差很大，他们接受育儿方面教育培训的外部条件不同，因此很难做出统一的要求，很难定出一个"合格线"。更重要的是，掌握家庭教育知识、理念需要一定的文化接受能力，家长之间天然的素质差异会造成学习效果的差异。比如，一个智力低下的成年人依照法律是可以结婚生子的，但是我们无法从法律上让他和一个正常人一样接受家长教育，并达到一定程度。再如，我国有大量的留守儿童，基本上是由老人照顾，我们也无法要求这些老人达到一定"从业标准"后才能履行监护教育义务。

第三，对家长教育内容难以做统一的、硬性的规定，对学习的结果也难以评价。家庭教育主要是生活教育，是父母和其他监护人借助日常生活对子女产生人格影响的过程，家长的品质、道德、人格等是影响子女成长的关键因素，但这些因素很难评价。家庭教育中行动比认知更加重要，有些能说会道、掌握很多教育知识和技能的人未必能培养出成功的孩子。另

---

① 毕宪顺，杨岭. 强制性亲职教育的法理依据和法律保障 [J]. 烟台大学学报（哲学社会科学版），2018，31（5）：48-56.

外，家庭毕竟是私人领域，家庭教育毕竟带有私人特征，某种程度上应该允许家长的"自由裁量"，保持个性化的教育风格。

第四，对不履行和不适当履行家庭教育责任的行为存在鉴定难、惩处难的问题，这也必然导致家长教育强制性不足的问题。家庭里对未成年人违法犯罪的行为本身就存在取证难、鉴定难、惩处难的问题。比如，《中华人民共和国未成年人保护法》第六十二条规定："父母或者其他监护人不依法履行监护职责，或者侵害未成年人合法权益的，由其所在单位或者居民委员会、村民委员会予以劝诫、制止；构成违反治安管理行为的，由公安机关依法给予行政处罚。"也就是说，只有构成违反治安管理行为的，才由强制机关给予行政处罚，对于其他"违法"行为只是由居委会或村委会等弱强制机关予以"劝诫、制止"。这种问题同样在家庭教育地方立法中暴露出来。例如，2017年颁布的《贵州省未成年人家庭教育促进条例》在"法律责任"部分做出了如下规定："父母或者其他家庭成员不履行或者不适当履行家庭教育责任，侵害未成年人合法权益的，由所在单位、未成年人就读学校、乡镇人民政府、街道办事处（社区）和村（居）民委员会等相关单位或者组织予以劝诫、批评教育；情节严重的，由公安机关依法处理。"

# 第三节　家长教育的要义：提高教育胜任力

对于绝大多数人来说，一生之中需要从事两项"工作"：一项是职场工作，这是安身立命、实现人生价值的重要条件；另一项是家庭教育工作，教育好孩子是父母的天职。家庭教育是中国父母的头等大事，后一项工作一点也不比前一项轻松。许多父母在孩子教育上投入大量精力，但是效果并不理想。提高教育胜任力，是家长教育的关键。

## 一、育儿焦虑是当今家长普遍的自我感知

### （一）高期待下的家庭教育

中国家长对子女的爱是毋庸置疑的，在爱的名义下，家长们普遍高度

重视教育，在有限的经济条件下尽可能满足孩子的教育需求。所以，中国家庭教育总体上呈现出高期望值、高投入的态势。从日常教育期待来看，北京师范大学 2018 年的调查显示①，96.2%的四年级学生和95.8%的八年级学生表示家长对自己的成绩期望至少是"班里中等"，而且45.9%的四年级学生感受到家长对自己成绩期望的最高值为"班里前三名"，42.7%的八年级学生感受到家长对自己成绩期望的最高值为"班里前十名"。虽然相对于以前调查家长的期望值有所降低，但很显然，让四成以上的孩子在班级里学习成绩处于"前三"或"前十"，这种期待水平对于其中相当一部分孩子来说太高了，不可能实现。从未来学历期待来看，有超过九成（93.4%）的城市家庭子女被家长期待至少能上大学，这种期待农村也有近八成（78.4%）。②

为实现教育预期，家长们普遍的做法是加大金钱和时间的投入，在日常生活中，有60.4%的儿童参加了各种类型的课外班，其中，平时上学科类课外班的比例为66.5%，周末上学科类课外班的比例为84.2%。③ 城市家庭对单个子女的年均教育支出为5521.7元，农村为2402.3元。④ 有统计显示，我国城市义务教育阶段家庭平均每年教育支出大约占整个教养费用的76.1%，占家庭总支出的35.1%，占家庭总收入的30.1%。⑤ 子女教育、养老和住房成为家庭日常最主要的三大支出，越是中产以上的家庭在教育上的投入越高。当然，家长的高投入不仅体现在金钱物质方面，还体现在时间的投入和精力的牵扯方面。

### （二）家长普遍存在的育儿焦虑

过高期望和过多的教育投入对孩子和家长都可能产生负面影响，而且

① 北京师范大学中国基础教育质量监测协同创新中心，北京师范大学中国教育与社会发展研究院，等. 全国家庭教育状况调查报告（2018）[EB/OL].（2018-09-26）[2020-03-01]. http：//news. bnu. edu. cn/docs/20180927154939425593. pdf.
② 刘保中. 我国城乡家庭教育投入状况的比较研究：基于 CFPS（2014）数据的实证分析[J]. 中国青年研究，2017（12）：48-49.
③ 苑立新. 中国儿童发展报告（2019）[M]. 北京：社会科学文献出版社，2019：12.
④ 同②49.
⑤ 洪明. 我国城市儿童家庭教育支出研究报告 [M]. 天津：天津社会科学院出版社，2012：21.

两种负面影响会相互传导并产生共振效应。

其一，对孩子造成的负面影响。笔者对 600 个家长教育咨询案例进行了归纳，发现家长咨询较多的问题包括：厌学、自我管理或自控力差、亲子关系紧张、网络沉溺、焦虑、极端行为、任性、生理困惑、早恋、撒谎等，其中厌学、自我管理问题、亲子关系问题占家长求助问题的一半左右。[①] 其实这个问题不难理解，因为孩子长期在高负荷、高强度状况下学习，本应玩耍和开展丰富多彩活动的时间被学习占用，自然会产生对学习的厌倦和对家长的抵触情绪，进而导致亲子关系紧张。同时，在身心状态不佳的情况下，孩子也很难管好自己，于是就会出现所谓的自我管理能力差的外部状况。

其二，对家长造成的负面影响。高期待、高投入状况下的家长，自然会高度关注孩子的学习结果，尤其是成绩排名情况。当孩子没有达到自己的预期时，家长不仅会产生育儿的挫败感、焦虑感，而且往往会加强"管理"，更加严格地控制孩子，并将内心的焦虑等不良情绪有意无意地传导给孩子。这样一来，家庭内部会产生一条无形的焦虑传导、层层加码的链条，家长的育儿焦虑情绪逐步增强。有研究显示，育儿焦虑是目前中国家长的普遍心理状态。中国家长 2018 年教育综合焦虑指数达到 67 点，整体处于比较焦虑的状态。尤其在孩子幼儿阶段和小学阶段，家长的焦虑指数较高，而初中、高中、大学阶段则呈现递减趋势。[②] 这种递减之势是因为随着孩子年龄的增长，家长的期待逐步破灭。

## 二、育儿焦虑源自胜任力不足

### （一）家长育儿焦虑的根由

教育部关心下一代工作委员会"新时期家庭教育的特点、理念、方法研究"课题组在《我国家庭教育的现状、问题和政策建议》[③] 中对我国家

---

① 洪明. 当前我国家庭教育的焦点难点问题透视：基于 600 份家庭教育咨询案例分析 [J]. 中国青年研究，2012（11）：55-59.

② 杨小微. 中国家长教育焦虑的问诊、探源与开方 [J]. 人民论坛，2019（34）：104.

③ 教育部关心下一代工作委员会"新时期家庭教育的特点、理念、方法研究"课题组. 我国家庭教育的现状、问题和政策建议 [J]. 人民教育，2012（1）：8.

庭教育的现状及存在的问题进行了概括和分析：一方面，"随着教育事业的发展和家长受教育水平的提高，我国家长教育孩子的水平也在提高"；但另一方面，相当多的家长，"教育观念滞后，而又忽视自身学习，他们太爱孩子，但太不会爱孩子"。为什么家长受教育水平和教育孩子的水平都在提高，反而不会爱孩子甚至出现严重的教育问题呢？这个看似矛盾的现象折射出今天家庭教育问题从根本上来说不是教育投入问题，也不是具体的教育方法问题，而是家长整体的教育胜任力不足问题。

全国妇联的相关调查表明，90%以上的家长反映自己在教育子女方面不成功，95%以上的家长表示在教育子女方面苦无良策。① 这个数据反映出，九成以上家长的教育预期会落空，或者说九成以上家长的教育预期不合理。但现实中许多家长并不是调整自己的教育预期，而是埋怨自己"苦无良策"。其实，当预期过高以至无法实现时，什么良策都无济于事。总体而言，家长在教育上的"苦无良策"是教育胜任力不足的直接感受，其背后的复杂问题是家长无法自我觉察的。教育焦虑情绪加上教育无助感增强了家长对自我提升的需要。东北师范大学儿童发展研究中心的调查发现，只有23%的家长认为自己目前掌握的家庭教育知识已经够用，而77%的家长认为自己目前掌握的家庭教育知识不够用。当被问及"作为家长，您认为自己是否需要接受专门的家庭教育知识培训"时，76.4%的家长做出了肯定回答。②

（二）胜任力不足的主要表现

人们习惯于将孩子的问题与家庭教育问题直接挂钩，甚至会说"每个有问题的孩子背后总有一对有问题的家长"。家庭教育中到底有哪些问题，不同人从不同角度进行了概括，总体来说缺乏一个系统化的视角。比如：有人将我国家庭教育问题概括为舍本求末、夫妻角色颠倒、溺爱、强行灌输、父母配合失当、多否定和责备、转嫁焦虑、奖惩不力八个方面。③ 这八个方面的问题主要是从家长教育观念和行为角度来概括的，其中有的属

① 李俊. 家长教育培训研究：从家庭教育到家长教育（上）[J]. 成人教育，2008（10）：6.
② 盖笑松，王海英. 我国亲职教育的发展状况与推进策略 [J]. 东北师大学报（哲学社会科学版），2006（6）：155.
③ 小单. 钱志亮：治理家庭教育中的雾霾 [J]. 妇女生活（现代家长），2014（2）：18.

于方法问题，有的属于目标问题，有的属于家庭教育分工问题。教育部关心下一代工作委员会相关课题组认为，我国家庭教育问题主要有：家长对孩子期望过高，急功近利，迷信"天才教育"，希望"克隆"神童，对孩子强行塑造，把自己的愿望强加给孩子；重教子轻自修，不能为孩子做出榜样；不尊重孩子的隐私；重智育、轻德育，不重视劳动教育；教育方式多训斥，少疏导，以及用溺爱或暴力等极端方式对待孩子；等等。概括来说，问题主要包括：不合理的教育期待，违背教育规律和儿童发展规律，亲子观念、教育价值观错误，方法简单粗暴，忽视自我成长，等等。

综合上述，我们认为，今天孩子出现的学习、品德、人格等问题与家庭教育关系密切，或者说主要是家长错误的教育理念和方法导致的。直接原因是家长教育方法、技能问题，而深层次原因是家长错误的教育期待、扭曲的教育价值观，不良的亲子关系和家庭成长环境，以及家长在教育过程中表现出的不良的人格特质。上述问题与家长不注重自我成长以及各种无效或低效的家长教育息息相关。而家长的问题正是缺乏胜任力的表现。因此，以胜任力为核心，提升家长教育素质，是家长教育的关键。

## 三、家长教育的要义：提高教育胜任力

### （一）胜任力

胜任，是指足以承受或担任某项工作或岗位的状态。是什么原因使一个人能够胜任自己的工作或岗位呢？这就是潜在于一个人内心的各种素质和个性特征，也就是胜任力（competence/competency）。从词源看，"胜任力"源于拉丁语"competere"，意为"适当的、适合的（suitable）"。我国学者常常将胜任力翻译为素质、能力、称职、胜任等概念。胜任力的提出，旨在更好地识别员工胜任与不胜任、优秀与平庸的表现及原因。胜任力具有三个重要特征：第一，与工作绩效有密切的关系，甚至可以预测员工未来的工作业绩；第二，与工作情景相关联，具有动态性；第三，能够区分优秀业绩者与普通业绩者。①

---

① 李明斐，卢小君. 胜任力与胜任力模型构建方法研究［J］. 大连理工大学学报（社会科学版），2004（1）：29.

胜任力的研究创始者哈佛大学教授戴维·麦克利兰（David C. Mc-Clelland）认为，胜任力是指能将某一工作中有卓越成就者与普通者区分开来的个人的深层次特征，包括在工作情景中员工的价值观、动机、个性、态度、技能、能力和知识等关键个体特征。① 在此基础上，美国学者 Lyle M. Spencer 和 Signe M. Spencer 在 *Competence at Work* 一书中进一步提出了胜任力模型。他们认为，胜任力可以划分为两大部分：水上冰山部分（知识和技能），即基准性胜任力特征，这只是对胜任者基础素质的要求，不能把表现优异者与表现平平者区别开来；水下冰山部分，包括社会角色、自我概念、特质和动机等胜任力特征，可以统称为鉴别性胜任力特征，是区分表现优异者与表现平平者的关键因素。② 所以，胜任力可以被视为一个人能够完成某项任务或胜任某个岗位所应具有的素质及人格特征，其中，知识、技能等是外显性特征，动机、价值观等是一个人人格特质中较为深层和持久的部分。胜任力是一个人各种素质在工作情境中的表现，尤其是创造性地解决工作中的问题和应对挑战的能力。胜任力强的人不仅能够从容应对各种工作挑战，还能够从解决问题中获得工作幸福感和职业成就感。

（二）教育胜任力

教育工作是以爱为基础的工作，是传播知识与智慧、丰富与发展人性、开发人的潜能的工作。提炼家长教育胜任力，首先会想到与之相关的教师教育胜任力。过去教育胜任力一般专指教师的教育胜任力。近年来，中外学者对教师胜任力进行了大量研究，提出了相应的教师胜任力模型，包括一般教师胜任力模型和校长、班主任等特殊教师群体胜任力模型。Kabilan③ 认为，教师胜任力评价标准分五大项，即动机，技能、知识与思想，自我学习，交互能力及计算机能力。教师工作动机、相应的知识与技能、背后的观念自然非常重要，但基于教师教学相长的职业特征和信息技

---

① MCCELLAND D C. Testing for competence rather than for "intelligence" [J]. American Psychologist，1973（1）：1-14.

② SPENCER L M，SPENCER S M. 才能评鉴法：建立卓越的绩效模式 [M]. 魏梅金，译. 汕头：汕头大学出版社，2003：17.

③ KABILAN M K. Online professional development：a literature analysis of teacher competency [J]. Journal of Computing in Teacher Education，2004，21（2）：51-57.

术在教学中的普遍应用，Kabilan 特别强调了关系维度、学习能力、信息技术等。我国学者徐建平、张厚粲对教师 11 项鉴别性胜任特征和 11 项基准性胜任特征进行聚类，归纳出教师胜任力六大特征群。（1）服务特征：沟通技能、理解他人、尊敬他人、宽容性、热情；（2）自我意象：自我控制、自我评估、反思能力；（3）成就特征：提升的动力、效率感、挑战与支持；（4）认知特征：概念性思考、分析性思考、专业知识与技能；（5）管理特征：情绪觉察能力、团队协作、组织管理能力；（6）个人特质：自信心、责任感、正直诚实、创造性、稳定的情绪。[①] 应该说，这六大特征群对提炼家长教育胜任力具有很重要的参考价值，但家庭与学校、家长与教师在"工作"性质上存在差异，家庭教育更具有非专业性、自愿性，是家长的天然使命，因此在提炼家长教育胜任力时应该对该项概括的个别项目进行微调，如"服务特征"应该突出家长在亲子沟通中应该具有的素养，"管理特征"应该强调家的特点。

### （三）家长教育胜任力

虽然教师教育胜任力模型研究对家长教育胜任力的提炼有一定的启发，但二者"工作"属性的差异还是很大的，提炼家长教育胜任力需要充分考虑家长作为"教育者"的角色特征。

首先，教师是社会"法定"的职业，有着明确的职业规范；而家庭教育"工作"总体上属于"家务事"，没有明确的职业规范。教师是一种职业，有严格的职业规范，教师要遵循职业标准和教育部门的规定，接受专业的考核和评价。而家庭有多重功能，为维持家庭的存续，家长首先将精力放在家庭生存上，然后才能顾及教育。同时，受家长认识水平和家庭条件的限制，对家庭开展什么样的教育、如何履行职责难以统一规定。

其次，与一般教师相比，家长所承担的教育任务虽然不太专业，但远比教师丰富。教师虽然对学生发展起着极其重要的作用，负责学生在校学习指导、监护和管理，但具体到某一教师，其角色是明确的、固定的，其胜任力比较容易厘清。但在家庭中，家长身兼数职。家长既要当好教育决

---

① 徐建平，张厚粲. 中小学教师胜任力模型：一项行为事件访谈研究［J］. 教育研究，2006（1）：60.

策者，又要当好执行者，还要与学校配合；既要管生活，又要管学习和休闲娱乐。此外，学校教育与家庭教育还有许多不一致的地方。这些都会导致教师胜任力与家长胜任力之间的差异。比如，教师进行的是一对多的教育，家长进行的基本上是一对一或二对一的教育。虽然多子女家庭的情况会更加复杂一些，但基本上教育对象与教育主体关系简单。教师进行的是学科教育，而家长进行的是生活教育；教师承担的是有限责任，家长承担的是无限责任。总之，提炼家长教育胜任力除了要借鉴教师教育胜任力之外，还要详尽分析家长作为第一任教师的"职业"特征。

子女教育是家长的一项长期而复杂的"工作"，也是法律赋予家长的应尽职责。家长教育胜任力是家长在子女教育方面应该具备的各种素质的总和，包括相应的知识、技能、自我概念、稳定特质和动机，尤其体现为创造性解决子女教育问题的能力。家长教育胜任力体现在家长作为家庭教育主导者所做出的各种教育行为之中，也体现在家长作为学校的合作者处理家校关系的行为之中，还体现在家长利用社会教育资源实现教育目的的各种行为之中。

## 第四节　家长教育胜任力的厘定

研究某一岗位胜任力的一般做法是"从胜任该职位或任务的个体身上提炼出一项或数项具体的胜任力特征"[①]。在构建胜任力模型时需要关注两个重要因素：一是个体所从事工作或岗位的具体要求，包括目标的达成、任务分解、难度大小、关键问题的解决；二是个体顺利完成该项工作所需的各种外显的和内在的素质，比如知识与技能、情意、价值取向、动机系统，这些素质与任务挑战是匹配的、对应的。厘定家长教育胜任力是科学开展家长教育的前提。家长教育胜任力是家长在育人过程中有效应对各种挑战的能力。家长是特殊教育者，厘定家长教育胜任力需要回到家长的教育角色之中，充分了解其"职业"特征。

---

① 国际人力资源管理研究院（IHRI）编委会. 人力资源经理胜任素质模型 [M]. 北京：机械工业出版社，2005：7-8.

## 一、家长"职业"特征分析

父母是孩子天然的教育者，这是高级动物进化的必然结果，是自然与社会发展的必然选择。但是，家长作为教育者在不同历史时期所起的作用是不一样的。在学校诞生之后，家长的部分教育权开始转移给学校。但奴隶社会和封建社会的学校教育并不发达，只有部分特权阶层子女能够享受，广大劳动人民子女无法享受，他们接受的教育几乎全部来自家庭。即便少数享受学校教育的特权阶层子女，他们大多数时间还是受家庭教育的影响。工业革命之后，现代学校教育兴起并逐步普及，家庭的经济功能逐步被社会化大生产和机器所取代，家长从家庭走向工厂，从事劳动赚钱养家，无法承担更多的教育任务。同时，为满足机器大生产的需要，国家和社会开始创办更多的学校，自此家庭教育逐步让位于学校教育而沦为附属地位。但到了后工业化时代，以信息技术为核心的生产力高度发达，普通人在工厂的劳动时间逐步减少，各种各样的产业形态出现，加上家庭收入和家长文化程度的提高，家长有更多的时间和更好的文化基础指导子女。同时，家长参与现代教育的愿望越来越强烈，机会也越来越多，家庭对学校教育的影响越来越大，在家庭强大的需求刺激下，一个巨大的校外教育市场逐步形成了。很显然，在现代社会里，家长的教育角色已不仅仅是第一任教师了，还需要与第二任、第三任教师打交道，学会从丰富的教育市场中选择适合自己孩子的教育产品。有人归纳了六条为人父母之道，即建立良好的夫妻关系，建立对父母角色的认知，履行教育子女的具体职责，建立与学校教育的联系，建立与社会教育的联系，建立良好的亲子关系。①由这六条为人父母之道我们可以看出，作为"第一任教师"的家长，其角色内涵要远比学校教师丰富。笔者认为，家长的教育角色应该包括家庭教育中的教育者、家校关系中的合作者以及社会教育资源的整合者三种。

（一）家庭教育中的教育者

教育者是家长最重要、最基础的角色。作为教育者，家长虽然不需要

---

① 缪建东. 家庭教育 ［M］. 北京：北京师范大学出版社，2015：46-48.

像教师那样专业，但家庭教育比教师工作更复杂。学校教师专业性强，分类也细：纵向上分为幼儿园教师、小学教师、中学教师、大学教师，横向上分为语文教师、数学教师、历史教师、体育教师等。但家长职能就不同，纵向上要负责孩子从小到大的整个成长过程，横向上要负责孩子德智体美劳等诸多方面的发展。作为第一任教师，家长需要做到以下六个方面。

第一，责任明确。家长可以有多重社会身份，但教育孩子是天经地义的责任。无论孩子处于哪个发展阶段，就读于哪所学校，家长都是教育孩子的第一责任人，绝不能把教育的责任推给社会和学校。

第二，定位准确。相对于学校而言，家庭教育最重要的是做人的教育，最大的资源是丰富的生活，最大的优势是家人的情感。尽管家庭也要担负孩子的科学文化知识教育，也可以采取很多教育方法，但是通过日常生活教给孩子做人的道理无疑是最重要的。家长给孩子创造什么样的生活环境，就是开展什么样的教育；孩子在什么样的环境中生活，就受到什么样的教育。

第三，合理期待。家长对孩子的期待是孩子学习的外部动力，合理的期待会对孩子动机的形成产生积极影响。家长要永远对孩子持有信心，要永远充满期待，但期待目标要在孩子的"最近发展区"内，要望子成人而不是望子成龙，更不要攀比。

第四，和谐关系。家庭关系有很多种，夫妻关系、婆媳关系、亲子关系、邻里关系等，良好的家庭关系是家风的重要组成部分，会为孩子造就一个具有安全感的环境。家庭关系中最重要的是夫妻关系，这是家庭和谐幸福的关键；其次是亲子关系，这会影响家庭教育的直接效果。

第五，方法得当。前文已交代，家庭教育是生活教育，最根本的方法就是营造良好的家庭氛围，要学会在生活中指导孩子，保持良好的生活方式。家长要知道身教重于言传，自己就是孩子的榜样；抓关键、重习惯养成，持之以恒，久久为功；要尽可能地学会学习指导，培养孩子良好的学习习惯。

第六，家风要正。家庭教育的最重要资源是良好的家风，家风是父母祖辈通过率先垂范、言传身教等给子女后代树立的行为准则和价值取向。家风好，家庭兴旺，子女受益；家风不正，家庭不兴，子女受损。

（二）家校关系中的合作者

学校是家长最重要的同盟军，家校合作共育是教育成功的必由之路。家长与学校合作需要做到以下几点：第一，尊重、相信学校和教师，不要轻易地怀疑、指责学校和教师。有些社会地位较高的家长，经常不经意地流露出看不起学校和教师的情绪，对学校和教师说三道四，不尊重中小学教育的专业性，甚至在孩子面前毫不掩饰这种思想。有的家长在指导孩子选择未来职业时总是瞧不起教师这个职业。这会严重影响家校关系，也会影响到孩子。第二，了解学校、读懂学校。学校教育是专业性很强的实践活动，学校在发展过程中往往会形成自己的办学理念和特色。读懂学校，就是要读懂学校的教学目标、办学理念、课程特色，读懂教师的良苦用心。读不懂学校，就不理解学校的作为，无法与学校形成同盟军。比如，有的孩子已在学校里读了几年书，可家长还不知道学校的校训是什么。又如，对于减负问题，尽管国家三令五申，但推行起来依旧艰难，关键是有些家长不知道减负的重要意义，不愿意配合。第三，积极配合学校。家校在地位上没有高低之分，但在任务分工上有主有次，家长配合学校督促学生完成日常的学习任务是家校合作的应有之举。比如，为了保证孩子顺利完成家庭作业，有时候需要家长监督、管理；为培养孩子良好的阅读习惯，有时需要亲子共读。有的家长为了让孩子在竞争中处于优势地位，不顾学校的教学进度，另起炉灶，通过各种形式让孩子提前学，这样就打乱了学校的教学进度，是不配合的表现。第四，主动参与学校。无论现代学校制度的建立，还是教学质量的提高，都需要家长的参与。尽管家长的能力和资源不同，但参与的态度都应该是积极的。家长的参与行为和态度对孩子也是一种教育。家长可能参与的活动包括：学校学生管理，如维持上下学秩序；学校课程建设和实施，如担当教学助手；学校管理，如为学校建言献策，参与学校家长委员会、志愿者活动等。

（三）社会教育资源的整合者

家庭和学校之外，还存在一个更大的教育场所——社会。广义的社会教育是指除了家庭和学校之外的一切影响孩子成长的社会存在，既包括社会系统本身，也包括专门的社会教育机构。社会蕴藏着丰富的教育资源，家长应该根据孩子学习和成长的需要，加以充分利用。家长利用社会资源大致有三种情况：一是配合学校完成相关的教育任务，比如完成学校布置的社会实践活动、社区服务等；二是满足孩子的兴趣爱好，如支持孩子参观博物馆、科技馆；三是根据生活和孩子发展需要进行相应的社会性活动，如看电影、旅行观光、志愿服务等。一般来说，博物馆、图书馆、科技馆、青少年宫、儿童中心等是以培养学生综合素质为目的的公益性（或准公益性）的教育或公共服务机构，家长应当高度关注并充分利用。还有一类是以补习或兴趣培养为目的的有偿教育服务，家长也要合理利用。如今市场上的教育服务多种多样，利用好市场上的教育资源以弥补家庭和学校教育的不足，也属于家长的一项重要能力。如何做一个理性的教育消费者呢？第一，不要盲目消费。盲目消费不是根据真实需求和家庭实际能力进行消费，而是跟风式、攀比式、投机性消费等。第二，要评估教育需求。教育消费需要基于真实的教育需求，真实的教育需求一定是孩子的，而不是家长的，不顾孩子需求而购买的教育产品是无效或低效的。只有评估好孩子的教育需求，或者将自己的需求转化为孩子的需求，才能"物有所值"。第三，不要本末倒置。选择市场上的教育产品，一定不能忽视家庭和学校教育的重要性。以游泳为例，不少家长会游泳，但是为了保证泳姿的正确性，宁愿将孩子送到兴趣班而不是亲自教孩子。岂不知，家长教孩子游泳的过程，也是陪伴、沟通和构建良好亲子关系的过程。校外教育，不能代替家庭教育应尽的责任，不能干扰学校教育的正常进度，应该对家庭和学校教育起着补充、完善、拓展的作用。

## 二、家长教育胜任力的基本构成

### （一）家长教育胜任力的已有研究

#### 1. 关于家长素质的研究

在正式提出家长教育胜任力之前，人们往往习惯于用家长素质这个概念来概括对家长的要求。有人认为，家长教育素质是"家长对孩子进行家庭教育的比较稳定的、内隐的、本质的特点"，包括"家长的教育观念、家长对孩子的教养态度和家长教育孩子的能力"[①]。有人认为，理想的家长是高效解决家庭教育问题的家长，应具备如下素质：有积极的生活态度、健康的心理状态，有事业心和积极的工作态度，有良好的道德修养和行为习惯，有正确的人生观和价值观；在家庭中有民主、豁达的管理方式，有较强的管理子女的能力，自身能够坚持终身学习，能够营造学习型家庭氛围；能够树立自信、自强、民主、平等、理解、宽容、充满智慧的家长形象；经过教育和培训能够具有持续学习与自我建构和反省批判的能力，能够成为与社会协调发展的、高素质的现代人。[②] 这多是从一个理想公民的角度对家长素质加以概括的，而没有充分体现教育者角色特征。

还有人从"素质+能力"角度来界定家长角色特质，认为理想的家长角色特质包括七大素质和十五项能力。七大素质包括：身体素质、心理素质、政治素质、道德素质、文化知识素质、审美素质、法律素质。十五项能力包括：管理能力（巧妙的应变能力、灵活的策略性、完美的协调性、宽严的适度性、情理的融合性），了解孩子的能力，分析判断能力，解决问题能力，指导孩子的能力（随机应变能力、洞察力、对症下药能力、掌握教育分寸能力、辅导能力），保护孩子安全能力，获取、筛选、处理信息能力，人生规划能力，研究能力，参与学校能力，评价孩子能力，语言表达能力，沟通能力，反思能力，自我修养能力。该研究对家长素质进行了较为全面和细致的归纳，很有参考价值，但尚存在以下问题：一是没有厘清素质与能力的关系，能力是素质的组成部分，二者之间应该是一种包含关系；二是将家长素质视为一个大的筐，把教育者可能具备的优质素质和能力都装了进来，缺乏家庭教育的针对性；三是十五项能力中有些能力（如分析判断能力、人生规划能力、研究能力、语言表达能力、反思能力等）内涵过小，应该包含于其他能力之中。

2. 关于家长教育胜任力结构的研究

有人以河南省 300 名中学生家长为研究对象，将中学生家长教育胜任力归纳为权限意识、个人驱力、自我约束、仁慈关怀、主动性、情绪、影

---

① 赵刚，王以仁. 中华家庭教育学［M］. 北京：研究出版社，2016：684.
② 李俊. 家长教育培训研究：从家庭教育到家长教育（下）［J］. 成人教育，2008（11）：10-13.

响力等方面。① 适当的权限意识会使中学生得到尊重和鼓励，有利于其民主、自信、责任心等良好品质的形成。个人驱力是指驱动个体迎接挑战、追求成绩和更高目标的力量，主要包括自信和成就动机。自我约束主要表现为自我检查，自我反省，自我质问，意识自身问题，自我管理，遵守规范和约定，公正公平，处理事情合情合理。仁慈关怀主要是指依照孩子的实际情况，对孩子的发展提出适度的、合理的要求，远离成人之间的那些不当比较，不以家长个人的喜好决定孩子的培养计划，尊重孩子个人的特点和需求，引导孩子主动地制订自己的学习计划。主动性主要包括家长的学习意识、学习能力、工作态度、时代意识等。情绪主要包括对孩子良好行为的积极反应和对孩子不良行为的负性反应。影响力是指能影响他人自愿支持、认同，按照自己的认识和判断去改变事物进程的能力。该研究提炼出优秀中学生家长的某些重要特质，比如亲子关系中的权限（即边界）意识，自我发展及影响力。该研究存在的问题主要表现在：其一，没有全部列出家庭内在关系对子女的影响；其二，没有涉及家校关系及家长在家校合作中的能力；其三，胜任力各维度之间有交叉重叠。

曹海琴等②正式提出家长教育胜任力概念，将教育胜任力模型归纳为人格特质、爱的能力和教育能力三个维度，具体包含八项考察点。人格特质是指家长自身的人格特征、心理状态等，包括责任心（为人父母的责任意识）和情绪管理能力（情绪察觉和情绪稳定）。爱的能力指家长对孩子的理性关爱，包括尊重人格（尊重并理解子女的感受和想法）、有质量的陪伴（有互动、有参与地陪伴子女）和有效沟通（理解能力、表达能力、沟通时间）。教育能力是指家长的教育意识及方法，包括价值引导（培养孩子良好的价值观念）、榜样示范（身体力行，做子女的道德榜样）和反思能力（反思自身缺点以及教育上的不足）。该研究以"人格—爱—行动（教育）"为框架，从抽象到具体，比较简洁地概括出家长胜任力模型，有一定的参考价值。该模型的主要问题在于：其一，没有列举家长教育的全部职责，缺失家校沟通、家庭建设等方面内容；其二，胜任力模型内涵

---

① 阚云静. 中学生家长胜任特征的结构维度研究 ［J］. 南都学坛，2011，31（5）：129-131.

② 曹海琴，檀曦小分队. 城市小学生"家长胜任力"现状与提升 ［J］. 中国青年社会科学，2017（4）：46-51.

界定不清晰，如爱的能力，如果不对爱进行定义，那么所有的家庭教育能力都可以归结为爱的能力。

根据前面的论述，当今家长在家庭教育中的困惑主要源于胜任力不足，家长可能在许多方面都需要接受教育，但是家长教育不同于一般的素质教育，而是以解决家庭教育问题为中心、以提高家长胜任力为目标的教育。家长教育就是要不断丰富家长的家庭教育知识，提高其解决教育问题的技能，并且让家长进一步明确作为教育者的自我认知和稳定的人格特质，唤醒家长教育子女的需要和动机。当今家长胜任力不足主要表现为相应的家庭教育知识与能力的不足，深层次原因在于许多家长没有角色意识，教育期待过高，缺乏将爱与智慧相结合的能力。家长教育以提高胜任力为目的，不是简单地传授新知识和新理念，而是解决家长的"痛"与"痒"。理想的家长教育课程应致力于达成这样的美好预期：让家长更能享受为人父母的乐趣；让家长更"善"于与子女沟通；让家长更"勇"于承担为人父母的责任，积极面对青少年成长的种种问题；让家长更"敢"于为子女的成长而全面参与教育事务。①

（二）家长教育胜任力的基本内容

综合以上认识，参考胜任力的基本构成及家庭教育的具体要求，笔者认为，家长教育胜任力是家长的核心教育素养，是家长在开展家庭教育过程中所应具备的知识、技能，对自身教育角色的认知、定位，从事家庭教育的动机和持有的价值观，以及稳定而适度的人格特质。家长应该是和谐家庭的建设者、良好家庭教育环境的创建者、良好亲子关系的维护者、孩子学业的辅导者、学校教育的同盟者、社会资源的统筹者。家长教育胜任力体现为家长在从事家庭教育时应具备的观念系统、知识与方法系统、动力系统、自我概念、情绪情感系统的统一。

1. 科学的家庭教育观念

家庭教育基本观念是对家庭教育的总体认知，包括家庭观、亲子观、教育观、家校观等，主要体现为对好家庭、好父母、好教育、好家校等问题的认知。

---

① 何瑞珠. 家长教育的发展方向 [J]. 世界教育信息，2002（2）：24.

　　家庭观是家长对家庭性质、功能、形态的理性认识，是对家庭的重要性、什么样的家庭是好家庭、如何建设一个好家庭以及什么样的家庭环境更容易使子女成才等问题的正确认识。正确的家庭观包括：家庭是生命的摇篮，是避风的港湾，是孩子成长的第一所学校；父母是孩子的第一任教师，孩子的品行折射出父母的品行；家庭最大的教育资源是良好的家风，家庭教育的主要方式是生活教育，美好的生活就是美好的教育。

　　亲子观是对亲子在血缘、伦理、法律、社会、教育意义上关系的认识以及对如何构建和谐关系的理解。正确的亲子观包括：父母是孩子血缘上的至亲、成长中的监护人、生命中的重要他人，孩子与父母在法律和人格上是平等的主体关系；孩子是人，是成长中的人，是潜能有待开发的人，是未来充满各种可能的人；孩子是独立的个体，享有法律赋予的权利，拥有人格尊严，不是父母的附庸，更不是父母的私有财产；良好的亲子关系是教育的基本条件，也是教育的目的。

　　教育观是对教育本质、功能、方式、机制等的认识，是对什么是教育及什么是好的教育的理性思考。正确的教育观包括：教育是为了促进人的成长，成长是身心的和谐发展；学习是一种自我成长的重要方式，需要通过考试评价学习结果，但学习的目的不是考试和升学；教育不是赛跑，适度竞争有助于学习，但过度竞争不利于学习；学习是终身的、持续的过程；教育不仅是教授知识技能，也是激发潜能的过程，其最终目的是成就人，丰富人性，促进人的全面发展。

　　家校观是对家庭与学校各自职能以及如何构建良好家校关系的认识。正确的家校观应该是目标一致、功能互补、资源共享、积极配合、学会参与、学校主导。目标一致是指家校都要以儿童发展为根本目标；功能互补是指家庭要做好家庭应做的事，重点是教孩子做人，使孩子养成良好习惯，学校要传授系统的文化知识技能，传播主流价值观；资源共享是指家庭要尽可能利用自己拥有的教育资源（如家长自身的时间、特长、劳动）服务于学校，学校也要尽可能地服务好家长；积极配合是指家长要配合学校完成既定教育任务，为孩子创造学习条件，学校也要注重为家长开展家庭教育创造条件；学会参与是指家长要积极参与到学校教育教学和管理之中，促进学校发展；学校主导是指在处理家校关系时，学校应担负主导者的任务。广义的家校观还包括对家庭与社会教育关系的认知理解。

2. 必要的教育知识与技能

关于教育的知识与技能有很多，主要包括：一是儿童身心发展方面的知识技能，能了解孩子，分析与诊断孩子，知晓孩子发展的特点及行为背后的信号；二是学习目标与动力方面的知识技能，包括如何合理地期待孩子、如何用目标激发孩子学习的动力、如何将外部期待转化为内部动机；三是亲子沟通方面的知识技能，包括如何与孩子沟通对话、如何提高说服孩子的能力、如何建立良好的亲子关系；四是学习指导方面的知识技能，包括如何培养孩子良好的学习习惯、如何提高孩子的注意力、如何提升孩子的思维品质；五是生活指导方面的知识技能，包括如何安排日常生活、如何设置劳动岗位、如何培养孩子的自理习惯；六是家庭建设方面的知识技能，包括如何将社会主流价值观与家庭建设相结合培育良好的家风、如何处理家庭关系和邻里关系等；七是家校社合作方面的知识技能，包括如何充分与学校沟通合作、如何参与学校、如何利用社会资源等。

3. 适度的教育动机

动机是由需要引起的对一个人行为有一定指向性和维持性的动力。家长教育动机的形成基于教育对需要的满足，教育可以满足很多需要，但各种需要之间并不协调，需要辨析：教育是促使孩子成人还是成才，如何兼顾；教育是为了孩子幸福，还是让他出人头地，如何兼顾；教育是让孩子成为他自己期待的人，还是家长期待的人，如何兼顾；教育是基于兴趣，还是基于功利，如何兼顾；教育是为国教子，还是为家教子，如何兼顾；教育是促使孩子全面发展，还是单项发展，如何兼顾。正确的家庭教育动机应该是：教育是促使孩子成人与成才的统一，在成人的基础上成才；教育要培养能感知幸福并不断创造幸福的人；教育可以基于家长的期望，但家长的期望要尊重教育规律和孩子自己的愿望，并最终转化为孩子自身的人生愿望；教育可以基于功利性需求，但兴趣是根本；教育要培养能够担任国家发展和民族复兴大任的时代新人，同时又是能够通过努力而实现自身价值的人；教育需要培养孩子的特长，更需要使其德智体美劳全面发展；教育是培养孩子，使其成就自己，而不是为父母争面子。

4. 准确的角色定位

搞好家庭教育，家长首先要知道自己是谁，要对自我角色有清晰的认知和定位。要树立自己是教育子女的第一责任人的意识，依法履行监护、教育子女的责任；要深入理解父母对于孩子来说意味着什么，好家长应该干什么、能干什么、干到什么程度等；要明确自己的责任范围，知道如何处理好自己与孩子的关系、与配偶的关系、与自己的父母的关系、与学校的关系；要明白自己与孩子一起成长的道理，不断地学习做父母，知道如何提高自己（学习什么、向谁学习、通过什么途径学习等）；要不断对自己教育责任的履行情况进行觉察、反省，时常问自己孩子的哪些问题与自己有关，孩子教育得好不好，怎么做更好。拥有良好自我角色定位的家长是善于反思自己、不断改进自己、和孩子一起成长、与教师顺畅沟通的人。

5. 稳定的人格特质

人格特质是指做人做事中表现出的稳定性倾向和风格。一个具有积极进取、意志坚定、敢于担当、与人为善、心胸开朗、包容豁达、情绪稳定等人格特质的家长，本身就是孩子的最大财富，潜移默化地影响着孩子。作为教育者，家长的人格特质主要指家长在与子女互动和处理子女教育事务过程中所表现出的稳定倾向。好家长的人格特质有很多维度，但根本特质是爱。爱是同情与换位，要能从孩子的立场、角度看问题；爱是接纳与信任，无论孩子发展到什么程度，是否"有出息"，都能够无条件地接纳他、爱护他、信任他、包容他、尊重他；爱是"计深远"，要从发展的角度去爱，衡量会不会爱要看爱的行为能否为孩子终身发展奠基；爱是温柔而坚定，高尔基说过"爱护自己的孩子，这是母鸡都会做的，但教育好孩子却是一门艺术"，爱不是简单地满足，不等于放松标准，溺爱是爱的天敌。

# 第七章 基于胜任力的家长教育课程开发

家长教育是成人教育，家长学习家庭教育知识，主要目的是提高胜任力。基于胜任力的教育培训既是学校进行人才培养的重要思想方法，也是家长教育培训课程开发的重要思路。根据家长教育胜任力的内在要求，以需求为导向，以家长为主体，提供有效教育供给，是提升家长教育培训质量的关键。

## 第一节 家长教育课程设计面临的
## 挑战及设计思路

家长教育课程是不同阶段的家长学习内容与进度安排的总和。家长教育对象需求的复杂性、内容的广泛性、资源的丰富性决定了开发家长课程不像开发一门技能（如烹饪、驾驶）课程那样简单。设计家长课程，需要充分了解家长课程设计可能面临的挑战，围绕提升家长教育胜任力这个核心目标展开。

### 一、家长教育课程设计面临的主要挑战

当前家长教育已经普遍开展起来了，但各地方、各学校的做法不一，尤其是课程设计存在严重问题，缺乏统一的思想，编写的教材很多，但科学性、系统性、规范性不足。设计家长教育课程需要协调以下矛盾。

第一，家长教育供给的统一性与家长具体需求差异性之间的矛盾。常言道："家家有本难念的经"，家庭教育更是如此。这本难念的"经"中有一致性问题，可以用一把钥匙解决问题；但家庭教育中很多是差异性问

题，需要"一把钥匙开一把锁"。学校位置不同，生源状况不同，家长素质不同，家庭教育问题就可能有较大差异。农村学校、城市学校、城乡接合部学校之间，东、中、西部学校之间，民族地区与汉族地区学校之间，家庭教育问题与家长教育需求就有较大区别。理想的家长教育需要针对性强的课程和教材，但从提高效率的角度看，家长教育在资源有限的情况下最好以系统知识为核心、采取一对多的讲授式方式。家长教育课程设计如何兼顾这两种需求，是一个较大的考验。

第二，家庭本源性问题与家长教育功能有限性之间的矛盾。许多孩子的问题其实是家庭本身导致的，比如家庭本身存在的问题、家长自身素质和觉悟问题。家庭是一个人道德的发源地，家庭教育的优势和根本是立身教育、品德教育，但道德教育的关键是教育者自身的道德素质和道德成长环境。很明显，家长教育的主要目的不是提高家长自身的道德素质，而且也很难改变家长的道德素质。家庭本身也是影响孩子健康成长的关键因素，但家长教育培训很难解决家庭问题。有的家庭夫妻关系不好、家庭气氛紧张，有的家庭存在暴力倾向，有的家庭客观教育资源匮乏，如父母离异、儿童留守、父母智障、极端贫困等，这些问题在家长教育中难以解决。

第三，教育目标的统一性和家长教育起点的差异性之间的矛盾。家长教育课程的目的是统一的，即传授相关的家庭教育知识技能，提升家长的教育胜任力。但对于一个学校或班级来说，家长在文化素质、文化资本方面的差异是很大的，学习愿望和学习能力也有很大不同，关于家庭教育的知识储备是不同的。有些教育学、心理学知识，有的家长早已知晓，或者一看就会，但有的家长可能学习很长时间都难以掌握。可以说，家长之间的差异要远远大于他们孩子之间的差异。家长课程虽然不是为了提升家长的文化素质，但缺乏一定的文化素质是很难消化相应的知识的。这给家长教育课程设计带来很大挑战。

第四，家庭教育知识普遍性与家庭教育实践个性化之间的矛盾。苏霍姆林斯基说过："我坚定地认为，教育学应当成为所有的人都懂得的一门科学——无论教师或家长都应当懂得它。"[1] 但家长总感觉平时受到的教

---

[1] 苏霍姆林斯基.给教师的建议（修订版 全一册）[M]. 2版.杜殿坤，编译.北京：教育科学出版社，1984：397.

育与自己的家庭教育问题不太匹配，听讲座时热血沸腾，一回到家里就手足无措。其根本原因是家庭教育普遍化的学科知识与个性化的教育实践断裂。家长教育课程是以家庭教育知识为主线展开的，家庭教育学科知识体系是以若干概念和逻辑为支撑的，涉及家庭学、心理学、社会学、教育学等，这些知识往往不是家长所感兴趣的。教育学的根本属性是实践性，问题越具体，越难以用统一的知识加以解释。以惩戒为例，针对同样的错误，采取同样的惩戒方法，有的孩子能够发生改变，而有的孩子不仅没有改变，甚至可能因为老师、家长的惩戒而做出极端行为。与这个问题相关，在家长教育中许多人喜欢用案例教学法，很生动、很好理解，但是家长将这些方法用在自己孩子身上可能就会"水土不服"。这样一来，家长教育便出现了尴尬的局面：只讲理论没人听，只讲案例可能不管用。

第五，家长教育资源的有限性和家长需求的多样性之间的矛盾。全国妇联、教育部、中央文明办颁布的《关于进一步加强家长学校工作的指导意见》和教育部颁布的《关于加强家庭教育工作的指导意见》要求，幼儿园家长学校每学期至少开展一次家庭教育指导、两次亲子实践活动；中小学家长学校每学期至少组织一次家长指导、一次家庭教育实践活动。之所以每学期开展一两次家庭教育指导活动，主要是因为家长教育资源有限。而每学期开展一次家庭教育指导活动，要想实现全覆盖，只能采取大班培训的方式。很显然，大水漫灌式的培训难以满足家长的个性化需求，家长更希望培训采取专题式个别化教学形式。但显而易见，个别化培训成本太高，不仅需要费用，更需要师资、场地、时间等。

## 二、基于胜任力的家长教育课程设计

基于胜任力的培训是美国人力资源理论研究专家大卫·D. 迪布瓦在《胜任力：组织成功的核心源动力》一书中提出的一种理论。该理论告诉我们，应该传授什么知识、如何传授以及最有效的传授媒介是什么，从而完成基于绩效的课程设计，为建立特定职位的整体培训系统提供指导。该理论提出培训能够为员工提供其完成工作所需的全部知识和技能，从而实现预期的效果。① 这一理论与泰勒（R. Tyler）原理的课程设计四步骤*基本是吻合的。为此，需要提炼家长教育胜任力，并以此为教育目标和根本逻辑，整合教育内容，根据儿童年龄阶段，以问题为导向设计家长教育课程。

第一步，提炼出家长胜任力标准。根据家长教育者、合作者、资源整合者的三大角色要求，细化履行三大角色任务的普遍性要求，即一个有胜任力的家长完成家庭教育任务所应具备的知识技能、动机、价值观、自我概念、稳定特质等。要清晰地回答：家长如何通过合理期待形成正确的目标，如何将外部期望转化为孩子的内部动机；如何掌握沟通技巧，保持良好的亲子关系；如何布置任务，给孩子适度的压力；如何开展家庭自身建设，设计好家庭生活；如何统筹家庭教育资源；如何学会与学校沟通；如何保持稳定的教育者形象，管理好自己的情绪；等等。在遵循共性的基础上，根据不同学校和不同类型的家长，设计出符合每所学校教育情况和每种类型家长需要的胜任力标准。

第二步，对照家长胜任力标准，寻找家长培训需求。培训需求是开展培训的前提，是基础性工作。家长教育是成人教育，家长没有需求就不会参与培训。而人的需求又非常复杂：有的是自己能感受到的需求，有的是自己感受不到的需求；有个别需求，也有共同需求；有合理需求，也有不合理需求。需求往往是遇到具体问题时表现出来的困境状态，是内心的渴望。唤醒家长的培训需求，就是要找到家长接受培训的动力源。所谓动力源，是指家长转变教育观念的内部需要，即家长在教育子女的实践活动中，根据社会、学校和家庭教育目标而不断产生的新需要同自己现有的认识水平之间的矛盾，但不是所有的家长都有转变教育观念的内在需要。②没有内在动力，培训是低效的，激发动力需要帮助家长寻找现实与目标的差距。

第三步，根据家长需求，设计培训课程大纲。培训大纲是培训目标、

---

① 迪布瓦. 胜任力：组织成功的核心源动力 [M]. 杨传华，译. 北京：北京大学出版社，2005：6.

* 四步骤大致为：确定教育目标，选择学习经验，组织学习经验，实施教育评价。见：钟启泉. 现代课程论 [M]. 上海：上海教育出版社，1989：217.

② "家长教育观念更新的实验研究"课题组. 促进家长教育观念转变的实验探索 [J]. 教育研究，2002（4）：67-73.

内容、方法的统一，目标要明确，内容要具体，方法要得当、可行。目标是提高家长的教育胜任力，解决家庭教育中的问题。内容是为目标服务的，是根据家长教育需要而设计的。家长培训内容设计要坚持基于共性、兼顾个别的原则，解决好共同的问题，尽可能照顾个别的问题。在编写课程大纲时要注意其灵活性、针对性。比如，小学一年级新生家长培训大纲，就是针对一年级新生家长已经和可能会遇到的教育问题提出的解决方案。

第四步，根据培训内容和现有条件，选择适合的实施方式。学校开展家庭教育最常见的方式是讲座式专题培训，聘请专家开展讲座。这种方式的好处是经济、高效、组织难度小、覆盖面大，但是存在针对性不足等问题。个性化培训虽然针对性强，但有时候不具备相应的条件。因此，一般普及性知识和技能、教育理念、共同性问题、政策法规类知识适合讲座式培训，而个性化问题则需要个性化培训。讲座式培训需要尽可能地接地气，具体指导者应尽可能帮助家长提高认识。

第五步，评估家长培训效果，改进家长教育。教育评估的主要职能是根据一定的教育目标和标准，通过系统地收集学校及其他教育机构等方面的信息，准确地了解教育活动的实际情况，对教育水平和教育质量进行评价，为学校改进工作、开展教育改革以及教育管理部门改善宏观管理提供可靠的依据。家长教育评估在家长教育中同样极其重要，是改进家长教育的重要环节。评估家长教育，就是要收集有关教育效果的资料，这些资料虽要来自家长，但也不能完全依据家长的直接反馈进行评价。

## 第二节　构建体系化的家长教育课程内容

家长教育课程建设就是将过去零散的、随机的、不正规的家长教育课程内容系统化、正规化、科学化的过程。家长教育课程建设是在科学厘定家长教育属性、明确教育（课程）目标的基础上，科学安排学习内容、组织学习的过程。

## 一、家长教育课程内容设计的基本原则

家长需要学习的内容非常多，如关于儿童的知识、关于教育内容的知识、关于教育态度和观念的知识、关于教育方法的知识、关于家庭的知识、关于家庭与学校关系的知识等。再具体一点，家长需要学习的知识包括关于德育的知识、关于智育的知识、关于体育的知识、关于美育的知识、关于劳动教育的知识等。但无论什么样的知识，都必须有利于解决家长所关心的子女成长问题。将如此多的知识构建成一个系统，应该遵循以下基本原则。

第一，分层与分类相结合。所谓分层，就是根据孩子的年龄阶段对家长进行指导，这是目前公认的方式，不能一刀切地对家长进行指导。目前《全国家庭教育指导大纲（修订）》将家庭教育指导分为孕期、0~3岁、3~6岁、6~12岁、12~15岁、15~18岁六个不同阶段。有的家长指导教材主要集中在幼儿园到高中阶段。所谓分类，主要是根据家长应该承担的任务来分，如当好家长、沟通学校、联系社会等，当好家长又可以分为促进孩子身心健康、品德养成、智育、美育、劳动教育等。家长教育课程内容应该在分层的基础上做好分类，某些类别的问题是每一阶段都要重点呈现的，比如德育，在幼儿园阶段应注重孩子规则、习惯的养成，到了初中以后应注重孩子价值观的形成。

第二，"规定动作"与"自选项目"相结合。所谓"规定动作"，是家长应知应会的（并不一定是家长感兴趣的），必须在课程里呈现出来的内容。这些内容主要有：国家教育方面的基本法律、政策精神，如素质教育的大致内涵、要求，"儿童利益最大化"原则等；学校相关的办学理念；儿童成长与教育方面的基本规律等。所谓"自选动作"，是指家长迫切需要解决的问题，就是家长自己的痛痒之处，如孩子注意力不集中、做作业麻痹大意、贪玩等。一般来说，在保证完成"规定动作"的同时，尽可能地照顾到"自选动作"，或者说在呈现"规定动作"内容时，兼顾其中可能存在的个性化问题。在内容设计上要做到"自上而下的菜单式"和

"自下而上的订单式"① 的密切结合。

第三，"步步为营"与螺旋式上升相结合。所谓"步步为营"，是指家长教育课程所涉及的身心健康、认知能力、情绪情感、人格与社会化等问题，每一个都要讲全面、讲透彻，将家庭教育中的问题逐一解决。比如，关于阅读习惯的养成问题，要让家长知晓什么是阅读习惯、为什么要培养阅读习惯、如何培养阅读习惯等。所谓螺旋式上升，是指针对某一问题和知识领域，不断学习、反复提高的过程。以学习为例，小学阶段家庭教育的重点可能是孩子学习习惯的养成，基本思维方式的培养，打牢基础知识；到了初中，重点可能会是培养孩子的学习动机以及提高孩子的意志力等；再到高中，家长更多地要引导孩子优化学习策略，应对学习中的各种困难，最终形成自己独特的学习风格。再以品德教育为例，小学阶段重点是习惯养成，初中阶段重点是培养规范意识和遵纪守法意识，到了高中重点是价值观引领，到了大学重点则是人格的完善。家长教育课程内容需要在"步步为营"的基础上，处理好螺旋式上升问题，能一次性解决固然最好，不能一次性解决的，要结合每一个阶段的特征加以呈现。

第四，方便自主学习与有利于外部指导相结合。家长是成人，成人学习的主要方式是自我学习，其内在机制是成人独立地指导和控制自己的行为和活动。家长教育课程需要适应和尊重成人在学习中独立的自我意识与自主的学习愿望。在家长教育中，动机激发是前提，教育经验的分享、实践智慧的生成是主要渠道，自我反思与改进是主要路径。但由于家长教育角色的复杂性，家长在学习中又必须接受一定的专业指导。而外部指导不仅传授知识，更要引发家长的内在需要，方便其自主学习和自我反思，并使其通过家长互助而实现自我转变。在具体实践中，要根据教育需求灵活多样地开发出菜单式、专题式、任务式、问题式、互助分享式的培训课程，促使家长在问题解决中提高自我素质。

第五，具体教育方法与教育理论相结合。课程就是为实现教育目的而设计的一整套方案，家长教育课程是以家庭教育问题为中心、以改进家庭教育实践为主要任务的系统方案。实践中，家长不喜欢听大道理，只需要

① 关颖，晏红. 家庭教育指导者培训教程［M］. 天津：天津社会科学院出版社，2017：118-119.

有用的方法。但是，许多方法是需要以背景知识和理念为支撑的。因此，家长教育课程设计要围绕普遍性问题，兼顾个别性问题，以传授有效知识技能为明线，以提升自我意识、转变态度、端正价值观念、懂得育人道理为暗线。比如，解决青春期亲子关系问题，表面上是如何沟通、如何倾听、如何表达等技术性问题，背后是青春期孩子的生理与心理特征、孩子自我意识等问题，需要将二者巧妙地结合起来。

## 二、家长教育课程的主要内容

### （一）已有的成果简析

家长教育与教师教育虽然具有一定的相似性，但二者的区别是显著的，最大的不同是：教师教育是围绕某一学科、某一学段教育而展开的，而家长教育是全科、全程式教育。比如，小学语文教师培训固然要有小学语文教学以外的知识，但核心内容无疑是小学阶段语文学科教学中的问题和挑战。而家长教育（学习）内容就没有那么集中了，需要涵盖从孩子出生（甚至孕期）到孩子长大成人整个过程所涉及的方方面面的教养问题。正因为如此，家长教育课程内容的设计始终是一个难题。

家长教育内容大致包括："与孩子成长有关的家长怎样教育孩子、家长怎样与教养机构交流互动和家长怎样提高自己教育素质等方面的知识和方法。"[①] 从框架设计上看，有人归纳得比较粗略，有人归纳得比较细致。比如，有人将亲职教育（家长教育）内容分为四大方面：家长培训、个别的指导咨询、开设辅助亲职教育课（子职教育课程和婚姻教育课）、家长参与学校教育。其中，家长培训又分为"如何经营自己婚姻"的家庭氛围教育、"怎样做父母"的尽职教育和父母"如何与子女建立正向的亲子关系"的情感教育。[②] 该观点将家长教育内容概括为夫妻关系、当好家长、亲子关系三大方面，比较简洁清晰，但在内容完整性和概念的准确性上存在瑕疵。

---

① 赵刚，王以仁. 中华家庭教育学 ［M］. 北京：研究出版社，2016：688.
② 张爽，范永强. 学校实施亲职教育的可行性和途径分析 ［J］. 教学与管理，2013（33）：41-43.

　　有人认为家长教育内容大体包括三大方面[①]：一是夫妻与父母角色的认知与适应，包括夫妻角色的扮演与融入、父母角色的定位与适应；二是树立现代的亲子教育观；三是掌握现代家庭教育的基本经验，包括生理发展与物质生活、心理成长与精神生活、传授基本家庭教育原则与经验（如以身作则原则、循序渐进原则、民主平等原则、角色多元原则、科学化与情感化结合原则）。该观点首先将家长教育内容定位于父母角色，这是非常必要的；将第二方面概括为亲子教育观，包括"儿童观、亲子观、亲子教育观"，主要目的还是解决亲子关系问题；将第三方面概括为"家庭教育的基本经验"，也就是教育方法。如此归纳基本上符合家长胜任力要求，有很重要的参考价值。但是该观点的明显缺陷是缺乏具体的教育任务，比如"以身作则原则"属于教育方法范畴，但对于家长来说不仅要知道"正确地做事"，还要知道"做正确的事"。

　　上述研究对家长教育内容的概括比较粗线条，李洪增教授的研究将家庭教育指导（家长教育）内容进行了十分详细的划分，大致归结为以下九大类。[②]

　　　　第一类：家庭教育指导的基本内容。主要包括：与家庭教育有关的系统知识与方法；孩子所处年龄段容易发生的问题与处理方法；自己孩子存在的特殊问题如何解决。

　　　　第二类：家庭教育的有关知识、方法的内容。包括：有关儿童发展的规律与年龄特点；学校教育的性质、任务与内容；家庭教育的知识和方法。

　　　　第三类：儿童发展中存在的问题与处理的内容。包括：身体健康方面的问题；智能发展方面的问题；思想道德品质方面的问题；情绪、情感发展中的问题；其他。

　　　　第四类：家庭教育的知识、方法的内容。包括：家长的教育观念；家长对子女的教养态度；家长教育子女的能力和家长教育

　　① 缪建东. 家庭教育 ［M］. 北京：北京师范大学出版社，2015：48-54.
　　② 中国儿童中心. 我国家庭教育指导服务体系构建与推进策略研究 ［M］. 北京：中国人民大学出版社，2016：159.

子女的方法。

第五类：家长教育观念的内容。包括：如何正确看待孩子；如何正确看待教育；如何看待孩子成才等问题；如何正确看待父母亲与子女的关系；其他。

第六类：家长教养态度的内容。包括：如何给予孩子适度的关爱；如何进行适当的管教；如何处理情感与理智的矛盾；其他。

第七类：家长教育能力的内容。包括：观察、掌握孩子的生理、心理状态；如何加强与孩子的沟通；如何密切亲子关系；其他。

第八类：家长教育方法的内容。包括：赏识表扬与否定批评的关系；物质奖励与精神鼓励的关系；言教、身教与环境教育的关系等问题；其他。

第九类：家长所关心的学校教育内容。包括：孩子的在校表现；孩子的学习环境；教育教学工作；学习管理工作；其他。

上述分类非常详细，内容关涉家庭教育指导、家庭教育、儿童发展、家长教育活动（行为）、家长关切问题等方面，这是对家长教育内容的全面概括。但仔细研究会发现，该分类突出存在以下三方面问题。其一，虽然列举了较多内容，但也有缺失之处，如家庭建设、家校关系等。其二，逻辑问题比较突出。比如，第四类与第五、六、七、八类之间是包含与被包含关系；又如，第二类所说的"家庭教育的有关知识、方法的内容"，其实这九大类大多数都属于这个范畴。其三，有的内容不能算是家长教育内容，如"家长所关心的学校教育内容"。

苏联著名教育学家苏霍姆林斯基高度重视家长教育，他在帕夫雷什中学对"家长学校"需要涉及的内容进行过认真的研究，列举了从幼儿园到高中"家长学校"需要谈及的教育话题。这些话题极其丰富，涉及"儿童身心发展""家庭建设""德智体美劳等具体教育""家庭关系""安全教育""时间管理""教育方法与策略"等诸多内容。这些内容没有过多地顾及家长教育内容自身的逻辑，涵盖了家长履职的各个方面以及家长可能面临的困惑，既有共性问题，也有个性问题，既有知识性问题，也有策略性问题。这对于微观层面（如班主任、学校）家长课程的开发有很好的指导意义，当然应根据时代变化和文化背景对有些问题进行适当调整。下面列举小学一、二年级的"谈话题目"①。

1.7 岁到 9 岁儿童的身心发展。2. 家庭的精神生活与儿童在这一年龄期的发展。3. 本族语及其在学前期和入学后最初几年的作用。4. 家庭内的相互关系和 7 岁到 9 岁儿童的道德教育。5.7 岁到 9 岁儿童的行为和公民义务感的教育。"我想""可以""不许""应当"的教育。6. 家长的公民义务感对儿童教育的影响。7. 如何培养 7 岁到 9 岁儿童对丑恶事物的不妥协精神。8.7 岁到 9 岁儿童的全面发展教育中的自然界。9. 美在 7 岁到 9 岁儿童的个性全面发展中的意义。10. 家庭里的书籍和 7 岁到 9 岁儿童的精神发展。家庭图书室。11. 如何使 7 岁到 9 岁儿童领会伦理标准和家长的榜样。12. 学校里和家庭里的爱国主义教育。13. 学校里和家庭里的劳动教育。14. 学龄初期儿童的精神需要和兴趣的培养。15.7 岁到 9 岁儿童的义务感和纪律性的培养。16. 父母亲的相互关系对 7 岁到 9 岁儿童教育的意义。17. 对儿童既要严格要求又要尊重。18. 学校里和家庭里的无神论教育。19. 忠诚老实的教育。20. 关心人和尊敬人的教育。21. 自我教育的初步训练。22. 酒精中毒症与儿童。23. 关于神经类型和气质的概念。24.7 岁到 9 岁儿童的作息制度。25. 电影、电视与儿童的教育。26. 人道精神的教育。27. 求知欲的培养。28. 乌里扬诺夫一家（列宁的家庭）对儿童的家庭教育。29. 怎样预防儿童的利己主义、个人主义、自私心理。

（二）家长教育课程内容框架

根据家长教育目标，结合家长教育特征，遵照国家和社会对家长的基

---

① 苏霍姆林斯基. 给教师的建议（修订版　全一册）[M]. 2 版. 杜殿坤，编译. 北京：教育科学出版社，1984：399-400.

本要求和提高家长胜任力的基本需要，家长教育课程内容开发应遵循以下基本逻辑：以帮助家长履行角色任务为出发点，紧紧围绕传授科学的家庭教育知识和解决家庭教育问题两条主线，以专题（模块化）为主要呈现形式，结构化、系统化地设计家长教育课程内容。以"家庭建设"专题为例，该专题的主要目的是大力提高家长家庭建设的意识和能力，在知识层面要让家长知道什么是家庭建设、家庭建设的目标与任务、家庭建设的方法、家庭建设对孩子成长的意义，同时，要让家长反思自己家庭建设中出现的问题、主要原因、如何改善家庭关系等。提高家庭建设能力是落脚点，要唤醒家长的角色意识，引发家长全面反思，帮助家长构建支持系统。

根据前面论述及前人经验，家长教育课程的核心内容应该是树立先进的教育观念、理解家庭教育的基本知识和掌握科学的家庭教育方法三个方面，其中转变教育观念是提高胜任力的前提，理解家庭教育相关知识是提高胜任力的基础，掌握家庭教育方法是提高胜任力的重点。家长教育课程内容丰富，总体来说框架如下。其一，家庭建设与儿童成长环境建设。主要包括：父母自身素质提高，家庭文明建设，和谐家庭建设（包括夫妻关系、祖辈与孙辈的关系、亲子关系），家庭学习文化建设，家风继承与发展，邻里关系维护，家庭参与社区等。其二，和谐家校社关系建设。主要包括：了解党和国家的教育方针政策，了解学校办学理念，增进家校关系，处理家校矛盾，合理参与学校，利用社会资源等。其三，家庭教育能力。该部分内容属于家长素质的核心，主要包括：读懂孩子的能力（儿童生理、心理方面的知识），理解儿童行为信号的能力，家庭生活设计与儿童生活指导能力，人生规划能力，学习任务安排能力，儿童德智体美劳各方面发展的指导能力。在每个框架下，结合不同阶段儿童的特征，进一步分解、确立专题内容，模块化地加以呈现。比如，一年级学生家长可能面临的共性问题包括：入学问题，幼小衔接，注意力提高，基本学习习惯的养成，良好思维方式的培养，生活自理能力培养，家庭生活礼仪培养，良好劳动习惯培养等。家长教育课程内容可以分为"核心"和"拓展"两部分。核心内容以家庭教育基本原理、知识、技能、方法为主，重在解决共性问题，每位家长必须参与学习；拓展内容主要是为了解决特殊群体中出现的个性问题，或是供时间充足、精力充沛的家长拓宽视野，选择学习。表3是《北京市中小学家长学校教学大纲（试行）》中的具体内容安排，其模块基本反映出上述原理。不过有些专题设计存在问题，如"小学生非智力因素的开发"涵盖内容太广，再如"艰苦奋斗、热爱劳动与合理消费教育"主题内涵模糊。

表3　《北京市中小学家长学校教学大纲（试行）》中的具体内容安排

| 1~3 年级 | 4~6 年级 | 7~12 年级 |
|---|---|---|
| 1. 家长怎样帮助孩子渡过入学关 | 1. 如何培养孩子的自理、自立能力，不断增强孩子生存能力 | 1. 帮助孩子迈好青春第一步 |
| 2. 家庭教育的地位与意义 | 2. 劳动教育、吃苦教育的意义 | 2. 初、高中生年龄特点与心理特征 |
| 3. 家庭教育的原则与方法 | 3. 教育孩子学会关心他人 | 3. 青春期教育 |
| 4. 小学生年龄特点及教育对策 | 4. 怎样培养孩子的创造性思维 | 4. 教育法规、纲要、方针、政策 |
| 5. 优良家庭教育环境的创设 | 5. 教育孩子学法、知法、守法 | 5. 《中学生守则》《中学生日常行为规范》与品德教育 |
| 6. 小学生学习习惯的培养 | 6. 自救自护、预防侵害的教育 | 6. 法制教育与失足预防 |
| 7. 小学生生活习惯的培养 | 7. 不良学习习惯的矫正 | 7. 自我保护教育 |
| 8. 小学生行为习惯的培养 | 8. 不良生活习惯的矫正 | 8. 初、高中生心理障碍矫治与预防 |
| 9. 小学生智力的开发 | 9. 不良行为习惯的矫正 | 9. 优良家庭环境的营造 |
| 10. 小学生非智力因素的开发 | 10. 小学生学习兴趣的培养 | 10. 初、高中生的认知规律与学习方法指导 |
| 11. 爱校、爱家、爱父母的教育 | 11. 小学生特长的培养 | 11. 初、高中生学习习惯的培养 |
| 12. 儿童教育法规、方针、政策 | 12. 合理消费教育 | 12. 艰苦奋斗、热爱劳动与合理消费教育 |
| 13. 独生子女的家庭教育 | 13. 教育孩子正确交往与对待友谊 | 13. 中学生家长的自身修养 |
| 14. 家长的自身修养 | 14. 家长如何树立自己的威信 | 14. 中学生不良习惯的矫正 |

| 1~3 年级 | 4~6 年级 | 7~12 年级 |
|---|---|---|
| 15. 小学生卫生保健和自救自护知识 | 15. 家教误区的矫正 | 15. 初、高中毕业生升学与择业指导 |

# 第三节　家庭教育指导者与实施方式

目前我国师范院校和综合性大学的教育学院等专门的师资培养机构没有设置家庭教育专业，承担家庭教育指导或家长教育工作的主要是妇联、教育部门和各种社会机构，而且家长教育或家庭教育指导的专业协会（学会）也没有正式研制出家长教育师资标准，导致家长教育师资培养始终是个问题。开展家长教育（或者家庭教育指导），除了课程内容设计之外，还要考虑谁来实施、如何实施等问题。

## 一、家庭教育指导者

### （一）谁能承担家长教育

家长教育需要教师，参加培训并通过考核的家庭教育指导人员在中国通常被称为"家庭教育指导师"。当今许多机构正在探索家庭教育指导师的培训和遴选工作，中国青少年研究中心最早开始这一尝试。在我国，全国妇联、教育部和中央文明办出台的《关于进一步加强家长学校工作的指导意见》指出："中小学校家长学校师资队伍可由学校教师、志愿者、优秀家长等组成，有条件的学校可聘请专家或社会工作者开展相关工作。"国际上，1955 年召开的国际家长教育会议曾达成一项共识，认为家长教育工作者有三大类：（1）一些经常接触孩子及家长的专业人士，例如教师、社会工作者、医护人员、心理学家、青少年工作者、警务人员等。其中，教师参与亲职培训甚为重要，因为他们面对不同的家长，教导的孩子更是未来的家长。（2）一些家长教育的专家，例如医学、心理学、教育学、心理分析及社会工作领域的专业工作者，也需要更全面地探究家长教育如何在个人层面、学校层面以至社区层面逐步推展。（3）一些家长领袖，例如一些愿意担任义务工作的家长或家长组织的领导者。这个共识虽然规定了什么样的人可以承担家长教育，但对于这些人应该达到什么水平语焉不详。正因为如此，目前承担这项工作的人员水平参差不齐，许多学校和相关机构在培训时往往根据授课者名气大小或者工作是否方便来确定人选。

尽管家庭教育指导师可以来自不同机构和许多行业，但学校教师无疑应该成为家庭教育指导队伍的核心和主力。在美国，家庭教育服务机构主要有各州家庭教育协会或家庭教育中心、普通中小学、特别学校（包括转折点学校*和特殊教育学校）、家长学校、幼儿园和家庭学校等。家庭教育指导师的主要职责有：提高家长家庭教育能力，对青少年进行指导和帮助，进行家庭教育科学研究，进行家庭教育指导师培训、考核、资格认定和评估，等等。① 美国家庭教育指导师的工作职责不仅包括家庭教育指导和家庭教育服务，还包括家庭教育指导的相关管理和研究工作（如科研、资格认定、评估等）。2003 年，美国得克萨斯州对教师资格证书考试进行了重新设计，"把加强教师和家庭之间的联系"作为教师的 15 项必备专业素质之一。英国的"家庭和学校协会"等团体提供母亲教育课程，以提高母亲的家庭教育能力，学校增设的"社区服务"课程也包括了双亲教育方面的内容。② 英美等国的做法与我国的做法在思路上大致相同，我国家庭教育指导队伍的组成多样多元，学校在家庭教育指导中发挥骨干作用，十分重视发挥家长委员会或家长教师协会的作用。

（二）如何遴选

西方发达国家家庭教育指导工作走在我国前面，积累了不少值得我们借鉴的做法，在此以美国为例加以说明。美国一贯重视家长素质，为提高家长教养水平，启动了一系列全国性项目和法案，其中卓有成效的举措便是承认家庭教育指导师职业的合法地位。2006 年，美国家庭关系委员会

---

　　* 美国的"转折点学校"（turning point school）与中国的"工读学校"性质相似，是对有违法及轻微犯罪行为的中学生或行为不端、吸烟成瘾、酗酒成性、打架斗殴的失足和越轨青少年进行专门教育的学校。

　　① 袁淑英.美国家庭教育服务机构和指导师的主要职责 [J].教育探索，2015（3）：146-150.

　　② 张爽，范永强.学校实施亲职教育的可行性和途径分析 [J].教学与管理，2013（33）：41-43.

（National Council on Family Relations）出台了一系列家庭教育指导师遴选办法①。（1）申请资格：家庭教育指导师资格申请者应具有学士或学士以上学位；若所获学位属家庭教育或儿童教育领域，还须具备两年或两年以上与家庭教育有关的实践经历；若所获学位与家庭教育或儿童教育无关，则须具备五年或五年以上与家庭教育有关的实践或工作经历。（2）培训内容：主要包括家庭法、家庭社会学、家庭动力学、人际关系学、家庭管理学、人类发展学、性教育、家长教育和指导、家庭道德规范、家庭生命教育等方面的内容；同时建议各州在参考美国教育部规定内容的前提下，积极制定更切合本地实际情况的具体、详尽的培训内容和计划。（3）培训者：指导师培训的师资队伍采取专职、兼职相结合，专职为主、兼职为辅的方式。专职教师必须拥有州教育部门颁发的教师资格证，一般供职于州家庭教育协会。兼职教师主要有教育等相关专业的大学教授、与儿童工作息息相关的各领域知名的专业人士以及优秀教师和家长。（4）考试制度：美国家庭教育指导师资格考试由笔试、面试、论文和实践四部分组成。笔试主要考查学员的基础知识和基本理论；面试以即兴问答和临场处理突发事件的形式考查学员的应变能力和处理问题能力；论文考查学员理论知识的深度、广度和理论与实践相结合的能力；实践和实习总结环节则考查学员的实际操作能力和实践总结能力。

在我国，虽然有人提出家庭教育指导者的专业化问题，认为家庭教育指导师应该具备专业伦理、专业知识和专业能力。② 但总体而言，目前我国家庭教育指导是一个十分杂乱的"行业"，标准不明确，遴选机制也非常混乱。美国家庭教育指导师的相关规定可以为我国提供以下借鉴：一要建立完备的资格制度，严把入门关，防止不符合要求的人混入这个队伍；二要加强指导师的考核与评估，严把培训关，不断提升他们的指导能力；三要结合中国国情，将基础教育学校系统的教师纳入指导师的队伍，尤其是班主任，可能的情况下应该将指导和培训家长的能力视为班主任的核心素质之一；四要统一家庭教育指导师队伍管理，成立全国性的行业管理机构。

---

① 袁淑英 . 美国家庭教育指导师研究 ［J］. 教育评论，2015（8）：161-163.
② 关颖，晏红 . 家庭教育指导者培训教程 ［M］. 天津：天津社会科学院出版社，2017：140-142.

## 二、实施方式：统一安排与灵活多样相结合

实施方式问题是教育手段的安排，针对一定的问题和受教育人群，用相应的方法和渠道来完成教育培训任务。根据办学主体，家长学校分为学校家长学校和社区家长学校。在教学方式上，家长学校应探索交流与共享的双向互动教学活动和授课形式，包括角色扮演式、经验回顾式、小组讨论式和广场咨询式。根据家长教育内容安排及成人教育实施方式，家长教育主要包括以下六种形式。

第一种是讲座式培训。这是一种最为简便也比较高效的家长教育方式。一般做法是：学校或相应机构根据家长需求和家长课程安排，选择某一专题，确认主讲专家和教师，针对特定人群进行培训。培训的目的主要是普及家庭教育知识和技能，一般是以通识性、基础性、必修性知识为主。讲座式培训虽然以传授知识为主，但也要尽可能针对家长的困惑，切近家长的认知水平，多采用案例式方法，切忌灌输式方法。确定讲座的主题，一般要事先征求家长的意见，选择大家普遍感兴趣的话题。根据家长需求，这种培训可以面向全体，也可以面向部分群体。

第二种是家长自学。家长教育的主要方式是自学，家长自学的前提是获取学习材料。由于家长对家庭教育书籍并不熟悉，可能会病急乱投医，学校应该尽可能地开发相应的家长学习读本，或者向家长推荐适宜的学习材料和影像作品等。学习材料除了正规的家长教材外，还应该包括教育名著、教育随笔、教育论文、教育故事等。有些学校列出家长必修或选修的书单，有些学校结合学校实际开发出适合本校的家长读本，这些都是很好的做法。西安高新第一学校把本校家长的困惑收集起来，以"你问我答"的方式编写出一套校本家长教材，很受欢迎。从学习形式上看，家长自学有单独自学，也有集体自学，但学过之后最好有交流与对话，家长自学应该与其他方式结合起来。

第三种是分享会。分享会是家长相互借鉴、相互学习的很好的形式。在教育孩子方面，有的家长比较成功，有的相对不太成功。家长之间具有很大的同质性，他们相互分享育儿经验最直接、最有效、最可信。家长沙龙是极其重要的集体学习方式，学校应该鼓励家长委员会定期或不定期地

组织家长学习沙龙或经验分享会。家长沙龙或经验分享会，教师可以参与，也可以不参与。教师参与的最大好处在于可以充当点评人，将其中一些不太清楚的地方说透，将有问题的地方指出来。

第四种是单独辅导（咨询）。家长教育也可以是"一对一"的，就是通过单独沟通的方式在解决家庭教育问题过程中实现家长教育。从某种程度上说，这是学校为家长提供的服务或者福利，主要通过家访、访校、咨询热线等方式解决家长面临的困难。"一对一"既可以由教师实施，也可以引进外力。引进外力是指家长在学校的指导下，购买市场上的专业指导服务，由专业人员或学者一对一地解答家长的问题，这样更具有针对性、权威性，适合解决那些专业性极强的棘手问题。

第五种是专门训练。有的教育专业机构开发了一些专门针对家长的培训课程，如美国的 PET 父母效能训练（Parent Effectiveness Training）[①]。PET 父母效能训练是由美国心理学家托马斯·高登（Thomaso Gordon）于 1962 年创办的一种训练课程，在美国被广泛使用。这是一个共计 24 小时的课程，通常分 8 次进行，每周 1 次，每次 3 小时，每次活动的参与人数大概 25 人。这种课程的主要目标是解决亲子之间的冲突，提高父母与子女沟通的技能，使父母能更有效地教养子女。课程中，指导者使用角色扮演、技能练习、听讲、理论演示、小组讨论等方式来进行活动。活动传授以下技能：积极倾听，使用"我—信息"，非独裁的问题解决方式，调解孩子之间的冲突，营造良好的家庭环境以避免无意义冲突，传达家长价值。另外，这种课程要求学习者必须参加与课程相对应的应用训练，训练有 5 个半天的时间，同时家长还需要额外购买一些资料和必需品，包括笔记本、一本 112 页的工作簿、教学录像及最后的结业证书等。我国幼儿园阶段的家长教育也出现了这种课程。

第六种是菜单式培训。菜单式培训是自下而上和自上而下相结合的培训模式，即学校和相关机构根据家长的普遍需求，开发一系列课程，家长根据菜单上的课程名称选择学习内容。这是对传统教育培训模式的创新、完善，易为受训者所接受，更具灵活性、针对性、实效性。学校和相关机

---

① 黄河清，吴怡然，彭芸. 家校合作中的家长教育方式 [J]. 教育学术月刊，2011（11）：66.

构提供的"菜品"不能太少，品种要足够丰富，主题要全面。菜单中的"菜品"虽然可以是孤立的，但为了减少成本，提倡将菜单分解为几个"菜系"，即提供几个组合模式。在培训方向明确的情况下，主题尽可能全面，学习方式也要丰富多彩，如分组讨论、专题讲座、参与体验、演讲比赛等，这样可以最大程度地调动学员的积极性。

无论如何，家长教育从形式到内容都要坚持创新。一是要转变过去以传授家庭教育学科知识为中心的倾向，注重转变家长的教育动机。家长的确需要教育学、心理学、社会学、营养学、卫生学等家庭教育相关的知识，但是简单地按学科逻辑把知识教给家长的做法是不可取的，知识必须围绕问题展开。二是转变以讲座或课堂教学为主要形式的倾向，尽可能采取多样化的学习方式，鼓励家长自我成长。应该关注家长家庭教育中的困惑，提供各种必要的支持与服务，尊重家长经验，多与家长互动。三是避免以教师为中心开展教育，注重家庭教育指导师与家长、家长与家长之间的互动。在家长教育中，指导者（教师）的作用不仅在于传授相应的知识，更体现为调动家长的积极性，引导家长反思。

# 第八章　家长参与论

社会参与是现代社会的重要特征，家长参与是家校合育的重要组成部分，是公众社会参与的一种体现，是现代学校善治的基本条件，充分而有效的家长参与对提升家长教育素质、改善家校关系以及建立"依法办学、自主管理、民主监督、社会参与"的现代学校制度都具有极其重要的作用。家长参与学校是家长教育权益的体现，也是家长应尽的责任和义务。

## 第一节　家长参与概述

家长参与学校是现代教育治理进步的表现，学校教育管理既要走专业化的道路，也要走民主化的道路。从根本上说，家长参与与学校依法办学、自主管理是一致的。做好家长参与工作的关键是明确家长参与的本质特征及参与类型，拿捏好家长参与的分寸。

### 一、家长参与的内涵

(一) 家长参与的含义

《现代汉语词典》将"参与"解释为"参加（事务的计划、讨论、处理）"，比如说："小兰参加了学校的秋季运动会 50 米赛跑"，"小兰爸爸参加朋友公司的开业典礼"。我们日常生活中所用的"参与"多为此意。但这里所说的"参与"主要是指公民的社会参与，或者说是公众的社会参与，意指公众参与到政府的各种决策及其执行之中。公众能否顺利参与，一方面取决于政府的参与机制，即公众参与的程序、方式、内容、程度及调节处理各种矛盾冲突的方式方法等，另一方面取决于公众的参与意识与能力。现代社会的公民参与是文明社会的重要表现，健全的社会参与机制是一个社会善政良治的重要内容，有助于唤醒民众的主体意识、公民意识，有助于巩固执政基础。

教育是政府、社会相关组织或个人向公众提供的公共服务，教育治理也需要社会参与，只有通过广泛的参与才能实现教育共治，只有达到共治，才能创造善治的必要条件。① 参与教育的公众范围比较广，但最大、最直接的利益相关者应该是家长群体，家长是参与教育治理最积极、最重要的力量。家长参与教育主要是通过参与学校而实现的，因为孩子所在的学校与自身利益最为相关。在以往的学校教育实践中，家长觉得自己似乎是一个局外人，学校也往往把家长视为局外人，学校的教育决策、管理及教育活动基本上是将家长排除在外的，即便存在偶然的家长参与行为，家长大体也被局限在配合者、执行者的角色。随着现代学校制度以及教育治理体系的不断完善，家长参与的意识逐步增强，家长参与学校的深度和广度在不断拓展。

家长参与是指家长以一定角色参与学校教育教学实践的过程。厘清家长参与，就是要回答家长参与学校教育教学过程乃至更高的教育决策与执行过程的程序、方式、内容、程度及处理矛盾的方式等。从广义上说，家长参与就是家长围绕教育问题的一切参与行为，是"为了儿童的学习与发展，父母或儿童的监护人与儿童以及参与儿童教育的组织和相关人员之间的互动"，包括"家长与儿童的互动、家长与学校的互动、家长与其他家长的互动、家长与社区/校外教育机构的互动"②。家长参与的根本属性是教育参与，参与的对象是学校，参与的活动内容是孩子所在学校教育教学和管理等。家长参与具有以下特征：第一，家长参与是家校合育的组成部分，是家长与学校之间的双向互动行为。在某种程度上，家长参与是家长主动参与和学校主动引导家长参与的结合。第二，尽管家长参与学校是双方互利行为，但家长参与应和其他家校合育行为一样，以促进学生全面发展为最终目的，不以学生发展为目的的参与行为可能导致家长参与的偏离。第三，家长参与深受家长身份的影响。一般来说，经济资本、社会资

---

① 褚宏启. 自治与共治：教育治理背景下的中小学管理改革 [J]. 中小学管理，2014 (11)：16-18.

② 周文叶. 家长参与：概念框架与测量指标 [J]. 外国教育研究，2015 (12)：113，118.

本和文化资本相对较高的家庭参与学校的积极性和程度都明显高于经济资本、社会资本和文化资本较低的家庭，提高非优势家庭的参与度至关重要。第四，家长参与学校既是家长行使知情权、参与权、监督权的途径，又是家长履行相应教育义务的体现，是权利与义务的高度统一。第五，家长参与是意愿和能力的统一。只有参与意愿或只有参与能力都不能达成参与目标，家长参与既要赋权，又要赋能。第六，家长参与学校教育深受社会与历史的影响，离不开社会大环境、大背景，"家长参与的内容、目的、形式都要受到一定社会现实和发展的影响"[1]。

从广义上理解，以往的相关研究往往将家长参与（parent participation）与家校合作（school-family partnerships/family-school cooperation）、家长干预（parent involvement）、亲师合作（parent-teacher collaboration）、教育介入（educational intervention）等概念等同起来。广义的家长参与容易导致概念的泛化，不利于解释其本质属性。而这里所说的家长参与是狭义的，主要指家长为实现教育目标、优化学校教育、保证自身教育权益而参与学校教育教学、管理等活动的行为。这里的家长参与既与家长教育、家庭支持、家校沟通等合育活动并列，也是公众社会参与的重要组成部分。科学有效的家长参与无论对学校还是对家长都具有十分重要的意义，能够通过整合资源、信息共享、相互监督促进家校双方改进，最终促进儿童青少年的发展。

总体说来，家长参与功能大致体现在三大方面[2]：一是具有实现家长相应权益、保障儿童受教育权的法理功能；二是具有整合教育资源、分担教育责任、形成教育合力的管理功能；三是具有弥合分歧、相互促进、提升家庭、改进学校的育人功能。国外的经验也证实，家长参与，对于学校来说，有利于实现民主，提高水平，弥补不足，解决社会问题，增加教育资源等；对于家长和孩子来说，可以满足个人教育选择偏好，提高孩子的学业水平，从学校获得支持，提高家长自身水平，影响学校决策等。[3] 总

---

① 马忠虎. 家校合作 [M]. 北京：教育科学出版社，2001：159.

② 劳凯声. 变革社会中的教育权与受教育权：教育法学基本问题研究 [M]. 北京：教育科学出版社，2003：202.

③ 张旺. 经合组织成员国"家长参与教育"概况及启示 [J]. 外国中小学教育，2001 (1)：28-31.

而言之，对于学校而言，家长的有效参与，可以丰富教育资源，增进与家长的相互理解，提高教育质量和管理效力；对于家长而言，可以进一步了解孩子的受教育情况，增进与学校的互信，提高自身素质和教育胜任力。这两方面都指向孩子的健康成长。

（二）家长参与的类型

正因为过去对家长参与的理解往往是广义的，所以在归纳其外延时就容易泛化。例如，美国爱泼斯坦教授将家长参与分为当好家长、相互交流、志愿服务、在家学习、参与决策和与社区合作六种实践类型。我国香港中文大学何瑞珠教授根据家长参与的地点将家长参与类型概括为以家庭为本、以学校为本以及社区合作三种。我国内地有学者在总结国内外家长参与行为研究的基础上，将家长参与行为归纳为家长期望、家庭监督、家庭交流、家校交流、学校参与五大类。[①] 家长期望，包括家长对孩子最高学历的期望和告知孩子期望；家庭监督，主要包括辅导、监督作业，陪伴孩子阅读，陪伴孩子看电视，规定电子娱乐时间等；家庭交流，涉及家长与子女的沟通方式、沟通意愿、学习沟通等方面；家校交流，包括家长联系教师，提出建议，与教师在子女的成绩、表现、行为和发展方面交流；学校参与，涉及各种参与类型，包括教学开放日或家长会，家长培训或研讨，做志愿者，参与学校事务决策。上述划分涵盖了以家长为主体、家庭影响子女学业的主要活动，不仅包括家校合育的主要内容，还包括家庭教育本身的主要活动。这种划分有助于理解家长角色任务，但很显然比前面所说的内容更加宽泛，不利于揭示社会参与意义上的家长参与行为。

学校是育人的场所，学校依据国家的教育方针政策，在遵循教育规律的基础上，通过课程、活动等形式向学生提供各种学习和体验机会，从而使学生获得身心发展。从参与的本义上，可以将家长参与理解为与学生利益最密切的家长，为促进学生更好地发展而参与学校教育决策和执行等活动的过程。学校的运行活动主要包括：（1）决策活动，即创造性地执行国家教育方针政策的决策行为；（2）日常管理活动，即为顺利开展教育教学

---

① 安桂清，杨洋. 不同社会经济地位家庭的家长参与对子女学业成就影响的差异研究 [J]. 教育发展研究，2018（20）：20.

而进行的教师管理、学生管理以及其他管理行为；（3）课程开发活动，即为达成育人目的而创造性地开发新课程或将国家课程再创造的过程；（4）教学活动，即将各种课程方案落实到教学行为之中进而影响学生发展的过程，这是学校实践活动的核心；（5）其他活动，为学校正常运行而开展的各种服务活动，包括家校社合作活动。

由此，家长参与主要体现在以下四个方面：其一，参与学校决策活动，如参与学校组织和召开的家校议事会、家长代表会议、家长委员会等相关会议；其二，参与学校管理与服务活动，如家长护校安全队、家长义工、家长值日；其三，参与学校教学活动，如家长教学助手、家长教师、在家学习指导；其四，参与学校其他重要活动，凡是上述不能涵盖的领域都属于此类，如家长协调社区和社会资源辅助学校、家长之间的相互教育。家长参与学校可以通过正式组织参与，如参加家长委员会、家长学校、家长义工组织等，也可以单独参与；既可以在校参与，也可以在家参与。

（三）家长参与权的来源

家长为什么可以参与学校？这涉及家长参与的合法性问题。有这样一种观点：学校教育是一种专业领域，应该将家长排除在外；学校权力来自政府，与家长无关。此论点貌似合理，其实很荒唐，因为没有搞清楚家长参与权的由来。

父母对子女的教育权利和义务是基于子女的出生而自然产生的[①]，家长具有原生性的教育权利、义务和责任，是自然发生和普遍存在的，是天经地义的。家长教育权首先表现为家长是家庭教育主导者，其次表现为家长对家庭之外其他教育类型的选择。人类漫长的教育史其实大部分是家庭教育史，虽然专门的学校教育在奴隶社会就已经诞生，但对于绝大多数人来说教育其实就是家庭教育，学校教育的普及只是近几百年的事情，在我国真正的教育普及则是改革开放以后的事情。工业革命之后的社会大变革促使家庭发生变化，也引起了教育的变化。正如郑新蓉教授所说的："家

---

① 秦惠民. 走入教育法制的深处：论教育权的演变［M］. 北京：中国人民公安大学出版社，1998：170.

庭是一定社会生产方式的产物，随着社会生产方式的变化，家庭的教育功能以及父母的教育权力的内容和性质也要发生变化。"这个变化意味着，家长在保证基本的家庭教育之外，将很大一部分权力转移出来，交给公共教育系统（学校）。这样，"国家教育权力和家庭（父母）教育权力在现代教育制度中"实现统一，"公共教育的国民性（公民性）一方面是父母、家庭私教育权转移为国家公共教育权的基础和前提；另一方面，也是父母、家长行使教育权力的依据，即国民（公民）对公共教育的满意程度决定家长（也就是公民）对教育权力的行使范围、内容和方式"。①

可以这样理解，现代公共教育体系及其形式是家长教育权以委托的方式转移出来并与国家教育权相结合的产物，从本质上看是家长教育权和国家教育权的合一。没有家长教育权的让渡，就谈不上公共教育的存在；没有家长的配合，公共教育的目的也很难真正实现。虽然从表面上看，现代公立教育体系是由政府主办的，体现国家意志，但这并不意味着家长的意志可以忽略不计。虽然说家长将部分教育权让渡给学校，但并不意味着他们失去了权力，家长对教育的影响是时刻存在的，在某种情况下甚至可以收回教育权。所以，家长参与学校，既是家长教育权的体现，也是现代公共教育的应有之义。

（四）家长参与权的范围

关于家长参与学校权力的大小，目前没有一个大家普遍认可的研究结论，有人主张赋予较多权力，有人比较谨慎，有人比较折中。有人认为，家长参与学校的权力主要体现在学校选择权、学校管理中的话语权、孩子教育过程中的参与权、成为学校社区中地位更高的成员四个方面。② 这种理解比较稳妥。在当前建立现代学校制度的大背景下，需要增强家长的参与意识，扩大家长的参与权力，但扩大到什么程度需要理性思考。总体来说，家长参与应该适度，应该符合历史条件和办学体制，也要与家长、家庭条件和学校发展水平相一致，限制家长参与固然不对，但也未必家长参

---

① 郑新蓉. 试析父母教育权的起源、演变和特征［J］. 教育研究与实验，2000（5）：15-16.

② MURPHY J，HALLINGER P. Restructuring schooling：learning from ongoing efforts［M］. Thousand Oaks：Corwin Press，1993：18.

与的程度越深越好。

当前关于家长参与权重争议比较大的是决策权的问题。有人认为，家长参与学校的权力应该包括：学校教育知情权，选择学校（专业、课程）权，教育过程参与权，学校教育决策权，学校教育监督权和评价权。其中，决策权包括：重大事项（如学校管理制度、课程和培养目标、教师的聘任与考核等）的决策权，提案权，发言权和否决权。[①] 这是一种理想状况下的参与，是否可行需要认真讨论。关于家长知情权、监督和评价权、参与权没有多少异议，有限度的选择权也是可以理解的，但是对于决策权就需要审慎思考。学校教育是一种专业活动，家长对教育决策及其执行过程和结果享有知情权、决策参与权和评议监督权，这既可以保障学校的自主管理，又能够有效监督，防止权力滥用。但作为独立法人机构，学校在办学过程中不应该将决策权简单地让渡给家长（除非学校的决策行为已经违背了基本教育规律，侵害了家长的合法权益），更不应该让家长拥有学校管理制度、课程培养目标、教师聘任等方面的否决权。为什么学校不能将决策权让渡给家长？这是决策权的属性所决定的。决策权是决策者对决策系统内的活动拥有的选择、驾驭、支配的权力，具有强制性。一旦家长拥有决策权，也就意味着家长对学校具有强制力。这显然侵犯了学校的独立法人地位。一般来说，拥有决策权必须具备三个条件（即"三个相符"）：一是权职相符，即权力和职位相符；二是权能相符，即权力和做出决策的能力相符；三是权责相符，即权力和承担的责任后果相符。很显然，家长不具有管理学校和做出决策的职责。家长也不具有教育决策的能力，教育是专业行为，学校决策是科学决策和依法决策的统一，绝大多数家长不具有专业决策的能力。另外，家长不应该担负也不可能担负决策失误的后果。一旦决策权（哪怕是部分）交给家长，在出现决策失误时，家长无法承担也无法对其追究决策失误所造成的后果，因为家长是流动的、松散的，与学校的关系是暂时的。

总之，应该系统、完整地理解"依法办学、自主管理、民主监督、社会参与"的内在关系，充分认识保障家长参与权的根本目的是促进儿童青少年健康成长，但需满足两个前提条件：一是赋权于家长应该有利于促进

---

① 黄河清. 家校合作导论 ［M］. 上海：华东师范大学出版社，2008：126.

教师专业进步，使其更好地发挥积极性、创造性，而不是以牺牲教师专业权力为代价；二是应该有利于学校民主管理和科学决策，而不是以牺牲学校自主办学权力为代价。

## 二、家长参与的基本原则

近年来，家长参与工作越来越受到教育主管部门和学校的重视，学校创设了家长委员会、家长教师协会、家校合作委员会、家长志愿活动、家长接待日、学校开放日、家长听课、家长信箱、家长沙龙、家长互助中心等多种参与形式。在各方努力下，家长参与学校的积极性提高了，参与的频次不断提高，形式也越来越丰富。这些努力对于提升家长素质、提高学校办学质量都具有极其重要的作用。然而，轰轰烈烈的家长参与也出现了一些问题，需要引起注意。第一，边界不清。比如，有的学校使用家长义工没有边界，家长做了不少本该由学校承担的事；有的学校家长委员会忘记了本分，变成学校的收费工具，干了自己不该干的事情。第二，质量不高。家长参与学校既需要条件，也需要相应的能力。有的学校组织家长听课、评课，甚至上课，让家长干自己不能干的事情。第三，组织异化。许多学校的家长委员会等组织忘记了"弱势"家长，成为部分"精英"家长的俱乐部。第四，重心偏移。有调查显示，在问及"你认为参与家校合作活动当中，家长真的扮演了哪些角色"这个问题时，家长们普遍认为主要扮演了志愿者、观众、助教等角色，而学校改革的倡导者、决策参与者这两个角色严重不足。[①] 很显然，家长参与应该是全面的参与，不应该仅让家长充当助手的角色。推进家长参与，应该牢记家校合作的"初心"，遵循自身的内在规律和原则，力争做到以下几点。

一要按需参与。所谓按需参与，就是要根据学校教育的真正需求而引导和安排家长参与学校。学校是育人的地方，学校最根本、最重要的任务就是育人，家长参与要坚守育人为本。在育人为本的理念指导下，家长参与不仅是为了实现自身的知情权，而且是为了丰富和完善学校的课程资源，加强学校的民主管理。然而有的学校并不是根据育人的需求，而主要

---

① 王东. 家校合作中教师面临胜任力挑战［N］. 中国教育报，2018-03-08（9）.

是为了减轻教师负担，让家长担负本该学校承担的责任。比如，有的学校组织家长到学校打扫卫生、值日、监考，或制作课件、开设课程。许多家长感觉是被迫参与，充当免费的劳动力。当然，家长不是绝对不能干本该学校承担的事务，而是需要有两个前提：一是家长自愿，二是有利于改善教育与管理。但有的学校的家长参与已经变了味道，许多家长碍于情面，担心影响自己在教师心中的形象最终殃及孩子而被迫参与。

二要按能参与。家长参与学校是一个赋权和赋能的过程，既要给家长参与学校的机会和条件，也要帮助他们提高参与的能力。学校是专门的教育机构，家长参与不仅需要参与的积极性，更需要具备一定的参与能力。如果家长有意愿而没有能力，即便积极性再高，有些学校工作也是不适合他们参与的。以家长讲堂、家长课程为例，学校为了丰富课程内容，寻找一些有专长的家长，动员他们开设课程，这是一个很好的思路。但是，学校一定要明白，并不是家长有一技之长就能够开好一门课程或者上好一堂课，而且也不是孩子喜欢就说明这门课或这堂课有价值。家长的某些专长可能对孩子成长有好处，这是开设家长课程的可能性，但学校需要对其进行开设内容和授课方法方面的培训指导，否则有可能达不到理想的效果。

三要按规参与。所谓按规参与，就是要遵照现有的相关政策和法律，并且在相应的制度保障下组织家长参与。2012年教育部颁布了《关于建立中小学幼儿园家长委员会的指导意见》，这是家长通过家长委员会参与学校的重要文件，其中明确指出，"家长委员会应在学校的指导下履行职责""发挥好家长委员会支持学校工作的积极作用"，其主要职责包括参与学校管理、参与教育工作、沟通学校与家庭三大方面。这些规定明确了家长委员会与学校之间的责权关系以及工作范围。该文件还指出，"家长委员会要针对学校教育和家庭教育的突出问题，重点做好德育、保障学生安全健康、推动减轻中小学生课业负担、化解家校矛盾等工作"。地方教育部门或学校在开展家长参与工作时要遵照该文件精神，可以根据学校的实际情况和需要，制定相关的细则或章程，使家长参与在制度的框架下良性运行。当然，有些学校决策与学生或家长有直接利益相关，这些决策其实是学校代家长做的，家长在其中应该起决定性作用。家长的权力主要表现为选择权或排除权。褚宏启教授认为："学校实施直接涉及学生个体利益的活动，一般应由学校或者教师提出建议和选择方案，并做出相应说明，提交家长委员会讨论，由家长自主选择、做出决定。"① 《依法治校——建设现代学校制度实施纲要（征求意见稿）》也明确规定："学校实施采购校服、订购教辅材料、组织活动、代收费用等直接涉及学生个体利益的活动，一般应由学校或者教师提出建议和选择方案，并做出相应说明，提交家长委员会做出决定。"家长委员会如果不同意，应该给出合理理由以及可行建议并与学校协商。

四要有效参与。对于家长参与，不能看热闹，需要看效果，要保证参与的有效性。要做到有效参与，就要让家长参与学校活动制度化、规范化，做到有目标、有流程、有保障、有考核。家长参与的质量，最终要通过效果、效率来衡量。所谓看效果，就是要看目的是否明确，最后是否达到了目的。所谓看效率，就是要看达成目的所需要的时间和资源成本，是否合算。以学校开放日为例，许多学校设立开放日的意图不正确，仅仅希望把开放日变成学校成果汇报日、师生风采展示日、各种活动表演日，表面上热热闹闹、轰轰烈烈，但没有解决问题。真正的开放日既是为了展示成绩，也是为了改进工作。为达到开放日的真正目的，促进家校沟通、改进学校教育，学校应该科学规划、系统设计，明确向谁开放、开放什么、如何开放、开放之后应该怎么办等问题。

五要全体参与。所谓全体参与，就是要保障全体家长都有参与学校的权力，杜绝把家长委员会办成精英家长俱乐部，杜绝有意或无意地将部分家长排除在参与范围之外。一般来说，家庭经济、文化资本高，家长参与学校的积极性会较高；家庭经济、文化资本低，家长参与学校的积极性和能力会相对较低。而学生的学业成就与家长参与度呈正相关，这就容易造成教育中的"马太效应"，使家庭经济、文化资本低的孩子处于越来越不利的境地。学校应该坚持促进每一个孩子健康发展的理念，积极动员每一位家长参与学校事务，尤其要提高文化资本低的家长参与学校的积极性和能力，有意设计一些便于家长参与的方式和岗位。完善的家长参与制度需要量体裁衣、因人而异，保证"人人有事做，事事有人做"，让每位家长都能够找到适合自己发挥光热的岗位或形式。

---

① 褚宏启. 自治与共治：教育治理背景下的中小学管理改革［J］. 中小学管理，2014（11）：18.

## 三、提升家长参与度

### （一）家长参与需要赋权

家长拥有天然的教育权，学校是家长教育权让渡的结果，但这只是家长参与学校的理由，并不意味着家长一定能够参与到学校教育之中。家长拥有教育权，这只是学校赋予家长参与权的依据之一。家长参与学校，需要学校或上级教育部门的赋权，需要制度设计。

理解赋权，首先需要理解权力。所谓权力，"不外乎是指人们所拥有的能力"，"这种能力不仅表现为一种客观的存在，而且表现为人们的一种主观感受，亦即权力感"，"这种权力感可以增进人们的自我概念、自尊、尊严感、福祉感及重要感"。[①] 有了权，个人或群体就能够拥有一定的资源并对外界环境产生控制力、影响力，从而可以增进人们的自我意识、自我认同、自我价值。现代社会中，公民为了维护自己的利益、实现自我价值，需要从公权中获取个人的权力（利），需要被赋予权力（利）。但赋权的含义并不这么简单。

所谓赋权（又称为"增权"），《韦伯斯特新世界词典》（1982）将它定义为"赋予权力或权威，赋予能力，使能，允许"。增权并不仅仅是"赋予"他人权力，而是挖掘或激发其内在的潜能。因为，权力不仅是赋予的，而且是激发和调动内在力量的结果。根据对赋权的这些理解，赋权于家长参与学校应该有两重含义。一是让家长拥有某种资源，使之产生对外环境（学校）的控制力和影响力。这个意义上的赋权就是赋予权力或权威的过程，是把平等的权利通过法律、制度赋予对象并使之具有维护自身应有权利的能力。二是唤醒家长的内在力量，允许家长为实现自己内在的愿望而改变环境，这个过程在一定程度上又是一个对家长教育的过程。赋权于家长，并不意味着家长马上就能够学会参与，也并不意味着家长愿意参与学校；对于学校而言，赋权于家长并不都是心甘情愿的事情，也并不意味着这个过程不需要学习。学校学会赋权，教家长学会用权、学会参与，这些都是赋权的应有之意。

---

① 陈树强. 增权：社会工作理论与实践的新视角 [J]. 社会学研究, 2003 (5): 71.

20 世纪 80 年代以来的世界教育改革中，父母参与学校是重要内容。世界上运用法律手段强化家长参与的国家为数不少，英国、美国、法国、意大利、比利时、奥地利等都以法律政策手段加以推广执行。1994 年，美国颁布了《美国 2000 年教育目标法》，对家长参与教育和加强教师队伍建设做了规定，以便使"每所学校都促进与家长的伙伴关系"。美国政府 2002 年颁布《不让一个孩子掉队法案》（*No Child Left Behind Act*）的目的之一就是确保家长的参与，以提高教育质量，"凡是接受联邦教育基金资助的学校，都必须有一项书面的家长介入政策，包括学校与家长合作的相关条款，学校必须与家长合作制定开发和培养儿童的计划，并与家长达成一致意见"。从 20 世纪 60 年代开始到 21 世纪初，美国颁布和实施了十多部法律法规与项目，极大地推动了美国家长参与。[①]

（二）家长参与需要激发动机

尽管家长参与是家长自身的权益，但现实中家长参与还是呈现出如下不均衡特征：第一，从家庭资本角度看，文化资本较高的家庭参与学校的积极性较高，文化资本较低的家庭参与的积极性较低；第二，从参与形式看，越是采取比较复杂的参与方式（如家长沙龙、家长议事会等），家长的参与度越低，家长最喜欢的方式是即时性沟通，即围绕具体问题进行直截了当的沟通；第三，从参与的功效看，越是有益于自身利益的活动（如事关自己孩子的学习），家长参与度越高；第四，从年级来看，年级越高，家长参与度越低。如何调动家长参与学校的积极性是摆在许多学校面前的一个重要问题。

提高家长参与度，不仅要提高家长的参与意识和参与能力，还要提高活动的吸引力和有效性。有研究发现，解释公民参与行为主要有五种理论模型，包括理性选择、资源、社会心理、社会资本及动员模型。[②] 因此，为了提高公民参与度，应该综合调动这些方面的积极因素。该理论模型对于家长参与学校教育也具有解释力。

第一，要大力提升家长对参与学校教育的理性认识。家长只有对参与

---

[①] 黄河清. 家校合作导论 [M]. 上海：华东师范大学出版社，2008：60.
[②] 王新松. 公民参与、政治参与及社会参与：概念辨析与理论解读 [J]. 浙江学刊，2015（1）：206.

学校教育产生理性认识，才能确保稳定的参与行为。许多家长参与学校教育的积极性不高，主要原因是在参与成本与收益上"失算"，只有让家长感受到积极参与学校的行为会大大提升教育收益时，家长才会真心实意、想方设法地参与其中。现实中不难发现，家长热心学校事务，密切家校沟通，积极参与学校服务，不仅有助于学校改进教学，还能够为孩子做出榜样，这比简单地让孩子"加班加点"或上课外班等方式更有利于孩子成长。

第二，为经济处于不利地位的家长参与提供针对性的保障。社会经济状况对公民的社会参与行为有很大影响，教育参与也不例外。不难理解，困难家庭家长主要忙于生计，无暇顾及孩子的学习，更不用说参与学校事务了，这种状况在今天的中国并不少见。在这种情况下，政府、学校和社会应该做的事情是尊重家长的现实条件，理解其发展困境以及改变生存境遇的要求，同时在参与行为上对那些家庭困难者予以一定的照顾和倾斜，通过家长互助和教师帮助，为低收入家庭参与学校提供一定便利，比如尽量考虑参与者的时间、主动就某些问题征求意见等。

第三，转变家长的价值观。公民参与是一种公共文化，与公民自身的价值观、功效感、对参与的认同度等因素息息相关，其中价值观对行为的选择具有决定性作用。一方面，需要提高家长认识。学校可以通过说服、沟通以及其他家长参与的示范影响和转变个人的价值认知，使其认识到参与学校是自身的职责所在。另一方面，需要提升家长参与的功效感、获得感，引导家长感受在积极的参与行为中自身能够实实在在地获取好处。

第四，唤醒家长自组织力量。公民参与活动具有集体行动的特点，具有从众效应，当参与成为普遍的集体行为时，一种积极参与的文化就形成了。同理，家长参与行为除了受学校动员影响外，更受家长自组织的影响。因此，学校要鼓励发展包括家长委员会在内的各种家长参与学校的组织，大力倡导各种家长义工组织。在保障家长自组织基本方向的基础上，学校要积极赋权，通过自组织活动凝聚家长，吸引家长参与学校。同时，学校动员家长参与的最好办法是榜样带动，通过大力宣传，使家校合作、家长参与成为学校的一种风气，这是一种无形的力量，能吸引更多的家长参与学校教育。

（三）家长参与行为需要明确

家长参与学校是通过制度化建设得以实现的，制度规定得越详细，家长越能明确自己的行为。家长参与的制度规定主要包括日常参与学校教育的制度安排以及有关家长组织的制度规定。虽然我国大陆地区的相关制度规定了家长具有知情权、参与权和监督权，但对于一般老百姓来说还是不知道自己到底要做什么。在这方面我国台湾地区关于家长参与教育的规定对大陆地区家长参与学校教育有所启示。该规定明确了家长的责任和权力，规定家长具有组织团体权、信息公开及请求权、异议权、申诉权、参与决策与协商权等权力，而且对每项权力都有较详细的规定。以信息公开及请求权为例，该规定第七条提出，学校应主动向家长提供下列信息：

（1）学校校务经营及中长远发展计划；（2）学校重大行事历；（3）学校相关业务组织及教职人员的学历资料；（4）班级年度课程规划及教学计划；（5）主要教学方法、内容、评价方式及家长配合事项；（6）教师辅导管教方式、重要章则及其相关事项；（7）学生个别学习及相关辅导资料；（8）学校代收代办费的收支概况；（9）学生权益之相关法令规定及信息；（10）其他有关学生学习事务的信息。[1]

该规定详细列出了家长参与权的获知渠道及学校和教育行政部门相应的义务。学校通过分发文件、登报、上网或公告的方式向家长提供以上各种信息。每学年开学后 14 日内，班级教师应提供班级学生家长姓名、电话给班级家长会，学校应提供全校家长姓名、电话给学校家长会。当家长请求了解与获得与其子女教育有关的信息，家长团体请求了解与学生学习及家长教育相关的信息时，主管教育行政机关、学校或教师应善尽提供及告知的义务，除有违反学生权利保障情况之外，不得拒绝。为监督学校，该规定还在第八条提出，各级主管教育行政机关应向学生家长及家长团体

---

[1]　陈如平. 台湾地区家长参与教育的发展趋向及其启示 [J]. 河北师范大学学报（教育科学版），2006（4）：58.

主动提供学生学习及家长教育的相关信息，并应公布其网站。学生家长及家长团体，于正当理由下，亦可请求各级主管教育行政机关提供下列信息：（1）重大教育政策、相关规定及其他信息；（2）教育经费编列及执行概况；（3）教育评价及视导概况；（4）其他有关学生权利的信息。

基于参与权是权利和义务的统一这一认识，我们认为我国大陆地区家长应该享有的参与权主要包括：知晓子女在校教育状况的权利和义务，如学习态度、学习情绪、学习结果、学习困难及原因对策等；知晓学校办学思想、重大教育决策、办学特色、课程安排、师资等教育资源配置的权利和义务；采取适当方式向班主任、相应机构表达个人意见建议并得到及时回复的权利和义务；监督学校各职能部门和教师执行学校各项制度和计划的权利和义务；根据个人意愿、能力和条件参与学校或班级管理、教学事务、必要的教学或活动过程的权利和义务；了解学校家长组织设置并平等地参与相应组织及活动的权利和义务；就自己子女学习和发展问题与相应教师和部门沟通并得到及时、充分回应的权利和义务；就个人成长以适当形式向相关教师咨询并得到及时、充分回复的权利和义务；其他合规合法的权利和义务。

# 第二节　家长学习参与

在家长所有的参与活动中，主动性最强、次数最多的应该是孩子的学习参与。这个不难理解，因为学习是孩子最主要的任务。家长参与孩子的学习，需要处理好与学校的关系，分清责任边界，既要防止家庭作业变成家长作业，也要杜绝学习只是教师负责的事而与自己无关的思想。

## 一、家长参与学习的含义与类型

学习是孩子成长最主要的途径，是孩子最主要的"工作"，促进孩子好好学习是教师和家长的主要任务。学生的学习活动是在学校和教师的统筹安排下有目的、有计划、有组织地展开的，学校教育教学工作最终是为了促进学生好好学习，这与纯粹自主状态下的学习有很大不同。鉴于学习活动的重要性，在所有参与活动中，家长关注最多、行动最积极、投入时间最多的是孩子的学习参与，其他参与活动从某种程度上说多数是服务于学习参与。家长参与学习是家长围绕孩子的学习活动和在校状况对学校管理、课程设置、教学实施、活动安排等教育教学环节知晓、监督和适度参与的过程。

首先，家长参与学习是家长依法"履职"的行为。一方面，参与学习是家长的法定义务，《中华人民共和国教育法》第五十条明确规定："未成年人的父母或者其他监护人应当为其未成年子女或者其他被监护人受教育提供必要条件。未成年人的父母或者其他监护人应当配合学校及其他教育机构，对其未成年子女或者其他被监护人进行教育。"对于家长来说，将孩子送到学校接受教育，并不意味着自己可以袖手旁观，而是应该履行相应的责任。另一方面，家长参与学习也是督促学校落实国家教育政策的过程。现代学校在"依法办学、自主管理"过程中要自觉接受社会的参与和监督，家长是社会参与和民主监督的主体，家长在参与中实现了民主监督的职能。家长监督的依据是国家相关法律政策，如《中华人民共和国教育法》《中华人民共和国义务教育法》《中华人民共和国教师法》《中共中央 国务院关于深化教育教学改革全面提高义务教育质量的意见》《中华人民共和国未成年人保护法》《中小学班主任工作规定》《教育部关于加强家庭教育工作的指导意见》等。

其次，家长参与学习是为孩子创造各种学习条件以保障其受教育权的过程。学习是复杂的脑力劳动（当然有时候需要手脑并用），需要一定的条件保障。学生在校学习条件主要由学校提供，但也需要家长的配合。家长应该提供的学习条件主要包括：第一，必要的物质条件，如学习工具、学习材料、学习场所以及学习需要的其他设施。第二，必要的学习时间，包括保证孩子到校学习时间，保证孩子在家学习时间，适度安排休息娱乐时间，等等。第三，必要的家庭学习环境，如创设适宜的家庭外部和内部氛围，保持良好的亲子关系。第四，为孩子完成学习任务提供的安全或便利条件，如接送孩子上下学。

再次，家长参与学习是配合学校完成教育任务的重要组成部分。其一，积极参与学校教育活动，如家长会、单独沟通、开放日、亲子活动、开学（毕业、入少先队）典礼等各种活动。其二，尽力参与学校志愿服务活动，这不仅能帮助学校解决人手不足问题，而且有利于培养孩子的公共意识。其三，适度参与课程与教学活动。课程教学是教师的专业行为，但家长可以担任课堂教学助手、开设家长课程、帮助完成学生社会实践活动、参与学校科研、提供课程资源、为学校教育教学改革建言献策等。

概括起来，家长参与学习大致包括两大环节：一是在校学习环节，主要是教学环节。这个环节中，学生学习的责任主体是教师，教师是教学设计的主导者和执行者，家长参与的服务对象是教师，比如给教师担任助手、维持教学秩序、为教师教学提供课程资源等。二是在家自主学习环节。这个环节介于家庭与学校之间，既可以说是学校教育的延伸，也可以说是家庭教育的一部分，主导者是家长，孩子学习的主要内容是学校布置的各种作业，如预习、复习、巩固提高等。

## 二、家长参与作业的异化及回归

### （一）作业参与是家长参与学习的最主要形式

有学习就要有作业，课堂一般是接受新知识的地方，课下作业是巩固、消化、熟练掌握学习内容的最主要方式，家长参与孩子作业是家长参与学习最直接、最主要的体现。作业类型很多，主要可以分为认知类、品德类和探究类三种。认知类作业主要是由文化课老师布置的、与课堂教学内容息息相关的学习任务，是作业中最主要的部分。品德类作业主要是由班主任和德育教师布置的（有的是学校或年级统一布置的）学习任务，这类任务一般不是通过书面完成的，而是通过志愿服务、家庭劳动、观察、参观、访问等活动而完成的，目的是提高学生社会实践和社会服务的意识和能力。探究类作业主要是小课题研究，通过调查研究、实验等方式培养学生的探究意识与实践能力。此外，近年来随着学校对艺术、体育的重视，艺术和体育教师也会布置一些课外作业。

理解家庭作业要把握好三个关键点：其一，它是由学校教师布置并监管的，教师是作业监管主体。家庭作业是教师在日常教育教学活动之后，为巩固、消化教育成果而布置的任务，它是学校教育教学的一部分，是实现学校教育目的的途径之一，教师自然是监管主体。其二，它是学生在课外（主要是利用在家时间）完成的。家庭作业在时间上会与家庭生活和家庭教育发生一定的重叠，家长应该积极参与孩子的作业过程，以提高作业的有效性。但家长参与不能改变教师是家庭作业的责任主体这一事实，倡导家长积极参与孩子作业并不意味着强迫家长参与，要根据家庭的具体条件和意愿而定，不能勉为其难。其三，家庭作业主要是由学生自主（有时候需要他人的适度帮助）完成的，因此家庭作业的布置要符合孩子的认知基础，过偏过难的作业是不合适的。

家长参与作业是家长参与学习的主要形式，家长参与作业的形式是多样的，如督促、辅导、批改、支持等，既可以全程参与，也可以部分参与（如订正）等。美国约翰·霍普金斯大学爱泼斯坦教授提出了"教师帮助家长参与学校作业"项目（Teachers Involve Parents Schoolwork），即 TIPS家庭参与模式。① 胡佛·登普西等人在爱泼斯坦研究的基础上，将家长参与作业过程细分为八个方面：（1）为孩子完成家庭作业提供物理和心理上的支持，即家长为孩子完成家庭作业创设像学校那样的学习环境；（2）与教师相互交流家庭作业情况，如家长按教师的要求在孩子作业本上签字，教师向家长提供作业信息；（3）对孩子的作业过程进行监督与检查，如确认孩子是否真正理解作业的具体要求；（4）回应孩子的家庭作业表现，如给予鼓励、额外的奖励，意在提升孩子的自我感知能力和学习目标达成度；（5）直接参与孩子的作业任务和过程，如协助、帮助、辅导孩子做作业；（6）设计使学生的技能水平与任务要求相适应的元策略，如将作业任务分解为孩子可管理的任务，将作业要求具体化为孩子能理解和达到的要求；（7）通过互动促使孩子理解作业，如进行建模和示范，讨论问题解决策略；（8）设计有助于提升孩子学业成绩的学习进展元策略，如引导孩子承担起对学习任务的自我管理责任，并能调控与学习任务和家庭作业相关的情绪。很显然，这是一个详尽而理想的家长参与作业的清单，有的比较简单，但有的对家长是一种考验（如"设计使学生的技能水平与任务要求相适应的元策略"）。家长应该根据自己的具体情况尽力做到上述方面。但对于那些不能做到的家长，也不能过于强求或简单指责。因为科学地辅导并揭示出出题者的意图，并非所有家长都能够做到，这方面的要求要因

---

① 杨启光，刘秀芳. 美国教师帮助家长参与学校作业项目（TIPS）述评［J］. 上海教育科研，2011（10）：32.

人而异。

（二）家长参与作业的异化

近年来，随着课程改革的推进以及家校合作的加强，家长参与作业的异化现象越来越严重。中国青少年研究中心 2015 年调查发现，40.2% 的家长认为存在"教师将本不该家长承担的责任推卸给家长"的现象，其中 5.6% 的家长认为这种现象比较普遍。现实中家长参与作业异化现象主要包括以下几种。

第一，模糊不清的家校关系导致家长参与异化。主体责任不清是家长参与作业异化的最主要原因。人们常说，家庭和学校是孩子成长的两个最重要的场域，家长和教师是孩子成长中两个"最重要的他人"。但仔细分析起来，两者的分工是不同的。家长管的是家庭教育，主要通过家庭生活培育孩子的品德和心性；教师管的是学校教育，重点是通过课堂教学这个主渠道传授科学文化知识和社会公德。家庭作业虽然主要在家庭完成，但它是学校教育教学的一部分，是课堂教学的延伸，布置作业的主体是教师，评价和管理的主要职责也应该由教师承担。教师应该通过家庭作业完成情况了解学生的掌握程度，发现问题，做出正确判断，并及时采取对策。但是许多教师以"都为你好"的名义，为了让孩子多学知识，又不愿意增加自己的工作量，将家长视为自己无条件的助手，将家庭作业的评价和管理任务转嫁给家长。有一位杭州家长曾经晒出这样一份家庭作业：（1）数学，《口算》第 4 页，家长签批；（2）语文，每天读拼音 30 个，家长可用字典或其他拼音读本训练孩子；（3）英语，除了书写作业，要听光盘并指读，每次听光盘并指读完后家长要在英语书上签字……。这是一个典型的推卸家庭作业责任的案例。

第二，家长被迫裹挟在孩子的作业之中，家庭正常生活受到过度干扰。家庭是生活的"组织"，生活本应该是丰富多彩的，教育是家庭生活的一部分，但有的教师为了孩子的学习，不顾家庭生活，强行占据家庭时间，甚至干扰家庭生活。有位家长反映，"五一"三天小长假，本来打算和几个好友家庭一同出游的，但学校布置了三天的家庭作业，还需要家长一同完成。有的家庭作业创意很好，但有点不切实际，比如"家庭创意生活展示活动"，目的是围绕某个主题或者某一天的生活，展示家庭有创意的生活，并且要录视频。这看似很简单的事情，对于不少家长来说却是个难题，也导致作业的重心发生了偏移，从过日子变成展示了。有的家庭作业过于狭隘，比如亲子共读，一定要家长带着孩子读一本书，这大可不必，其实亲子共读更本质的含义是家长与孩子都进行阅读，而不是非要读同一本书，父母读书行为本身就是很好的教育行动。

第三，作业本身不合理影响家长参与。作业布置是一项科学活动，不合理作业会影响孩子的课后生活，也自然会成为家长的负担。不合理作业主要表现为：一是作业太多，二是作业太难，三是作业太偏。教师布置作业太多，单调重复，占用了孩子的休息娱乐和其他学科学习时间，不仅不利于孩子成长，还给自己增加了监管负担，于是不得不转嫁给家长。作业太难，超过了孩子的智力水平和认知基础，远离了核心知识和课程标准的要求，让孩子望而却步。家长为了帮助孩子完成作业，不得不与孩子一起学习，帮助孩子查资料，甚至直接给孩子报课外班学习。作业太偏：有些作业离奇古怪，如观察 28 天月相变化；有些作业要求"处处留痕"，过于注重形式，如拍摄孩子的志愿服务过程，提交视频，偏离了作业本身的意义。还有的家庭作业不切实际，无视家庭的客观状况，对家长提出漫无边际的要求，勉为其难。

## 三、让家庭作业回归本意

一方面，提高家庭作业布置的质量，让家庭作业回归本意。家庭作业是学校教育的组成部分，是学生在家独立完成的学习任务。教师是家庭作业的监管主体，学生是完成作业的责任主体。因发生在家庭，所以既要提倡家长根据自身条件积极参与其中，又要切忌将作业转嫁给家长，让家长越俎代庖。布置作业不仅考验教师的责任意识，还检验教师的教育水平。一份好的作业，应该量体裁衣，既要注重统一性，也要注重差异性，既要保证基础，又要有所分别。无论教师布置作业的出发点如何正当，但只要太难、太多、太偏、要求太高就不是好作业。一份好的家庭作业，不仅检验学生的学习情况，还检验学生的自我管理能力，要鼓励孩子自己安排、自我检查、自我评价。一份好的家庭作业，不仅要看结果，还要关注过程和成本，过于理想化的作业难以达到理想的效果，常态化的家庭作业应该是不需要家长参与孩子就能完成的学习任务。

另一方面，厘清家校关系的边界，各负其责。根据前面的分析，家长在家庭作业中应该扮演两个角色：一是为孩子完成家庭作业提供条件，如保证孩子完成家庭作业的时间，提供学具等物质条件。这一点没有异议。二是配合学校进行教育，这一点充满争议。如何理解家长的"配合"行为？这是家校合作的关键。所谓配合，本义是指各方面为了一个共同的目的，通过分工合作来完成相应的任务。当然，这种分工合作是与各自的身份、能力、法定边界和意愿相称的。很显然，孩子完成家庭作业需要家长的配合，但由于家长自身的能力有限，其配合的重点不是具体学习任务的完成和方法上的指导，而是根据自己的身份做出适当的行为。我们不要指望家长都能像教师一样辅导孩子的学业（当然不排除有的家长可以做到）。对于家长配合学校参与家庭作业不能一刀切，因为家长自身的禀赋不同，但是家长承担的共同责任是：一要保持积极配合的态度；二要做力所能及的事情，力所能及的事情包括家长自身成长，提高家庭教育胜任力，等等。

## 第三节　家长委员会

家长参与可以是个人层面的参与，这种参与是自发的、临时的；也可以是组织层面的参与，这种参与是制度化的、正式的。制度化建设是推进家长参与的保障，是推动家长参与持久发展的关键。教育部于 2012 年颁布了《关于建立中小学幼儿园家长委员会的指导意见》（以下简称《指导意见》），有力地推动了家长委员会建设和家校合育工作。但从整体上说，家长委员会建设还不尽如人意，其功效还有待进一步发挥。

### 一、何为家长委员会

（一）家长委员会属性问题的由来

家长委员会是家长参与学校的组织形态，其属性问题是研究家长委员会的起点，关系到家长与学校的权利关系，关系到其应该履行怎样的职责、如何履行职责等问题，但目前研究人员关于家长委员会的界定有较大的分歧。

2009 年出台的《山东省普通中小学家长委员会设置与管理办法（试行）》规定："中小学家长委员会是由本校学生家长代表组成，代表全体家长参与学校民主管理，支持和监督学校做好教育工作的群众性自治组织，是学校联系广大学生家长的桥梁和纽带。"2012 年出台的《江西省中小学幼儿园家长委员会设置与管理办法（试行）》的第二条规定："学校家长委员会是由本校学生家长代表组成，代表全体家长参与学校民主管理，支持和监督学校做好教育工作的群众性自治组织，是学校联系广大学生家长的桥梁和纽带。"这两个地方性制度在家长委员会的性质表述上基本一致，都将家长委员会定义为"群众性自治组织"，所谓"群众性"是指组成人员是家长代表，"自治组织"是指不受外部影响。

但上述对家长委员会属性的界定与 2012 年教育部颁布的《指导意见》相矛盾。《指导意见》对家长委员会的职责、组建、活动、保障等做了较为详细的规定，虽然没有明确家长委员会的基本属性，但在"基本职责"方面明确指出，"家长委员会应在学校的指导下履行职责"，包括"参与学校管理""参与教育工作"以及"沟通学校与家庭"；在"家长委员会组建"方面指出，"要发挥学校主导作用，落实学校组织责任，纳入学校日常管理工作"；针对学校和家庭教育中的突出问题，家长委员会要"重点做好德育、保障学生安全健康、推动减轻中小学生课业负担、化解家校矛盾等工作"。很显然，家长委员会要在学校领导下组建，在学校指导下开展工作，要纳入学校的工作范畴，不是一个纯粹意义上的"群众性自治组织"，只能算作学校领导下的一个"群众组织"。

（二）如何理解家长委员会的基本属性

为什么家长委员会不能是纯粹意义上的"群众性自治组织"？为什么家长委员会必须是学校领导下的"群众组织"？可以从以下三方面加以解释。

首先，从实践层面看，中小学的普遍做法是将家长委员会纳入学校管理之中。上海市的调查发现，家长参与学校事务绝不是为了给学校找麻烦，其最终目的是促进学校更好地发展。因此，家长委员会应该是由学校领导的,为改进学校办学、满足家长参与而建立的群众组织。在家校合作中,学校必须具有绝对的领导权,家长委员会是为家长参与学校而建立的组织,与学校的关系是合作性的。在班级家长委员会层面,班主任是班级家长委员会的领导。家长委员会对学校不具有领导权。学校对家长委员会的任何行动都具有知情权。家长委员会不是类似工会性质的帮助家长维权的组织。家长委员会的职责与功能是帮助学校发展,目的是把学校办得更好,而不是找学校的"碴"、找学校的麻烦。① 上海市的情况具有普遍性。将家长委员会置于学校领导之下,将家长委员会的相关事务纳入学校日常工作之中,可以避免不必要的矛盾,提高家长委员会的工作效率,更好地服务于学校。实践中有的地方为了避免家长委员会与学校产生矛盾,直接将家长委员会改为家长教师协会或家校合作委员会等。

其次,将家长委员会定义为群众性自治组织存在前提性错误。有人认为,目前存在九类民间组织:(1)行业组织;(2)慈善性机构;(3)学术团体;(4)政治团体;(5)社区组织;(6)社会服务组织,即旨在提供社会福利服务和公益服务的民间组织,如环境保护、文教体卫等领域的公益性组织;(7)公民互助组织;(8)同人组织;(9)非营利性咨询服务组织。家长委员会显然属于第六类,即家长委员会是为学校提供教育服务的民间组织。因此,家长委员会的本质是提供教育服务的群众自治组织。② 笔者认为这种推论的前提存在一定问题。因为家长委员会不属于上述意义上的民间组织,因为它不需要到民政部门登记,其合法性是由学校确定的。当然,家长委员会与上述民间组织存在共性,因为家长委员会也要"提供教育服务",不能提供服务就没有存在的价值;同时,要想让家长委员会有活力,需要在"准自治"上多下功夫,提高家长委员会的自主权和独立运行的空间。

再次,将家长委员会定性为学校领导下的群众组织与学校"元治理"观点是一致的。褚宏启教授认为:"尽管多方主体都参与到学校治理中来,但其地位和作用是不同的,学校需要在其中发挥主导作用,承担'元治理'的角色。这种'元治理'角色,与政府在区域性教育治理之共治中

① 吕星宇. 上海市家校合作推进学校发展的成功之道 [J]. 教育科学研究, 2015 (1): 46.
② 王燕红. 我国家长委员会伪教育性的倾向及对策 [J]. 教学与管理, 2014 (28): 5.

所发挥的'元治理'作用类似。""在学校内部的多元治理中，'元治理'不否定多元参与中各主体对于治理的贡献，但特别强调学校的'领头羊'作用。"如何理解学校的"元治理"？到底有哪些具体表现？大致体现在三方面："（1）协调和整合多元主体的利益分歧，维护公共利益，保证教育领域公共利益的最大化。（2）确定学校发展的方向、目标，解决多元主体的目标分化问题，依法制定规章制度，为多方主体参与管理提供共同的行动目标和行为准则。（3）进行统筹和调控，解决治理活动的分散化、碎片化和不可持续等问题。"① 可见，"元治理"就是统筹性、方向性、整合性、主导性治理角色，多元治理应该纳入"元治理"之中。尽管家长委员会是家长参与学校治理、提高决策科学性的重要形式和途径，但这种治理手段应该纳入学校的"元治理"之中，为其服务，接受其领导。

基于此，有人给家长委员会下了这样的定义："家长委员会是由家长代表组成的代表全体家长和学生参与学校教育和管理、行使教育监督权和评议权的一种群众性组织，是密切家校关系的桥梁和纽带，是实现家校共育的重要组织形式。"② 其一，它是群众性组织，是家长自己的组织，学校领导和教师不应该直接参与其中；其二，它是自主组建的，是通过家长内部选举、推荐的民主方式产生的；其三，它是以服务于学校民主管理和学生发展为宗旨的，在这个功能下开展工作，违背这一宗旨就将失去合法性基础。

## 二、家长委员会建设状况及问题

### （一）家长委员会得到长足发展

2010 年颁布的《国家中长期教育改革和发展规划纲要（2010—2020年）》明确了"建立中小学家长委员会"的要求，并将此举纳入现代学校制度建议重要举措。2012 年，教育部下发的《关于建立中小学幼儿园家长委员会的指导意见》，成为我国各学校建立家长委员会的纲领性文件。在该文件出台前后，山东省和江西省等也出台了相应的区域性文件。在上

---

① 褚宏启．自治与共治：教育治理背景下的中小学管理改革［J］．中小学管理，2014（11）：18．

② 陈立永．学校家长委员会建设范式的转型［J］．教育科学研究，2011（7）：46．

下一致的努力下，近年来我国家长委员会建设掀起了一股不大不小的浪潮。山东省从 2009 年底就开始了家长委员会建设，截至 2011 年 7 月，山东省小学、初中和普通高中已建立家长委员会的学校比例分别为 86.6%、95.4% 和 94%。① 从全国来看，截至 2016 年，八成以上的学校建立了各级家长委员会。② 调查还发现，家长委员会在建立中体现了一定的民主原则，家长委员会在参与学校管理活动、为学校提供各类服务、为各位家长代言等方面发挥着重要功能和作用。尽管家长委员会还有许多不尽如人意的地方，但家长们对家长委员会的评价是积极的。

（二）家长委员会建设中存在的问题

一方面，我们要肯定我国家长委员会建设所取得的成果，但另一方面我们还要正视其背后存在的问题。有些地区和学校，要么还没有建立家长委员会，要么家长委员会有名无实，形同虚设，还有不少已经失去了家长委员会成立的本意。以经济与教育都非常发达的上海市为例，与全国其他地区相似，尽管家长委员会普遍建立起来了，但流于形式的现象比较普遍。有调查显示：对于"学校有没有设立家长委员会"的问题，家长中表示有的占 31.6%，不清楚的占 59.7%，表示没有的占 8.7%。这表明无论学校是否设立了家长委员会，这一机构并没有被家长群体普遍认识和了解。这一推测在关于"学校有无关于家长委员会的文件""家长委员会的活动频率""家长委员会运行和发挥作用的情况"等问题的调查上也获得证实。高达 67.3% 的家长不清楚学校有无关于家长委员会的文件，16.5% 的家长明确表示学校有这方面的文件，16.3% 的家长表示学校没有这方面的文件。79.1% 的家长不清楚家长委员会的活动频率，71.5% 的家长不清楚家长委员会运行和发挥作用的情况。家长委员会流于形式，成立之后就没有再举行过活动，基本没有发挥任何联系和沟通家长与学校、监督学校发展的作用。③

① 梁伟国，李帆. 让家长成为教育的同盟者：山东省中小学家长委员会建设的思考和探索 [J]. 人民教育，2012（7）：8.

② 王东. 中小学家委会建设的现状与问题：基于全国六省市问卷调查的分析 [J]. 当代教育科学，2016（2）：44.

③ 王帅. 家长参与学校管理现状的实证研究：以上海市 10 所普通小学为例 [J]. 上海教育科研，2012（2）：33.

有人认为我国目前家长委员会建设存在以下问题：一是"学生的空场"，不是以学生的发展为本，不注重学生的利益；二是"内容的空疏"，即没有教育意义的形式主义活动大行其道。① 笔者认为，总体上，家长委员会的功能还没有得到足够的重视，不少学校依然没有建立家长委员会，有些学校之所以建立了组织是迫于上级压力，而不是出于对建立现代学校制度、保障家长参与权的重视。学校即便建立了家长委员会，但存在的问题很多：（1）目标不明。学校和家长都不知道家长委员会到底是干什么的。工作目标要清楚，目标引领发展，目标决定方向。许多学校家长委员会之所以是摆设，就是因为家长委员会会长不知道自己是干什么的，也不知道家长委员会要做些什么。有的学校就连校长也不知道家长委员会是干什么的，反正上级要求成立就成立。（2）职责不清。《指导意见》规定家长委员会主要履行三大职责：参与学校管理，参与教育工作，沟通学校与家庭。但是，一些学校没有建立相应的具体落实制度，学校在决策、教育、沟通家校等方面将家长委员会排除在外，反倒将学校某些涉嫌违规的事务委托给家长委员会（比如乱收费），以规避风险。（3）工作不力。家长委员会工作需要有人去落实，开展工作需要各种人才，因为参与学校管理也罢，教育学生也罢，沟通家校也罢，都需要工作人员具有一定的能力。开展家长委员会工作的人需要有两颗心：一颗是公益之心，一颗是智慧之心。《指导意见》指出了家长委员会成员应该具备的素质：正确的教育观念，科学的教育方法，热心学校教育工作，富有奉献精神，一定的组织管理和协调能力，善于听取意见、办事公道、责任心强，能赢得广大家长的信赖。但事实上，这样的家长不容易找到。（4）活力不足。以上问题导致许多家长委员会的活力不够，大家信心不足，自我效能感不高。

导致家长委员会运行过程中存在问题的原因复杂，上面所说的现象其实包含了内在的原因，家长委员会在履行职责、完成使命时面临着许多掣肘，集中体现在目标与责任、功能和能力之间难以克服的矛盾。一方面，目标与责任之间存在偏离。家长委员会的主要目的是促进现代学校制度的建立，推动学校实现民主管理、接受社会监督。但在具体工作职责安排

---

① 谢文庆. 我国学校家长委员会主体性的缺失与对策［J］. 中国教育学刊, 2012（11）: 35-38.

中，家长委员会主要还是负责与教育教学、家校沟通等相关的工作，家长委员会似乎成为学校的一个部门，许多学校喜欢家长委员会主要是看到了这方面的作用。比如，"沟通家校"，其目的是加强家庭与学校的联系、认同、包容；"参与教育工作"，就是要发挥家长的专业优势、资源优势、自我教育优势，开展或协助学校开展学校教育、校外教育、家长教育。这项工作虽然重要，也在家长委员会的工作范围之内，但显然不在民主监督职责范围之内，不属于主业。因此，校长必须明白，家长委员会的主要职责是保障家长的知情权、参与权、监督权和评议权等权利，"对学校工作计划和重要决策，特别是事关学生和家长切身利益的事项提出意见和建议"，"对学校教育教学和管理工作予以支持，积极配合"，"对学校开展的教育教学活动进行监督，帮助学校改进工作"，而不是为学校教育教学直接提供服务。另一方面，功能与实现功能的能力之间存在矛盾。家长委员会要履行上述职责，必须有一定的资源配置，尤其是人力资源。《指导意见》对此没有具体要求，也没有给出具体办法，但这个问题是家长委员会功能能否得以发挥的关键。《江西省中小学幼儿园家长委员会设置与管理办法（试行）》提出了设置"专业工作组"制度，规定如下："学校与学校家长委员会根据实际确定专业工作组的类别和数量，本着自愿原则，根据家长的专长和资源优势，组成各专业工作组（可按活动类型设置课程指导、安全防卫、社会实践、家庭教育、咨询宣传等工作组，也可按目标类型设学术目标工作组、学生行为改善工作组和学校、家庭合作氛围改善工作组等）。专业工作组组长由家长委员会委员兼任，必要时可招募临时志愿者。"显然，专业工作组的设置，可以使家长委员会的工作落到实处，但是组建工作组又会面临新的挑战。

很明显，当家长委员会执行监督学校管理和教育的工作时，首先面临着两个权利主体之间的张力，二者有各自的利益诉求并在职责范围、权利边界上难以明晰，同时家长委员会在履行教育职能时又可能与学校在专业性方面产生矛盾。这些矛盾纠缠在一起，造成了家长委员会建设中的问题。

中小学应当逐步建立健全班级和学校两级家长委员会。家长委员会承担参与教育工作、参与和监督学校管理、促进学校与家庭沟通合作等职责，其成员由家长民主选举产生。学校应当提供必要条件，保障家长委员会对学校、教师的教育教学和管理活动实施监督，提出意见建议。学校应当定期与家长委员会成员进行沟通，听取意见。学校进行采购校服、订购教辅材料、组织活动、代收费用等直接与学生个体利益相关的活动时，一般应由学校或者教师提出建议和选择方案，并做出相应说明，提交家长委员会，由家长委员会做出决定。有条件的地方，可以设置区域的家长委员会联合会，扩大家长对学校办学活动和管理行为的知情权、参与权和监督权。

### 三、提升家长委员会效能的应有之道

（一）提升家长委员会权能

加强家长委员会工作，改变其流于形式的问题，就要赋予其权能。赋权是坚持家长委员会为学校领导下的群众性组织这个根本属性的具体表现，是家长参与学校的具体要求。赋权的过程体现为学校权变领导力的过程。

赋权是一种参与的过程，是将决策的责任和资源控制权授予或转移到那些即将受益的人的手中，这意味着被赋权的人有很大程度的自主权和独立性，从而增强对影响生活的资源和决策的支配能力。家长委员会组建和履行职能的过程需要赋权才能实现，这个权力主要有两个来源：一是来源于教育行政部门的行政管理权，如教育部2012年颁布《指导意见》，其实就是一个赋权的过程；二是来源于学校和校长的领导权，家长委员会要想落地，必须得到学校行政权力的支持。赋权于家长委员会，不是学校将不想管的事务交给家长委员会去管，以节省管理成本；而是通过赋权使家长委员会有更大的主观能动性和自由裁量权，从而保持一定的独立性和自由度。前文已经提及，赋权包括两项主要工作：一是给予权力，使之能够在某些方面获取资源，自由履行职能，这就是自由度或自主权问题；二是激发活力，推进被赋权者开展某些活动，这也是激发动力和能力。赋权于家长委员会，就是学校履行领导权，要求家长委员会在学校领导下开展工作，不能简单地理解为家长委员会执行学校命令，而是通过固定制度保障其开展工作。赋权的过程是一种契约过程，也是动态管理的过程。当家长委员会不能履行或者没有履行好职能时，学校有撤销的权力。当然，赋权

更多的是激活被赋权者内在履行职责能力的问题，因此培训家长委员会的组成人员也是赋权的应有之意。赋权，除了让家长委员会实实在在地拥有权力之外，还要帮助其加强自身建设，提升履职能力，实实在在地行使权力，充分实现有事可为，有事能为，责权统一。

### （二）加强家长委员会的自身建设

赋权的过程也是促进家长委员会"组织转型"的过程。一要"完善家长委员会代表的认定资格和条件，改进家长委员会的组建方式，实现由'指定委派制'向'公推公选制'转型，由片面性的'权贵俱乐部'向广泛性的'代表委员会'转型"①。二要厘清组织内部关系，加强内部民主管理。一般而言，学校家长委员会由班级和校级两级构成，在比较大的学校中间还有年级家长委员会。三者之间应该是递进式的层级关系。校级家长委员会代表全校家长和学生的利益，为全校服务；班级家长委员会代表全班家长和学生的利益，为班级服务。为加大学校家长委员会工作力度，保障其行使权力，也可根据区域实际情况建立覆盖区域内各学校的区域家长委员会，吸纳社区和社会力量。当然区域家长委员会的建立要根据需要，结合条件，出台制度，加强保障，不能形同虚设。三要加强功能组织建设。家长委员会履职主要通过其代表和委员实现，为了更好地履职，需要做好两方面的工作：一是与教师志愿者相结合。有的学校在家长委员会的基础上成立了"家长教师协会"（如北京十一学校）、"家校协力会"（如上海包玉刚实验学校）等机构，就是将教师的专业化水平和家长的志愿精神相结合，以便更好地履职。二是功能化的家长志愿者组织建设。例如，江西省就是在家长委员会的基础上成立了"专业工作组"，即"在自愿基础上，根据家长的专长和资源优势组成"各种专业机构。这些机构可以按照活动类型设立"课程指导、安全防卫、社会实践、家庭教育、咨询宣传"等工作组，也可以按照目标类型设立"学术目标工作组、学生行为改善工作组和学校、家庭合作氛围改善工作组"。专业工作组由组长召集，在学校配合下开展工作。②

---

① 陈立永. 学校家长委员会建设范式的转型 [J]. 教育科学研究，2011（7）：48.
② 吴重涵，王梅雾，张俊. 家校合作：理论、经验与行动 [M]. 南昌：江西教育出版社，2013：412.

无论是功能小组的设立，还是家长教师委员会（或协会）的组建，都隐藏着这样一个结论：家长委员会要想履行好职责，就必须加强功能建设。我国虽然许多地方都有家长委员会，但形同虚设的比比皆是，根本原因就是没有制定一系列确保组织实现功能的制度。功能小组的探索意味着要将家长资源合并，家长教师协会的建立意味着要将家长力量与教师的专业力量相结合。上海市的调研发现，大多数家长组织机构成员都由家长组成，但是包玉刚实验学校的家长组织很有特色，这一家长组织不叫"家长委员会"，而叫"家校协力会"，从名称上看，更加符合家长组织成立的初衷。而且家校协力会的成员也与一般家长委员会不同，不仅有家长代表，还有教师代表，校长也是固定成员。这样的成员组成，实际上拉近了家长与教师、学校之间的距离，更加方便家校就相关事宜进行沟通与协调。美国学校、家庭、社区合作项目的相关经验表明，成功的家校伙伴关系得利于三个重要因素：一是行动小组（由教师、家长、专家、高年级学生等组成），二是六大合育类型的行动框架，三是指导行动小组活动的助手。[①] 这些经验告诉我们，家长委员会在建设过程中首先要考虑如何实现既定功能。

## 推荐阅读：教师家长委员会[②]

在家校合作中，我们从办家长学校到成立家长委员会，从单纯地把家长作为教育对象，转变为与家长结为教育同盟，重视家长在学校发展、学生教育中的作用，这说明我们对家长作用的认识逐步深入。

但是，家长的成分很复杂，家长的角色决定了他们的诉求与学校的育人目标常常出现偏离甚或冲突。如果我们在成立家长委员会时草率行事，那么势必会给以后的工作带来许多被动和麻烦之处。有的家长甚至会利用某些家长的无知而"绑架"家长的力量，以谋得某些不正当利益。

---

① SANDERS M G. Building family partnerships that last [J]. Educational Leadership, 1996 (10)：61-65.

② 李希贵. 教师家长委员会 [J]. 中小学管理，2012 (4)：46.

为避免上述问题的发生，使家庭和学校形成真正有效的教育合力，我们在学校、年级和班级各层次成立教师家长委员会，共同探讨教育学生和学校发展的问题，让他们在思想碰撞中求得教育共识，增进了解、理解和谅解，同时也从不同角度深入了解学生，增加教育合力和家校友谊。

教师家长委员会不设常任领导，每学期推选一位召集人，以确保委员会的民主、开放，使其真正成为一个自主探讨、共同交流、一切为了学生成长的健康的交流平台。当然，在这个委员会里产生的争议，还可以交到学校这个顶层组织中来协调，这也避免了把家长和学校并列起来，一旦产生矛盾就没有回旋余地的问题。

## 第四节　家长志愿者

家长参与学校，从一定程度上说就是家长要承担学校教育中本来不属于自己的工作，无论是成为家长委员会成员，还是承担其中的某项具体工作，都属于志愿性、公益性行为。发展家长志愿者，激发家长的志愿精神，是保障家长参与的基本途径。

### 一、家长志愿者

（一）志愿者的概念

志愿者（volunteer），又称义工、义务工作者或志工，联合国将其定义为"不以利益、金钱、扬名为目的，而是为了近邻乃至世界进行贡献活动者"，指在不为任何物质报酬的情况下，能够主动承担社会责任并且奉献个人的时间及精神的人。进一步说，志愿者应该具有以下几个特征：其一，志愿者为社会或他人所提供的服务和帮助是在自身力所能及或条件允许的情况下进行的；其二，志愿者所提供的服务和帮助是其爱心的表现，以不谋求任何物质、金钱及相关利益回报为前提；其三，志愿者对社会资源的利用应是合理合法的，一般为志愿者所拥有的时间、金钱、专业技能，为了志愿服务不能使用不该使用的资源；其四，帮助的对象是有一定需要的人士，也就是说是需要帮助的人。

志愿者（义工）对外提供的是一种有价值的无偿服务，是奉献爱心、给予关怀、乐于分享的积极行动，传递的是社会的正能量。志愿服务在当代社会具有极其重要的意义，尤其在那些政府力量难以覆盖的领域，如老人关怀、社区服务、紧急救助、大型赛会。近年来我国志愿服务也得到了快速的发展，让我们难以忘怀的可能就是 2008 年的两个场景：一个是汶川大地震中的志愿者身影，另一个就是北京奥运会中大学生志愿者的微笑服务。志愿服务是现代社会文明进步的重要标志，是发展社会服务、创新社会治理、加强社会建设的重要力量。志愿服务，一定程度上反映着一个国家的公共管理水平，体现其现代化水平。

志愿者种类很多，从服务类型看，可以分为福利类、教育类和文化类志愿者。学校组织的家长志愿者总体来说属于教育服务类，他们的志愿行为是支持、参与学校的体现。

（二）家长志愿服务的发展

家长志愿者最早出现在 19 世纪的欧美国家，于近 30 年逐步成熟，日渐普遍。美国最大的家长志愿者组织是家长教师协会（简称 PTA），由热心的教师、家长以及社区成员自愿组成。家长参与学校教育的积极性很高，他们清楚地认识到，家长与学校联系越密切，学生受益越大。该组织的成立旨在争取和保护青少年儿童的权益，该组织几乎得到每所学校的响应。在英国，参与学校教育是法律赋予学生家长的一种权力，家长担任"教学助手"是英国家长参与学校教育的一个重要举措。"教学助手"是从学生家长中选拔出来的，他们的主要工作是辅助学校教师的教学工作，了解每个学生的学习风格，便于因材施教。"教学助手"都经过专门的教育培训，学习了教育学和教育心理学课程，可以帮助学校提高教学质量，是家校合作过程中家长参与学校教育的一种高层次的参与方式。①

近些年，家长志愿服务在我国中小学幼儿园得以迅速发展。中国青少

---

① 王艳玲.英国家校合作的新形式：家长担任"教学助手"现象述评［J］.比较教育研究，2004（7）：52-57.

年研究中心调查显示①：目前我国大概有 37.1% 的家长表示做过家长义工；53.8% 的家长表示"非常乐意"参加学校志愿服务活动，表示"比较乐意"的为 35.3%，二者相加高达 89.1%。在做过义工的家长中，对工作效果表示满意的有 84.7%，这也充分说明家长志愿服务这种家校合育形式已经被多数家长接受，产生了良好的效果。进一步探索家长志愿服务的内在价值及运行机制，对于做好家长参与工作极为重要。

（三）家长志愿服务的意义

发达国家之所以高度重视家长志愿服务，是因为他们已经深刻认识到家长志愿者在学校教育和家庭教育中所起到的重要作用。爱泼斯坦高度肯定家长志愿者在学校各方面所发挥的巨大作用：首先体现在儿童的成长上，有助于儿童掌握"与成人交往的技能"和"学习的技能"，了解"家长和其他志愿者的许多技能、才华、职业和贡献"；其次表现在教师的成长上，有利于教师"以新的方式鼓励家庭参与"，"认识到家长的才能、家长对学校和孩子的兴趣"，"更加关注儿童的个别差异"；再次显示在家长的成长上，有益于家长更好地"理解教师的工作"，"相信自己有能力在学校进行工作、与儿童相互作用"，"意识到家庭是受学校欢迎和重视的"，"形成志愿做事的特别技能"。②

家长志愿者服务的价值体现在多个维度上。首先，家长志愿服务极大地丰富了学校教育资源。教育是社会公益事业，需要大爱精神，这种爱不仅仅需要教师付出，还需要整个社会的参与。教育存在许多细节，每个细节都会影响孩子的发展，比如校园安全问题，城市化发展所带来的交通、治安问题，这些是儿童健康发展的潜在威胁。但是教师精力极其有限，许多方面无暇顾及，难免会有疏漏，而家长志愿者可以帮助解决这些问题。同时，今天的教育会面对许多弱势家庭和孩子，他们需要爱心和关怀，家长志愿者的关爱能极大地弥补教师关怀的不足。其次，家长志愿服务可以密切家校关系。教师本身是个辛苦的职业，需要大爱精神，但教师的爱需

① 洪明. 家校合育的基本现状及改进研究：基于9省市4000份问卷的调查分析 [J]. 教育科学研究，2015（9）：30-35，41.
② 李生兰. 美国学校家长志愿者探析 [J]. 外国中小学教育，2008（7）：8-9.

要外界的回应，教师自身的成长需要外在支持力量。家长的肯定、帮助能够温暖教师的内心，"家长助手""家长助力团"还能帮助教师解决工作中的实际问题。家长坦诚的建言献策，对于学校集思广益、改进管理极为重要。再次，家长志愿服务行为还能够影响孩子。家长的志愿服务本身对孩子来说就是一种无形的教育，是在向孩子传递这个社会的核心价值观，能够让孩子深切体会到"奉献、友爱、互助、进步"的志愿精神。同时，家长在参与学校志愿服务的过程中，还能够更多地接触孩子，了解学校，理解教师，增强对孩子和教师的理解与信任，学习到更多的教育知识与方法，改进家庭教育的观念。

## 二、家长志愿者组织

### (一) 家长志愿者组织的含义

家长志愿服务行为可以是个体行为，但更多的是有组织的统一行为，这就需要建立家长志愿者组织。所谓家长志愿者组织（家长义工组织），是指在学校的统一协调下，由关注教育、关心孩子、拥有爱心的家长代表组成的特殊志愿者团体。[①] 从逻辑关系看，家长志愿服务是家长参与学校的重要形式，学校可以在相关部门（如德育处、教学处等）之下设立服务于学校的家长志愿者组织，如在德育处下设立家长爱心护校队，在教学处下设立家长助学团。这样一来，家长志愿者组织独立于家长委员会之外，与其是并行存在的。但通过前文分析和学校实践可知，家长委员会与家长志愿者组织之间也可以是上下级关系，学校家长志愿者组织是家长委员会下设的专门活动机构，承担家长委员会的一定职责。从运行角度看，将家长志愿者组织作为家长委员会下设的组织，在组织架构上更为简单，无论在管理上还是在信息沟通上，都更加有效。[②]

### (二) 家长志愿者组织服务范围

履行合育职责是家长志愿者组织成立的根本目标，但家长志愿者组织

---

① 李化春. 家长义工组织：家校合作新途径 [J]. 中国德育, 2013 (10)：25.
② 吕星宇. 上海市家校合作推进学校发展的成功之道 [J]. 教育科学研究, 2015 (1)：47.

应该承担哪些任务值得思考。有些学校仅仅将家长志愿者视为学校的帮手，让家长志愿者干一些打扫卫生、维持秩序、提供资源的工作，这就矮化家长志愿者的使命了。有人将家长志愿者的职责与使命归纳为：学校文化的传播者、学校管理的参与者、教育教学的促进者、第二课堂的协助者、师生关系的疏导者、家校合作的代言者。[①] 这种概括就比较全面。总体而言，家长志愿者组织是协助学校开展教育教学工作，协调家庭、学校与社会关系的组织，其工作职责主要包括以下方面。

第一，辅助学校进行日常管理。学校管理主要在两种情况下缺乏人手，一是上学、放学、大课间、午休时，二是学校举行或组织各种典礼、仪式、运动会、校外实践活动、外出研学旅行时，为此不少学校积极招募家长志愿者帮助管理。北京市有所小学的中午大课堂是孩子们非常快乐的时光，孩子可根据兴趣爱好，选择不同类型的活动。为保障活动的顺利开展，学校招募了大量的家长志愿者，为孩子们开设了许多活动项目。孩子们在家长志愿者的帮助下，有的开展比赛，有的自娱自乐，有的与家长同乐。充分发动家长志愿者，可以使原本让教师头疼的管理环节更加安全，活动内容更加丰富。

第二，参与学校管理工作。家长志愿者不仅可以直接辅助学校进行管理工作，还可以对学校制度的完善起到很好的作用。虽然家长在学校的制度制定中没有决定权，但家长对学校工作应该享有知情权、监督权、参与权。学校在制定一些管理制度的过程中要听取家长意见，积极开门纳谏。在制度制定和宣传阶段，可以集聚家长志愿者的力量开展调查研究，可以利用家长志愿者的力量积极宣传学校政策。在制度执行过程中也可以借助家长志愿者的力量，尤其是事关家长和孩子切实利益的事项，决不能让家长缺席。比如校服问题，完全可以借助家长志愿者的力量开展调查、提出方案，最后由家长和学校共同决定。

第三，担任助手，辅助教学。现代课堂教学形式已经突破了"旧三中心"而逐步向"新三中心"发展，学生、活动、经验替代了传统的教师、书本、教室。课堂模式的变化不仅需要转变理念，还需要大量外在条件作为保障。教师需要花费大量的时间做课前准备，在教学过程中还需要花费

---

① 李化春. 家长义工组织：家校合作新途径 [J]. 中国德育，2013（10）：26.

大量的时间进行服务和管理，教师助手（助教）在这时变得非常重要。家长志愿者在教师的引导之下，能够在教室环境布置、教具准备、角色扮演、活动管理中发挥极其重要的作用。

第四，走进课堂，开设课程。现代课程强调选择性、多样性，课程开发是学校的一项重要任务。由于学校教师力量不足，课程开发在现实中就可能受挫。而家长之中无疑蕴藏着大量的资源，经过简单培训，不少家长就可以开发适合孩子的课程，自己也能直接走进课堂讲授。安徽省合肥市师范附小三小利用家长资源开发了两门重要的校本课程——徽剧和轮滑，这两门课成为学校的品牌课程。这样的例子比比皆是。

第五，联系社会资源，开设社会大课堂。现代学校教育要走出封闭的校园，走进社会，走进生活。但是走进社会，既需要资源和条件，也需要有人组织实施。家长同样是无穷无尽的资源库：有的本身就拥有重要的社会资源，有的可以提供线索、负责联系，有的可以组织实施。

当然，广义上的家长志愿服务还包括家长服务社会，如参加社区服务、义务植树、义务献血等，也包括亲子义工形式的志愿服务。这里主要是从家长参与学校的角度来理解家长志愿服务活动的。

## 三、家长志愿者组织的运行与管理

家长志愿者的组织与管理主体主要有两个，一是学校各部门、年级和班级，二是家长委员会。但无论是哪个主体，招募、运行和管理的程序大致相当。下面以学校家长志愿者组织运行与管理为例加以说明。

### （一）制定家长志愿者管理制度

学校要想持续开展家长志愿者活动，首先必须建规立制，制度是最好的资源，"好的教育制度可以降低教育资源的配置成本"[①]。家长志愿者制度内容应该包括：家长志愿者的内涵及意义、指导思想、主要任务、招募、培训、实施、评价、保障等。要有相关专职人员管理家长志愿者工作，家长志愿者工作应该纳入学校整体管理体系之中。

---

① 康永久. 教育制度：最重要的教育资源［J］. 教育与经济，2001（3）：18.

### （二）做好宣传与招募

宣传就是广而告之，让家长知晓家长志愿者是怎么一回事，有什么价值，有哪些类型，如何开展服务，等等。招募就是将志愿服务岗位与志愿者相匹配，一般来说，自上而下和自下而上相结合是家长志愿者招募的主要方式。所谓自上而下，就是传统的招募制，即学校根据需要，设置志愿者服务岗位，对岗位提出要求，发布招募信息，进行广泛宣传，然后根据家长报名或推荐情况，审核资格。所谓自下而上，就是学校向家长发出广泛吸纳家长志愿者的号召，让家长登记自己的相关信息，如职业，知识经验，兴趣特长，志愿工作倾向以及可能的时间、地点、频次等，学校从中选择比较合适的家长志愿者候选人。另外，也可以由家长直接向学校相关部门申请开展某种志愿服务项目，学校对家长的信息进行筛选，根据学校需要最终确定家长志愿服务项目。

家长志愿者招募，经常采取填写问卷的方式，问卷可以包括以下三个部分①。（1）指导语：亲爱的家长，我们需要志愿者来帮助学校实施方案，你可以在家里或在学校里提供帮助，和我们分享你的时间；如果你愿意分享，请让我们知道。（2）分享的活动：你今年想做志愿者吗？你想在教室里、在资源中心还是在家里帮助我们？你喜欢做什么？你有什么建议？你有什么评论？你什么时候能来？你每个星期都能来吗？你在学校能停留多长时间？（3）家长信息：如姓名和电话号码。当然，学校或家长委员会还可以开发其他类型的家长志愿服务问卷。

### （三）确认志愿服务岗位

学校设置志愿服务岗位要谨慎，千万不能将本该学校负责的工作推给家长。学校要在摸底和论证后确认并发布志愿服务岗位信息。根据前面的论述，这些岗位可以分为服务岗、管理岗、课程与教学岗等，也可以分为固定岗（如图书管理员）、临时岗。要明确每一个岗位的职责要求。安徽省合肥市屯溪路小学确定了以下几个志愿服务岗位及要求。

---

① 李生兰. 美国学校家长志愿者探析［J］. 外国中小学教育，2008（7）：9.

（1）看护晚留班。目前，很多父母都是双职工，加之我们校区的部分家长在市区工作，下班后很晚才能到家。而孩子在16：00左右就放学了。从孩子放学到父母到家这个时间段成了空当，很多孩子没人看管。为此，学校腾出教室，设晚留班。让这些放学后无人看管的孩子到教室去写作业，由家长义工代为看管。

（2）管理图书。为了给孩子营造良好的阅读氛围，本学期，一批批图书将陆续上架。学校除了配备兼职的图书管理员外，还需要家长协助整理图书，下午放学后负责学生借阅、归还图书的工作。

（3）故事坊。学校一向重视对孩子阅读兴趣的培养。为了营造良好的阅读氛围，学校成立了故事坊，需要家长义工在学校的阅读广角为学生讲故事。

（4）"护花使者"。学校周边道路比较狭窄，过往车辆较多，为了让孩子每天能安全出行，学校设置了"护花使者"岗位，开展"护花"行动。"护花使者"主要负责疏导交通，劝导所有车辆即停即走，劝导家长不要从路队中拉拽学生。

（四）做好家长志愿者管理工作

家长志愿者组织严格来说是一个学校参与管理的公益性组织，对组织成员的约束力较低，更多靠的是组织成员的自觉和自我约束。但科学、规范、高效的管理依然是家长志愿者持续发挥力量的保障。有人将家长志愿者管理工作分解为：建立家长义工档案，提供家长工作平台（校园管理、技术服务、安全护卫），评选优秀家长义工。[①] 其实家长志愿者管理主要包括三大部分：第一，学校对家长志愿者的管理，包括学校直接领导成立的家长志愿者组织，以及学校参与下的、以家长委员会名义成立的家长志愿者组织。第二，家长志愿者组织的运行管理，包括家长志愿者组织的工作机制、内部运行、考核监督等。一般而言，学校应设置专门负责家长工作的校级领导，负责学校方面的家长志愿者管理工作。在家长委员会的内

---

① 周玲.家长义工制：家校合作新模式［J］.全球教育展望，2010（12）：85-86.

部机构中，家长志愿者组织属于最重要的组织之一，学校应该配合家长委员会主席（主任）做好管理工作。第三，评价。学校可以通过各种途径，如内部刊物、互联网等，介绍、宣传、报道家长志愿者所做的工作，对优秀志愿者予以表扬。条件允许的情况下，可以对家长志愿者实行"工分制"管理，给每位家长设置一定的"工分"额度，家长可以根据自己的具体情况完成"工分"。"工分"既是对家长志愿者的一种约束，更是一种调动和奖励。有的学校尝试将家长志愿行为纳入家长教育学分制管理之中，规定必须修够一定的学分，才能在家长教育中取得合格成绩，而家长志愿行为就可以换取学分。

（五）注重家长志愿行为志愿性、教育性和规范性的统一

家长志愿行为的第一属性是志愿性，就是学校所倡导的行动以不违背家长意愿为前提，是家长的志愿性行为。教育性，即学校发起的志愿行为是一种有利于教育的行为，而不是纯粹的劳动付出活动。规范性，即家长志愿行为要规范，符合学校的相关制度安排，属于学校的有序行为，纳入学校管理体制之中，成为学校文化建设的一部分。

这三个属性是家长志愿行为必不可少的。志愿性是家长志愿行为的核心特征，违背志愿性，就会变成学校的强迫行为，是家长在某种不得已情况下的行为选择，这会大大异化这种行为的正当性。如果家长志愿行为缺失教育性，不是为教育服务，不是为学生服务，变成家长服务教师，以使教师更好地服务孩子，就成为一种变相的交易行为，会使得教育变调，同样会让这种纯粹的事业变成污损教育的病毒。规范性是从管理角度出发而论的，没有规矩不成方圆，没有规矩也不能得以最大发展。合理的制度安排，会使家长志愿行为变成可持续的行动，成为学校发展的不竭动力。

## 拓展阅读：江苏常州市觅渡桥小学家长义工管理意见①

一、实行"家长义工制"的目的（指导思想）（略）

二、义工对象

---

① 薛丽君，王小萍．"家长义工制"：让家长走进学校 [J]．中小学管理，2008（7）：24.

1. 觅渡桥小学在校学生的监护人。

2. 身体健康、有一定的文化知识、有责任感、关注孩子健康成长的家长。

三、义工服务时间

孩子在校6年就读期间，家长做义工最少1天，最多不超过3天。

四、义工服务内容

1. 参与和协助学校开展正常的教育教学活动，如升旗仪式、听课、教研活动、集会、看电影、参观访问、社区教育、外事接待等。

2. 参与和协助学校进行安全管理，如值日监管、监督食堂安全卫生、检查安全设施、纠正学生的不安全行为、协助开展大型安全演练活动等。

3. 参与和协助学校开展其他工作。

五、义工要求

1. 遵守校纪校规，语言文明，服装得体，不带无关人员进校。

2. 准时到岗，不迟到不早退，不无故外出，有事要请假，值日佩戴标志。

3. 乐于与其他义工、教师、学生交流，合作完成任务。

4. 认真填写义工日志，并及时通知下一班次义工。

5. 积极参加义工培训。

六、义工工作条件

1. 学校设置义工工作室，配备内部程控电话、学习材料及常规用品。

2. 学校提供免费午餐。

七、其他

1. 义工接受觅渡桥小学家长学校和觅渡桥小学当日值日负责人的领导。

2. 每学期评选优秀义工，颁发证书，并总结义工工作。